编导拍摄＋后期制作＋引流推广＋流量转化

潘兴华◎编著

00:00

中国铁道出版社有限公司
CHINA RAILWAY PUBLISHING HOUSE CO., LTD.

内 容 简 介

短视频行业当前处于爆发增长期，但决定其向上发展的势能仍然来自内容创作方。本书从短视频的精准定位、内容策划、拍摄技法、后期制作、品牌营销、引流推广、流量转化和数据分析等出发，全方位、多角度地介绍了短视频运营的各类玩法，以及短视频创作与运营人员必须掌握的各种实战技能。

本书内容新颖，可操作性强，适合短视频行业的从业人员，想通过短视频进行营销的商家和企业，以及专注于短视频风口的创业者阅读，也适合对短视频创作、运营和营销感兴趣的广大读者学习参考。

图书在版编目(CIP)数据

短视频运营：编导拍摄+后期制作+引流推广+流量转化/潘兴华编著. —北京：中国铁道出版社有限公司，2021.5

ISBN 978-7-113-27521-1

Ⅰ. ①短… Ⅱ. ①潘… Ⅲ. ①网络营销 Ⅳ. ①F713.365.2

中国版本图书馆 CIP 数据核字（2021）第 037282 号

书　　名：短视频运营：编导拍摄+后期制作+引流推广+流量转化
DUANSHIPIN YUNYING: BIANDAO PAISHE+HOUQI ZHIZUO+YINLIU TUIGUAGN+LIULIANG ZHUANHUA

作　　者：潘兴华

责任编辑：张亚慧　　编辑部电话：（010）51873035　　邮箱：lampard@vip.163.com

编辑助理：张　明

封面设计：宿　萌

责任校对：苗　丹

责任印制：赵星辰

出版发行：中国铁道出版社有限公司（100054，北京市西城区右安门西街 8 号）

印　　刷：三河市宏盛印务有限公司

版　　次：2021 年 5 月第 1 版　2021 年 5 月第 1 次印刷

开　　本：700 mm×1 000 mm　1/16　印张：16.5　字数：342 千

书　　号：ISBN 978-7-113-27521-1

定　　价：59.00 元

前言

在新媒体时代，由于短视频有着更灵活的观看场景、更高的信息密度、更强的传播和社交属性、更低的观看门槛，所以其娱乐价值与营销价值得到人们的充分肯定。短视频适应性广、承载量大、传播力强，其“短平快”的内容消费模式更加符合用户碎片化的内容消费习惯，让视频内容传播形式逐渐普及，短视频行业也呈现出爆发式发展的态势，所以短视频商业化已经成为一种趋势。在流量红利逐渐消失的互联网下半场，短视频所带来的全新流量逐渐成为各方角逐与深耕的新战场。

对用户来说，短视频所具有的年轻化、去中心化等特点让每个人都可以成为主角，这符合当下年轻人追求自我表达和个性化的特点。同时，短小、精彩的短视频作品填补了用户的碎片化时间，具有非常高的用户黏性，人们很容易沉浸其中。而对短视频创作者来说，这些不断发展的短视频平台巨大的流量池里蕴含着无法预估的商业转化盈利机会。如今短视频风口正盛，谁能赶上这个风口，谁就能分享短视频红利；新媒体人、商家和企业等都关注到了短视频在传递碎片化信息和与用户深度互动方面的巨大潜力与优势，所以纷纷在短视频领域进行布局。

虽然短视频行业呈现出来了一片热闹的景象，但许多运营者入驻短视频平台之后才发现，要把自己创作的作品推上热门，让其成为爆款，并实现商业转化盈利，其实并不是一件简单的事情。如果不懂短视频运营策略，恐怕付出再多的心血来制作短视频，观看的人也有可能寥寥无几，成为爆款的概率微乎其微。

短视频运营是指利用各种短视频平台进行产品宣传、推广以及营销的一系列活动，通过策划与品牌相关的优质短视频内容，向用户广泛、精准地推送消息，提高品牌的知名度，吸引感兴趣的用户成为粉丝，并充分利用粉丝经济来实现商业营销与转化盈利的目的。短视频运营者要想获得成功，就要巧妙地运用短视频的强传播特性，在最短的时间内最大化地发挥作用，迅速吸引大量用户的关注，并刺激其消费需求。

在实际运营过程中，不少短视频运营者缺乏经验、创意不足，或者对受众的定位不精准，导致运营效果不理想。例如，不太了解短视频平台的特点，选择与内容契合程度较低的平台进行内容发布，导致播放量很低，削弱了营销效果；或者没有明确的目标受众，在制订内容营销路线时出现偏差，使短视频内容无法精准地传达给目标受众。

为此，我们策划编写了本书，旨在引导读者快速掌握实用的、有价值的短视频运营干货技巧，快速掌握短视频编导拍摄、后期制作、引流推广、流量转化盈利技巧，塑造和提升自身的品牌形象，在激烈的市场竞争中赚取丰厚的利润，成为真正的赢家。

本书立足实用，只讲干货，共分为 10 章，内容涉及短视频的精准定位、内容策划、拍摄技法、后期制作、品牌营销、引流推广、流量转化、数据分析等，全方位、多角度地介绍了短视频运营的各类方法，以及短视频创作与运营人员必须掌握的各种实战技能，具有很强的学习价值，帮助短视频运营者在各个工作环节都做到心中有数、游刃有余。另外，本书还列举了大量精彩的实战案例，让读者从中汲取丰富的成功经验，掌握短视频运营的核心与精髓。

本书内容较新颖、可操作性较强，适合短视频行业的从业人员、想通过短视频进行营销的商家和企业，以及专注于短视频风口的创业者阅读，也适合对短视频创作、运营和营销感兴趣的广大读者学习、参考。

编　者

2021 年 3 月

目　录

第5章 短视频拍摄：轻松拍出炫酷短视频

第6章 后期制作：精心剪辑瞬间提升短视频格调

第7章 品牌营销：新式广告提升品牌影响力

第 8 章 引流推广：从零到千万粉丝的逆袭

第 9 章 流量转化：深度挖掘短视频的商业价值

第 10 章 数据分析：用数据驱动短视频运营

第 1 章

短视频：内容营销时代新的流量风口

2016 年是短视频元年，之后短视频这一媒介形式迅猛发展。短视频的火爆创造了内容营销时代新的流量风口，随着市场竞争格局趋于稳定，内容创作日益精细化，短视频的商业转化盈利模式也逐渐成熟，而 5G 时代的到来也将为短视频行业打开更大的市场。要想抓住这一波短视频的发展红利，我们首先要了解什么是短视频，认识各个短视频平台，并掌握短视频运营的阶段性策略，避开运营误区。

1.1 从零开始认识短视频

现在短视频有多火？据统计数据显示，App Store 中有关短视频的产品有 100 多款，在安卓市场更是展现出百花齐放的局面，各种 App 中也纷纷插入短视频模块。如今短视频行业的竞争日益激烈，新老短视频 App 之间展开混战，而互联网巨头百度、阿里巴巴、腾讯、新浪、京东也加入竞争行列。

1.1.1 短视频究竟是什么

短视频即短片视频，它是一种互联网内容传播方式，一般是在互联网新媒体上传播时长 5 分钟以内的视频，适合在移动状态和短时休闲状态下观看，其内容融合了技能分享、幽默搞笑、时尚潮流、社会热点、街头采访、公益教育、广告创意、商业定制等主题，并且由于内容较短，可以单独成片，也可以成为系列栏目。

短视频是继文字、图片、传统视频之后新兴的又一种内容传播媒体。它融合了文字、语音和视频，可以更加直观、立体地满足用户的表达、沟通、展示与分享的诉求。

随着移动终端普及和网络提速，短、平、快的大流量传播内容逐渐获得各大平台、粉丝和资本的青睐。据第 45 次《中国互联网络发展状况统计报告》显示，截至 2020 年 3 月，我国短视频用户规模为 7.73 亿人，占网民整体的 85.6%。

1.1.2 短视频的五大特点

与传统视频相比，短视频具有以下特点。

1. 内容精练

由于时间有限，短视频展示出来的内容大多是精华，在开头的前 3 秒就要抓住用户的注意力，符合用户碎片化的阅读习惯，以降低用户参与的时间成本。

2. 社交黏性大

在各大短视频应用中，用户都可以对短视频进行点赞、评论、转发分享等操作，还可以给创作者发私信，创作者对评论和私信进行回复。这就加强了创作者与用户之间的互动，增强了社交黏性，而这也有力刺激了用户创作和分享短视频的欲望。

3. 制作门槛较低

与传统视频相比，短视频的制作门槛较低，每个人都可以使用一部手机来实现短视频的拍摄、制作、上传和分享，短视频 App 中大多自带滤镜和特效功能且简单易学，使用门槛很低。

4. 娱乐性强

如今是一个快节奏化的社会，人们生活压力大，倾向于在工作之余观看娱乐性较强的内容来放松身心，因此短视频内容越来越呈现出娱乐化的倾向，搞笑类内容成为短视频内容的重要方面，创作这类内容的优质账号往往能迅速收获大批粉丝。

5. 内容个性化

用户可以运用充满个性和创意的剪辑手法制作精美、震撼的短视频，如运用比较动感的转场和节奏，或加入搞笑幽默、解说、评论等内容，使短视频变得与众不同，个性化十足。

1.1.3 短视频内容生产模式

短视频内容生产模式主要有 3 种，分别为用户原创内容（User Generated Content，UGC）、专业生产内容（Professional Generated Content，PGC）和专业用户生产内容（Professional User Generated Content，PUGC），如表 1-1 所示。

表 1-1 短视频内容生产模式

内容生产模式	生 产 者	特 点
UGC	普通用户自主创作、上传	成本低、制作简单、社交属性强、商业价值低；以搞笑、娱乐或日常生活为主题，类型单一，难以保证质量
PGC	具备专业知识和资质的生产者，如垂直领域的专家、传统媒体从业者、自媒体团队或影视团队等	质量可以得到保证，丰富垂直领域的内容，流量集聚效应明显
PUGC	拥有粉丝基础的“网红”，或者在某一领域具有专业知识的关键意见领袖（Key Opinion Leader，KOL）	成本较低、人气较高、商业价值较大

1.2 平台认知，主流短视频平台的特点分析

要想做好短视频，运营者首先应充分了解短视频平台，对各平台的特色有清晰的认知。如今短视频平台呈现百花齐放的状态，运营者只有找到最适合自己的平台，才能取得最好的运营效果。

1.2.1 抖音：从追求炫酷到记录美好生活

抖音短视频是一款音乐创意短视频社交软件，由今日头条孵化，上线于2016年9月，是一个专注于年轻人音乐短视频的社区平台。用户可以选择歌曲来拍摄音乐短视频，创作属于自己的作品，而抖音平台会根据用户的兴趣爱好更新、推送用户喜欢的短视频。

拍摄抖音短视频不是简单地对口型，而是让用户通过调整拍摄速度、编辑画面、添加特效和贴纸，使短视频更具有创造性。

抖音短视频在最开始的时候追求炫酷和时尚潮流，主流用户群体为一、二线城市的年轻用户，短视频一般分为舞蹈派和创意派，其共同特点是很有节奏感，配乐以电音或舞曲为主。

由于一、二线市场容量趋于饱和，短视频急需新出路，所以抖音开始实施下沉策略。为了让更多用户参与短视频制作，丰富平台内容，2018年3月，抖音的Slogan（口号）更换为“记录美好生活”。抖音短视频在官网中的定义：“抖音短视频，一个旨在帮助大众用户表达自我，记录美好生活的短视频分享平台，为用户创造丰富多样的玩法，让用户在生活中轻松、快速产出优质短视频。”

对抖音来说，这是一次品牌升级，抖音产品负责人解释道，抖音的早期用户来自一、二线城市的“90后”和“95后”年轻人，但从产品层面来说，抖音其实是更普世的，如今不同年龄、地域、性别的人都在抖音上记录、分享美好生活。

在更换品牌Slogan的同时，抖音还向全球招募合作伙伴，展示“衣食住行”的美好故事，在旅行、美食、时尚、运动、游戏、宠物等能体现美好生活的垂直领域投入资源。

抖音平台具有以下特点。

1. 采用信息流展现形式，播放界面占比高，附加功能位于边缘，方便用户将注意力集中于短视频本身。

2. 上划切屏的设计降低了用户的观看成本，打造出沉浸式观看体验，同时增加了用户的不确定感和期待感，吸引用户观看。

3. 短视频的进度条是隐形的，所以用户在观看短视频时没有时间提示，很容易忽略时间的流逝，从而产生“抖音 15 秒，人间两小时”的现象。

4. 抖音最初只是一个音乐短视频垂直社区，但随着短视频种类和数量的不断增加，互动功能不断完善，平台逐渐具备社交属性，大大增强了用户黏性和融入感。

5. 抖音具备强大的算法推荐系统，可以智能化分析用户画像，推断用户的兴趣和关注点，根据不同的人推荐不同的短视频，从而更好地满足用户个性化的需求。

6. 抖音会定期推出视频标签，引领大量用户参与同一主题视频的创作。抖音通过这些视频标签激发了用户的创作灵感，其创作出来的短视频更具有参与感和娱乐性，增加了被其他用户转发分享的概率。例如，抖音发起的“我和妈妈换换装”和“不倒翁挑战”就激发了广大用户的创作热情，大家踊跃参与这些主题活动，展示自己创作的作品，如图 1-1 所示。

图 1-1　抖音视频标签

除此之外，很多品牌商也在抖音上发布主题创意活动，邀请用户创作各种与品牌有关的创意短视频，以扩大品牌知名度，并将参与的用户转化为潜在客户。例如，钙尔奇推出“骨气挑战男女有别”，如图 1-2 所示；飞鹤奶粉推出“鹤宝宝一起新鲜成长”活动，如图 1-3 所示。

图 1-2　钙尔奇“骨气挑战男女有别”　　图 1-3　飞鹤奶粉“鹤宝宝一起新鲜成长”

1.2.2　快手：注重生活，保持简单和专注

快手是北京快手科技有限公司旗下的短视频软件，其前身是 GIF 快手，创建于 2011 年 3 月，是用于制作和分享 GIF 图片的一款手机应用。2012 年 11 月，快手从纯粹的工具应用转型为短视频社区，其 Slogan 为“记录世界记录你”，定位为记录和分享大家生活的平台，2014 年 11 月正式更名为快手。截至 2020 年年初，快手日活跃用户数突破 3 亿人。

快手平台的特点主要有以下几点。

1. 草根性。快手主要面向三、四线城市以及广大农村群体，为这些“草根”群体提供直接展示自我的舞台。因此，与其他短视频平台和直播平台不同，在快手上占据主导地位的并非明星和 KOL，或者影响力巨大的“网红”，而是再普通不过的“草根”。

2. 原生态。快手并未采用以明星为中心的战略，没有将资源向粉丝较多的用户倾斜，没有设计级别图标对用户进行分类，没有对用户进行排名，上述所有战略均指向一个方向：快手希望给平台营造轻量级、休闲化的氛围，鼓励平台上的所有人表达自我、分享生活。

快手 CEO 在接受采访时表示：“我们尝试不干扰用户。我们不希望用户感知到我们的存在。我们希望让他们相信，平台上的内容是真实的，而不是有意编造的。通过这种方式，他们很可能会更想要分享自己的生活，并进行更多互动。”

3. 算法决定优质内容。快手平台没有任何人工团队来影响内容推荐系统，完全依靠算法来实现个性化推荐。快手设计的算法能理解视频内容、用户特征以及用户行为，包括内容浏览和互动历史，在分析上述信息的基础上，算法模型可以将内容和用户匹配在一起。

用户行为数据越多，推荐就越精确。通过算法推荐机制，所有用户和视频都有机会在“发现”页面中得到展示，即使是新用户也不例外。视频获得的点赞数越多，被机器选择的概率就越大。通过分析用户以往的点击、观看和点赞历史，算法就可以实现视频推荐，根据用户此前的偏好来提供“发现”页面中的内容。

4. 页面设计简洁、清爽。快手善于在功能设计上做减法，其页面设计简洁、清爽，这样做可以方便用户发布更多的原生态内容。快手主页中只有 3 个频道，分别是“关注”“发现”和“同城”，最上方两侧分别是导航菜单按钮≡和摄像机图标□。点击导航菜单按钮≡，用户可以使用更多的其他功能，如图 1-4 所示。

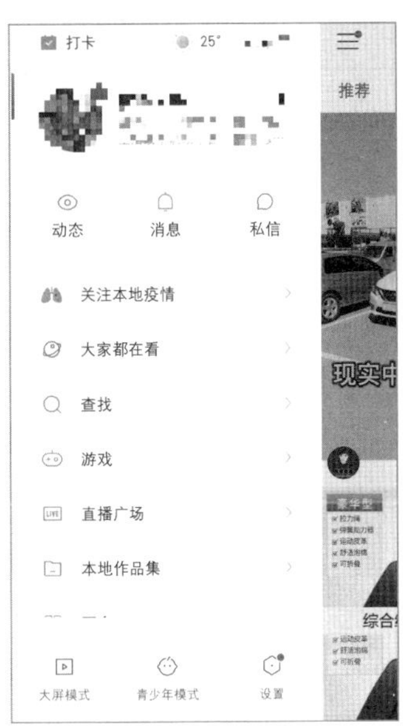

图 1-4　快手的页面设计

1.2.3　微视：依托腾讯，强调社交属性

微视是腾讯旗下的一款短视频创作平台与分享社区，上线于 2013 年，最初短视频时长只有 8 秒。微视联动了微信和 QQ 等社交平台，用户可以将自己发布在微视上的短视频分享给微信和 QQ 上的好友，或者分享到微信朋友

圈、QQ 空间。然而，由于当时短视频市场尚未成熟，容量有限，腾讯在 2017 年 4 月关闭了微视。

随着短视频市场急速扩大，呈井喷之势，各种短视频应用占据了用户的碎片化时间，因此腾讯在关闭微视十个月之后又重新上线了微视。

与其他短视频平台相比，微视具有以下优势。

1. 版权资源丰富。短视频拍摄一般会涉及音乐、动漫、影视艺人等 IP 版权，例如给短视频配乐，使用的音乐必须征得版权人的许可，并购买版权。而腾讯坐拥海量音乐版权，微视可以直接打通 QQ 音乐千万首音乐的版权。另外，微视可以使用腾讯在游戏和动漫上的 IP 资源做 AR 贴纸或背景，让用户在创作短视频时更高效、便捷，创作的自由度也更高。

2. 用户基础大。微视背靠微信、QQ 两座流量池，通过这两大社交平台的分享传播，月活跃用户数量呈现出大幅度增长态势。

3. 社交性更强。用户不仅有观看短视频的需求，也有与其他用户交流互动的需求。如果缺少社交链刺激，普通用户创作内容的积极性就会减退，影响平台的成长空间。社交是腾讯的强项，因此微视的社交性更强。微视结合 PGC 内容激发普通用户就感兴趣的内容进行创作的欲望，促使其产生创作和互动的积极性。尽管普通用户创作的短视频不够精致，但通过社交互动产生的价值高于单一的单向创作。

4. 产业链更完整。微视可以与腾讯游戏、综艺等文娱产业联动，为用户提供更加多元化的转化盈利方式。

1.2.4 秒拍：捆绑微博，高效引流

秒拍由炫一下（北京）科技有限公司推出，是一款集观看、拍摄、剪辑、分享于一体的短视频平台，上线于 2013 年，曾在 2014 年通过运营“冰桶挑战”活动获得爆发式发展，成功打造了正能量品牌形象。2018 年 11 月 12 日，秒拍推出全新品牌宣传片，邀众多明星助阵，发布全新 Slogan“秒拍，超超超超好看”。

秒拍定位为优质短视频综合平台，从“看”“玩”“发”“创”4 个方面覆盖短视频行业的各个环节，汇集优质短视频资源，打造社区，提供高效视频制作工具，扶持内容创作等，以满足用户娱乐、社交、表达、创作等各方面的需求。

秒拍短视频平台具有以下特点。

1. 与微博账号相互打通。秒拍在获得新浪微博等机构的投资后，就成为微博内置的短视频服务平台，于是秒拍和拥有庞大用户基础的微博捆绑在一

起，可以更轻松、高效地为自身平台引流。秒拍与微博账号相互打通，用户在秒拍上传短视频以后，可以同时发布到微博进行二次传播，从而扩大短视频的传播范围。

2. 内容深耕，与时俱进。秒拍在内容上不断与时俱进，扩展更新，对目标用户群体始终保持着强烈的吸引力。在短视频发展初期，秒拍中的娱乐内容是吸引用户的主要因素，但随着用户数量的增长和内容创作量的激增，美食、美妆等垂直领域的创作更吸引用户关注。从娱乐化走向垂直深耕，秒拍不断拓展短视频内容的深度和广度，到目前为止拥有数十个垂直领域内容板块，与众多多渠道网络服务（Multi-Channel Network，MCN）公司建立了深度合作关系。

3. PGC+UGC 融合。秒拍实现了横屏和竖屏合一，横屏适合品牌官方宣传片、PGC 等专业视频内容；竖屏适合 UGC 内容，以获得沉浸式体验。

1.2.5 美拍：聚焦“她们”，深耕“她经济”

美拍是由厦门美图网科技有限公司（以下简称“美图公司”）开发的一款短视频软件，上线于 2014 年 5 月，号称“10 秒也能拍大片”，通过各种 MV 特效对普通视频进行包装，呈现出不同的“大片”效果。

女性用户群体在短视频行业中占比较高，而美拍的快速崛起也是因为抓住了女性爱美的痛点。脱胎于美图公司的美拍，拥有美图公司旗下各类应用的女性用户基础，在借势“她经济”方面很自然地赢在了起跑线上。

首先，美拍对 MV 特效、美颜、滤镜等短视频画面细节进行了精细化设置，再加上融入微信、微博等社交元素，美拍满足了广大女性用户爱美、爱分享的心理需求，迅速成为备受女性用户追捧的短视频应用，大量女性用户在美拍平台上发布短视频展示自我，绽放自己的个性。

其次，美拍一直致力于帮助女性用户更好地转化盈利。只有让女性用户更快、更好地转化获利，她们才会更认可美拍的价值，提升创作的积极性。为此，美拍提出了构建国内首家短视频领域营销服务平台的“美拍 M 计划”，以帮助女性达人更好地和品牌商合作，更轻松地获利。美拍会根据品牌方的需求推荐达人资源，而当达人用户有转化需求和意愿时，美拍也会为其推荐优质广告主。

另外，美拍在 2017 年 5 月推出了“边看边买”功能，试水短视频电商。用户在观看短视频时，同款商品链接就会显示在短视频下方，用户可以点击链接购买商品，且不中断视频播放。

最后，美拍打造泛知识短视频社区，以给予女性用户更大的成长空间。

所谓泛知识短视频，是指通过亲身示范、讲解、探索、分享和创作等方式，为粉丝提供更多有价值的短视频，视频内容主要包括知识讲解、动态信息的传递、传授技能技巧、分享心得体会、解决用户的痛点问题等。

美拍 CEO 曾说：“短视频行业的竞争越趋于白热化，内容价值就越发凸显。”美拍打造泛知识短视频社区，可以在一定程度上降低用户上传不适宜内容的可能性，引导用户的价值观，强调用户的收获感，因此能够进一步提高美拍对女性用户的吸引力。

美拍孵化出了众多女性短视频达人，如古风美食达人李子柒、“大胃王”密子君等全网知名的达人，都来自美拍，美拍也见证了这些达人从成名走向内容转化获利。以女性群体为服务对象的“她经济”发展势头越来越猛，“为她服务”也成为目前流行的经营策略。

1.2.6 西瓜视频：新鲜、好看的综合性视频平台

西瓜视频是北京字节跳动科技有限公司旗下的个性化推荐短视频平台，由今日头条孵化而来。西瓜视频的前身头条视频正式上线于 2016 年 5 月，基于人工智能算法为用户做短视频内容推荐，让用户每一次刷新都发现新鲜、好看且符合自己口味的短视频内容。

经过一年的发展，头条视频的用户数量突破 1 亿人，在 2017 年 6 月 8 日正式升级为西瓜视频，成为独立的短视频 App。截至 2018 年 2 月，西瓜视频的累计用户数量已经超过 3 亿人，日均使用时长超过 70 分钟，日均播放量超过 40 亿次。

西瓜视频最大的特色是拥有海量的影视和综艺短视频资源，这些资源大致可以分为以下 3 类。

第一类：UGC 内容。UGC 内容主要是用户发布的剪辑视频，喜爱电影和综艺的用户将影视和综艺中的精彩片段汇集到一起，剪辑加工成完整的短视频，类型多样，内容丰富。

第二类：平台自制内容。西瓜视频有很多拥有版权的影视作品和自制综艺节目，可以更好地满足用户对影视和综艺节目的需求，如图 1-5 所示。

第三类：第三方影视和综艺作品宣发内容。很多影视和综艺节目的制作方会与西瓜视频合作，在该平台宣传推广影视和综艺节目，双方联合推出一系列宣发活动，提前为用户透露影视和综艺节目的精彩片段，吸引用户关注。

图 1-5 西瓜视频的平台自制内容

西瓜视频是视频版的今日头条，在推荐机制中，算法分发和关系分发并重。算法分发是由算法驱动的分发体系，为用户推荐的内容是根据用户一系列行为数据，基于机器学习而呈现的内容，用户的每一次点击、观看时长、进度条拖动和刷视频等都会成为算法模型的输入变量，于是西瓜视频总能将最符合用户口味的短视频推送给用户。图 1-6 所示为西瓜视频首页“推荐”频道中的视频。

西瓜视频的关系分发注重打造账号体系，可以为用户带来丰富的社交资源。西瓜视频为了让粉丝在第一时间找到自己关注的用户，将“关注”频道放在了一级菜单中，如图 1-7 所示。

图 1-6 “推荐”频道

图 1-7 “关注”频道

从内容形态上看，西瓜视频中横版短视频和竖版短视频共存，横版短视频的时长较长，大部分为1分钟以上，PGC制作，从拍摄团队选取到镜头语言制作都极为严格，在题材范围、表现方式和叙事能力等方面都很精细；竖版短视频的时长多为15~55秒，UGC制作，可以激发用户展示自我的欲望。

1.2.7 哔哩哔哩：年轻世代高度聚集的多元文化社区

哔哩哔哩是国内领先的年轻人高度聚集的文化社区，创建于2009年6月26日，2018年3月28日在美国纳斯达克上市。哔哩哔哩2020年第一季度财报显示，其月活跃用户数达到1.72亿人，付费用户达1 340万人。

哔哩哔哩的用户主要是“90后”和“00后”，这些用户的成长环境和特点如图1-8所示。

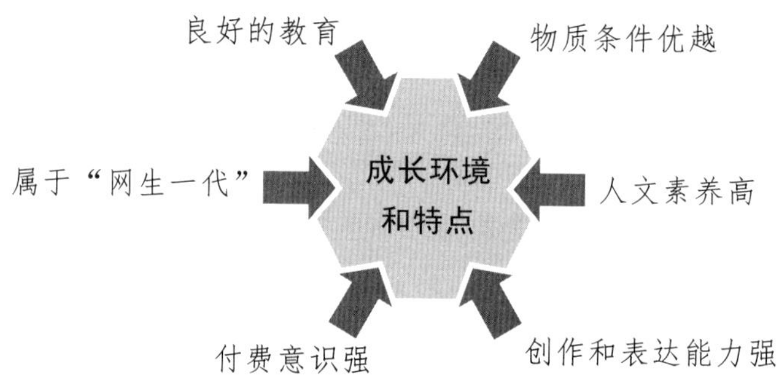

图1-8 “90后”和“00后”用户的成长环境和特点

哔哩哔哩的价值主张包括为UP主（是upload的简称，是指在视频网站、论坛等站点上传视频、音频文件的人）提供视频创作社区，打造原创文化聚集地，营造文化氛围，为广大用户提供学习和娱乐社区。

哔哩哔哩的内容生产模式为UGC，这使平台及其内容带有社交属性，UP主发布内容吸引用户观看，从而建立起社交网络。这种社交属性通过弹幕、评论等多种互动方式进一步加强，用户很容易在平台上找到具有共同兴趣爱好的好友，彼此之间形成认同感。这种认同感会通过社交网络进一步扩大，逐渐转移成对平台本身的认同感，这也是哔哩哔哩用户黏性非常高的原因之一。

随着用户数量的增长，哔哩哔哩为了保障站内用户的质量，使社区属性不会因用户大量增加而被稀释，维护核心用户的使用体验，将用户的注册情况分为3类，分别为游客（观看视频）、注册会员（通过邮箱或手机号码注册，可以收藏和分享视频，但不能投稿、评论、发送弹幕）和正式会员（能够投稿、评论、发送弹幕，观看高清晰度视频，但需要通过 100 道题测试）。除此之外，哔哩哔哩还通过较为严格的审核制度来控制投稿质量，在一定程度上保障用户的观看体验。

哔哩哔哩有很强的包容性，横跨影视、时尚、游戏、纪录片等领域的人并不多，大多数用户在自己喜欢的一两个领域里开心地玩耍，用户之间彼此相安无事，不同领域之间最大的共同点就是无处不在的弹幕文化和 UP 主饱满的创作热情。

由于哔哩哔哩在早期是二次元网站，很多人对其形成了刻板印象，认为哔哩哔哩就等同于二次元，怀疑其文化的多元性，但纪录片在哔哩哔哩的火爆恰好是一个反例（见图 1-9），它证明了哔哩哔哩 CEO 说过的一句话。他认为“90 后”和“00 后”比他们的长辈更有文化自信，更有人文素养，更有道德水准，他们不是娱乐至死的一代人，而是眼界高、兴趣广的一代人。这些人群正是哔哩哔哩的核心人群，其兴趣的多元化也决定了哔哩哔哩文化的多元化。

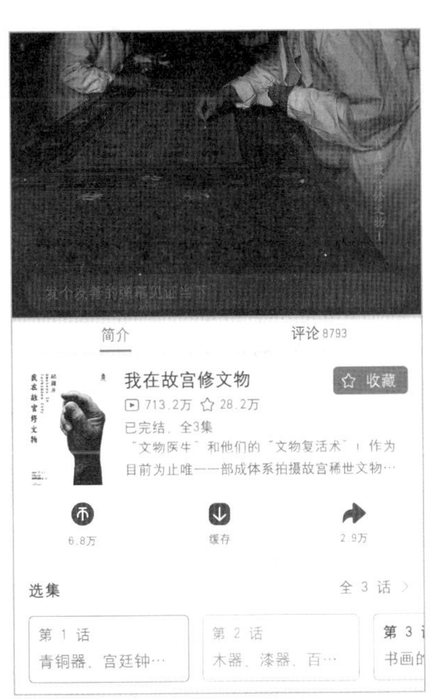

图 1-9 哔哩哔哩的纪录片

如今哔哩哔哩已经形成创新、包容、多元化的社区生态，社区整体氛围十分活跃，用户忠诚度高，这些特质使哔哩哔哩不会轻易被其他视频网站所取代。

1.3 实施阶段性策略，深耕细作短视频账号

要想成功打造短视频账号，实现曝光和转化获利目标，运营者应将短视频账号当作一个产品。一般而言，一个短视频账号的生命周期分为 4 个阶段，即导入期、成长期、稳定期和衰退期。衰退期的表现是粉丝数呈负增长，转化获利能力不断减弱，面临市场淘汰。因此，运营者要抓住导入期、成长期和稳定期这 3 个阶段，深耕细作，最终实现短视频账号的转化获利。

1.3.1 导入期：定位决定爆发力

导入期是从无到有、从零到进入大众视野的阶段，所以短视频账号导入期的重要性一目了然。导入期就是打基础、确定大方向的阶段。在短视频平台上，精准的内容定位会给予账号巨大的爆发力，甚至会决定账号发展的“天花板”。因此，运营者在做定位时，需要注意以下几点。

1. 定位要聚焦目标人群

定位要选择触达的人群范围。很多人在定位时会犯两种错误，一是定位过于宽泛，试图满足所有用户的需求，从而浪费推广资源；二是定位过于狭窄，从一开始就选择了目标人群中的核心用户，将一般的潜在用户和非用户排除在外，导致接收人群范围过窄，目标群体的基数过小，缩小了发展的空间。

定位过宽或过窄，都没有办法将资源投向最合适范围的群体。因此，短视频账号定位一定要精准，要把信息准确地传递给目标人群。

2. 定位要简单

据心理学研究表明，基于人的大脑结构和运作水平，越复杂的信息就越难以记住。如果短视频给用户传达了过多信息，反而给用户造成记忆负担，使其很难留下深刻而统一的印象。因此，对于短视频账号的内容定位，我们要切记“少即是多”。很多时候，打动用户只需要一个让他记忆深刻的点，如表情、口头禅或招牌动作等。

3. 定位时考虑转化获利问题

很多企业或自媒体在运营短视频账号时，过分追求粉丝数，没有提前考虑转化获利的问题。拥有获得粉丝的想法本无可厚非，但盲目追求粉丝数量，完全不考虑落地转化获利，生产内容只是为了博眼球、哗众取宠，根本不为

用户负责，自然无法在粉丝心目中树立良好的形象，严重限制了账号的转化能力。

还有的运营者以为可以先积累粉丝，等粉丝量达到自己的预定目标之后再考虑盈利问题，但运营一段时间后发现，短视频的内容与营销的产品是完全分割的，转化效果很差。这是因为一开始就走错了方向，没有做好内容定位。这时要想调整定位，改变账号在用户心中的印象，难度就会非常大，成本也很高，还不如重新开设一个新账号。因此，运营者不要抱着走一步看一步的想法来运营短视频账号，忽略长期运营的规划会导致出现恶性循环。

对企业而言，如果短视频账号的定位与产品相关性较弱，那么转化效果必然会大打折扣。短视频企业账号的创意都要服务于品牌和产品，否则一切都是无用功，不能创造任何价值；对自媒体而言，如果短视频账号的定位无法使用户产生共鸣，那么会导致用户黏性很差，广告效果自然也不会太好。

4．明确账号运营目的

在对短视频账号进行定位之前，运营者要先思考运营短视频账号的目的，如刷新用户认知、提升知名度、提供资讯服务、电商转化获利、广告转化获利等，一旦选择了运营方向，就要不断坚持下去，从而达到最终的营销效果。

5．确定独特的调性

短视频账号要有让用户看一眼就难以忘记的独特风格和鲜明的个性化形象，这就是所谓的调性。运营者要综合行业、品牌、产品、人物或营销目标等因素来确定调性，如果运营者是自媒体人员，受到的限制就会少一些，调性可以以娱乐和轻松为主；如果运营者是企业，就要以品牌形象、风格与服务对象作为重要的考虑依据；如果是医疗、教育等较严肃的行业，就不可过度娱乐化，不能误导广大用户，应选择合适的表达方式，坚持平台倡导的原创和正能量理念。

运营者要想将设想好的短视频账号形象传达给用户，就要紧紧围绕预设的调性，在内容的各个方面设置具体的落脚点，用一个个的个性化符号强化核心定位。个性化的符号来源主要有人物外形、Slogan、招牌小动作、经典表情、特色配音、拍摄手法、字幕、画面风格等。

6．让用户产生长期关注的动机

有很多账号出现过这种情况：播放量看似不少，但粉丝量一直不多；偶尔出现一些爆款短视频，粉丝量大幅度增加，但之后播放量和粉丝量快速下滑。内容火而账号不火的问题主要出现在关注环节上。

很多用户之所以只观看视频却不关注账号，是因为其没有长期关注的理由。要想获得高关注率，账号运营者就要从用户需求出发，做出真正对用户有价值的内容。需求人群越广，需求度越高，被关注的概率就越高。用户想要满足的需求一般分为 3 类，即精神需求、实用需求和物质需求，如表 1-2 所示。

表 1-2　需求的类型及内容

需求类型	需求的具体内容
精神需求	追求快乐、消遣、寻找精神共鸣、猎奇、获得激励、自我实现
实用需求	解决问题、避免损失、学习知识和技能、了解资讯
物质需求	获得奖品或优惠

因此，在创建账号之前就要思考清楚：自己的短视频账号可以满足用户的哪些需求？是否能让用户持续关注？

7. 保证优质内容可持续生产

优质内容的可持续生产涉及两个关键词，分别是“优质”和“可持续”，要想达到这两个目的，运营者就要在定位时结合自身团队、预算、场景、内容等方面进行思考。

（1）团队：核心创作人员是否稳定？人员流动是否会导致账号运营出现停滞或中断？有无办法避免人员流动？如果团队人员的流动性很大，可以避免核心人员的脸部出镜，使用面具、头套等道具，这样即使人员流失，对账号的整体运营影响也不会很大。

（2）预算：预算是否足够多，能不能支撑到具备转化获利能力的时候？如何提升转化获利能力？如何保证持续获得收入？如果团队不是专业的 PGC 团队，如 MCN 机构或文化传媒公司等，那么对于多人情景剧、动画片等需要耗费大量人力和专业度较高的内容形式，一般很难持续产出优质内容。

（3）场景：场景是否足够支持当前拍摄？场景有哪些拓展的可能性？

（4）内容：内容素材的范围是否足够大？内容来源是否稳定？创作成本是否合理？

1.3.2　成长期：打磨作品，提升运营能力

成长期是账号快速发展、团队高速成长的时期，是粉丝数量增长、内容积累、资源拓展的阶段。对内而言，团队要打磨作品、培养默契、提升团队的协作能力。

很多团队在最开始运营短视频账号时很混乱，内部沟通经常不到位，效

率比较低，在成长期团队要全方位提升内容质量，提高创作效率，提升运营能力，努力让运营工作实现标准化、规范化和流程化，从而规避可能存在的风险。

具体来说，短视频团队在账号的成长期要做好以下 4 件事情。

1. 制定内容标准

制定短视频内容标准有利于团队把控内容，保证内容的质量、一致性和创作效率。内容标准要覆盖从过程到结果的各个方面，做到清晰、明确、可操作化。制定内容标准只是一个开始，最关键的是严格按照标准来做，并在此过程中不断优化。

尤其对团队共同创作的账号来说，制定内容标准是提升效益必不可少的一个环节。一个视频作品需要编剧、导演、演员、摄影师和剪辑师合作完成，可能每个人都会有不同意见，假如没有内容标准，那么彼此之间的沟通成本会很高。因此，团队成员要提前沟通、制定可操作化的内容标准，建立合作的默契。

一般来说，团队要制定以下标准。

（1）价值标准。价值标准是指根据自身情况约定内容的底线，例如道德、法律的底线，违背道德和法律的内容不做；短视频平台的规则是短视频账号的生存线，不能违背平台规则；为目标服务，不做与自己的领域无关的内容；做真实、原创的内容。

（2）审核标准。每个环节都要达到特定的标准才能进入下一个环节。例如，选题要符合账号定位；拍摄的画面应美观，镜头要流畅、自然，拍摄素材要完整；把握好剪辑的节奏，配音与画面要同步，突出强调重点内容；发布内容之前要检查视频的播放是否流畅，内容是否清晰完整，发布时不能做标题党，标题中不能有敏感词，文案要与内容相符。

（3）执行标准。制定执行标准是为了在运营过程中把控内容创作的效率与质量，执行标准要具体、可操作化。团队可以从审核标准倒推，对于容易出现问题的地方要具体说明，做出细化方案。

2. 做内容模板

短视频账号的内容模板可以分为开头、正文和结尾 3 部分。

开头可以设置两种内容，一种是突出账号特性的内容，包括 Slogan、自我介绍等，另一种是开门见山地引入正义内容，如提问或引入场景等。

正文能够完整展示要表达的内容，并要求语言简单、易懂；字幕要使用辨识度高的字体，字号大小适中，不要被页面悬浮内容遮挡。

结尾可以引导用户互动，如关注、点赞和评论等，或进行形象展示。

当内容模板被团队成员清晰掌握以后，只要团队成员之间足够默契，沟通的时间会大幅缩短，效率大大提升。

3．梳理内容生产流程

梳理高效的内容生产流程可以节省人力和物力，快速完成关键绩效指标，同时还会提高账号在系统中的评分，增加被系统推荐的概率。

短视频完整的内容生产流程包括剧本，拍摄和录音，剪辑，编辑和发布，运营以及复盘，如表 1-3 所示。

表 1-3　短视频完整的内容生产流程

阶段	工作	具体内容
1	剧本	创作剧本、调整剧本、剧本审核及优化，直到定稿
2	拍摄和录音	拍摄视频、配音、检查并补拍素材、素材审核及优化，直到确定素材
3	剪辑	选择素材并剪辑、优化剪辑、视频评审及优化，直到完稿
4	编辑和发布	编辑标题、封面，发布到各大短视频平台
5	运营	与用户互动，跟踪数据
6	复盘	日数据播报并复盘，提出优化策略并执行，周/月/季等节点性复盘

在短视频的日常创作中，团队可根据每个人的实际情况进行分工，也可以根据实际的工作情况灵活调整，在提升团队效率的同时增强不同岗位人员的能力，如剪辑师出演小角色，编剧负责简单的拍摄工作，演员创作剧本等。

4．梳理运营策略

在梳理运营策略时，团队要考虑如下两个关键问题。

（1）在什么时间发布短视频？如果发布时间不合适，那么短视频的播放数据有可能会非常差，一般要选择在用户浏览的高峰时间段发布短视频。每天有两个用户浏览高峰段，分别为 12 点~13 点半和 20 点~23 点，基本是午饭时间和晚饭后到睡前的休息时间。

（2）有哪些操作可以提高短视频的播放效果？提高短视频播放效果的方法有很多，如积极互动，及时回复用户评论；选择热门音乐作为配乐；参与热门话题等。

1.3.3　稳定期：对用户进行留存和转化，尝试转化盈利

在短视频账号进入稳定期之后，账号粉丝数的增长速度逐渐变缓，甚至

停滞不前。这并不难理解，粉丝数量的增长空间毕竟是有限的。在这一阶段，短视频团队的主要目标是对用户进行留存和转化，尝试转化获利，毕竟转化获利是运营账号的最根本目的。在这一阶段，团队要加大推广资源的投入，持续不断地积累素材，全方位挖掘转化获利方法，主动地做出调整，以延长稳定期。

短视频账号的转化获利方式有很多，比较常见的有以下几种。

- 电商转化：通过短视频平台的商品链接、购物车功能，链接到购物页面，用户点击商品链接进入商品详情页，如果感兴趣就有可能购买，账号主体便可获得佣金收入。
- 广告转化：利用账号为商家提供广告，帮助商家推广产品，从而获得广告收入。
- 直播转化：分为 3 种情况，第一种是植入广告，主播推广商品，收取广告费用；第二种是直播打赏，收取会员费；第三种是电商转化。
- IP 转化：当账号成功打造出品牌，拥有数量庞大的粉丝时，账号的影响力便非常大了，可以利用账号的人气转化获利，尤其是 MCN 机构旗下的 KOL，在公司运营下可以获得不少优质资源，如线下活动站台、参加电视节目、商业代言等。文化产业中还有很多其他的 IP 转化方式，如周边产品、形象授权、动画、漫画、电影或小说改编等。
- 内容付费：短视频的内容付费主要包括知识讲解和付费会员服务，付费这一行为成为帮助短视频账号筛选目标用户、创造价值的方式。

短视频账号的转化能力决定了账号的发展前景，要想使账号的转化能力变强，持续时间更长，短视频团队要遵循以下原则。

1．不能伤害粉丝

要做到不伤害粉丝，就要注意以下几点。

（1）谨慎选择广告主，注意广告主的形象与自身调性是否相符，是否会产生负面影响。

（2）谨慎选择产品，要选择粉丝可能喜欢的产品，核实产品的来源是否正规，质量是否过关，口碑如何。

（3）视频质量不能下降。广告视频的质量不能低于平时的水平，要精心为产品定制内容，让粉丝获得良好的观看体验，不能强行推销。

2．为粉丝提供价值

短视频账号在转化的同时要为粉丝提供价值，实现共赢。例如，知识讲解类的账号会为粉丝提供各种知识和技能，解决粉丝在生活中遇到的问题，同时提升自己在粉丝心中的专业感。

3. 形象保持一致

不管使用哪种转化方式，账号都要保持自身形象的一致性，向粉丝传递正能量，不能因广告主的需求而随意改变自身形象，为吸引粉丝注意力而失去底线，否则很有可能造成人设崩塌、形象尽毁的后果，得不偿失。

1.4 短视频运营的五大误区

在短视频运营过程中，掌握正确的方法可能会事半功倍，而步入误区可能会“事倍功半”，甚至南辕北辙。因此，运营者在运营短视频之前要了解一些应避开的误区，这有助于自身账号的发展。

1.4.1 忽视各大短视频平台的固有特征

有些运营者创作出短视频以后，不加修饰地在多个平台发布，这种做法其实很难取得良好的效果。因为每个平台都有其固有特征，产品逻辑各不相同，运营者如果不亲自查看和了解各个平台的规则，就很难真正了解该平台的用户行为，最终也很难成为该平台的成功运营者。这就要求短视频团队在发布短视频时，一定要按照不同平台的特点进行针对性的修改后再投放。

1.4.2 不与用户进行良性互动

很多运营者在发布短视频以后不查看评论区，或者想在评论区与用户互动，但评论数量寥寥无几，于是运营者就撒手不管了，这是新手在运营时经常犯的错误。

在短视频运营过程中，与用户互动至关重要。一般对短视频进行评论的用户是活跃用户，他们刷短视频不仅为了观看短视频的内容，还有查看评论区的需求，如果评论区有引起共鸣的内容，他们就会进一步提高互动率。评论率的高低是系统评判短视频质量的标准之一，对那些不与用户互动的账号而言，这种不互动的行为无论是对其长期发展，还是短期发展来说都十分不利。

因此，运营者如果看到有人在评论区评论，就一定要积极回复。如果短视频的评论数非常多，那么不用每一条都回复，毕竟人的精力是有限的，选择一些有想法、有价值的评论进行回复和互动即可；如果评论数量很少，那么可以邀请亲朋好友写评论，或者自己在评论区发布一些引导性的评论，从而提升评论区的活跃度。

1.4.3 运营渠道单一

有些运营者可能觉得选择的平台过多，渠道太广，很难合理运营和管理，所以只选择一两个热门平台进行运营。在他们看来，这样既能抓住用户流量，又能节省运营的精力和时间。

不过，运营新手在竞争激烈的热门平台上很难脱颖而出，众多运营者在热门平台的运营过程中可能会因不见效果而丧失信心。要想避免这种情况，运营者就要尽可能多地拓宽运营渠道，从多个平台入手。例如，将短视频发布在多个短视频平台（快手、抖音、秒拍、美拍等），或者发布于在线视频平台（腾讯视频、爱奇艺、优酷视频）或社交资讯平台（今日头条、微信公众号、微博）的短视频频道。

通过上述多渠道运营推广，运营者可以将其他平台和渠道中的用户吸引到自己的主营平台上，积少成多，最终将自己的账号打造成粉丝量高、推广效果好的短视频账号。

1.4.4 漠视短视频平台的动态调整

有些运营者从来不会关注短视频平台上发布的官方消息，觉得与自己无关。短视频平台上的官方消息一般包括平台官方政策变化、渠道的官方活动动态和技术相关动态。

根据平台的政策和动态变化及时调整运营方向，对账号的长期发展有至关重要的作用。如果运营者只专注于创作和推广短视频，就很容易在不清楚自身账号运营动态的情况下做很多无用功，与平台脱节，影响运营效果。

1.4.5 忽视数据分析的作用

运营者如果只是纯粹地拍摄和发布短视频，没有用数据来衡量运营状态和效果，就不能很好地了解账号的运营情况，账号的播放量自然就无法获得有效提升。

数据分析可以帮助运营者找到自身存在的问题，分析的数据一般包括完播率、点赞率、评论率、转发率、播赞比等，这些数据能够反映出短视频内容是否被接受。例如，一条视频发布后收获 500 次的播放量，点赞数为 178，评论数为 145，其实从各项数据比例来看，视频质量不错，因为点赞率将近 40%。那么，为什么播放量这么低呢？

这时就需要数据分析来解决问题了，可以将自己的短视频与同类爆款短视频进行对比，分析问题出在哪里，如脚本文案、配音、拍摄、剪辑、封面标题等方面，找到问题之后再尝试修改，这是最基本的数据分析。

除此之外，运营者还要掌握平台使用时长、平台用户数以及用户性别、年龄分层、消费偏好等数据，根据这些数据信息来调整账号运营思路。当然，这部分的分析要依靠数据分析平台，如卡思数据、飞瓜数据等。

第 2 章

精准定位：找准短视频运营方向

俗话说，“不打无准备的仗”，要想在竞争激烈的短视频领域获胜，运营者就必须做好各项准备，尤其是账号定位。账号定位决定了短视频账号的发展“天花板”，精准定位可以帮助短视频账号快速增长粉丝，在后续运营中得到事半功倍的效果。

2.1 目标定位，明确运营短视频的目的

先有目标，才有行动，有了目标之后，行动才会有方向和动力。因此，要想运营一个优质的短视频账号，运营者必须先明确目标，然后在做短视频内容时查看是否与目标有所出入，并及时做出调整，以完善账号形象和短视频内容。

2.1.1 宣传品牌，口碑营销

企业运营短视频账号的目的大多是进行品牌宣传和口碑营销。企业通过短视频账号宣传品牌具体有以下几种细分目的。

1. 提升知名度

现在企业要想长久立足，除了拥有核心竞争力，还要善于营销。知名度的提升是企业品牌推广的基础，而要想提升知名度，品牌就需要高曝光，以提升用户认知。

所谓用户认知，是指一个品牌在用户心里的大致形象与场景用途。持续的高曝光可以让用户知道品牌名称及其产品，从而使用户在潜移默化的影响下一想起某个关键词或身处某个特定环境中就能想到该品牌，最终产生购买欲望，做出购买行为。

初入市场的品牌可以借助短视频巨大的流量提升知名度。短视频营销的特点是成本低、传播快、转化高，很多名不见经传的新品牌通过短视频营销走上发展的“快车道”。

以抖音为例，知名度较低的品牌可以通过互动游戏的形式，例如举行挑战赛，吸引用户主动参与，以用户带动用户的方式造势，从而提升品牌热度，改变用户认知。

例如，蜜雪冰城虽然成立较早，但知名度一直很低，直到研发出“摇摇奶昔”产品，并在抖音发起“拍摇摇奶昔，瓜分 66 000 现金”的活动，一跃成为“网红”奶茶，到目前为止，“蜜雪冰城摇摇”话题的播放量已经达到了 8 542 万次，“蜜雪冰城”话题的播放量达到 8.5 亿次，如图 2-1 所示。

2. 保持品牌热度

一个品牌即使已经有了知名度和影响力，在竞争激烈的市场环境下，如果不在大众面前时常展露自己，品牌热度也会很快消退。因此，企业在任何时候都要有营销的准备和行动，通过各种各样的渠道向大众营销，尤其是充

分利用短视频等流量巨大的平台。

图 2-1 “蜜雪冰城”抖音话题页面

对品牌方而言，只要培养起短视频品牌账号的粉丝，就拥有了长期营销的资本。以抖音为例，随着抖音强大的传播力和带货能力的展现，很多品牌已经不满足于仅仅投放信息流广告，而是纷纷开通抖音官方账号，开辟新的传播渠道。

例如，支付宝将运营部的日常、支付宝的新功能等内容编辑成段子放到抖音上，并对评论区进行了精耕细作，直接拉近了用户与产品的距离。支付宝抖音账号的日常运营强化了与用户之间的互动，有利于支付宝保持品牌热度，如图 2-2 所示。

3. 新产品推广

在短视频中，企业不仅可以通过活动与粉丝互动，保持自己在粉丝中的热度，还可以对刚上市的新产品进行推广。例如，vivo 在推出 NEX 双屏版手机新产品时，邀请了抖音上非常火的“网红”进行新产品推广，这是因为该“网红”给粉丝技术流、酷炫、神秘和正能量的感觉，与 vivo 的新产品调性一致。

4. 刷新认知

随着新媒体的发展，品牌传播的方式和内容已经与以往有了巨大的不同，很多传统企业却还在沿用以前的方法做营销，与消费者缺乏互动，导致品牌与消费者之间的距离越来越远，产生了消费者群体的断层。

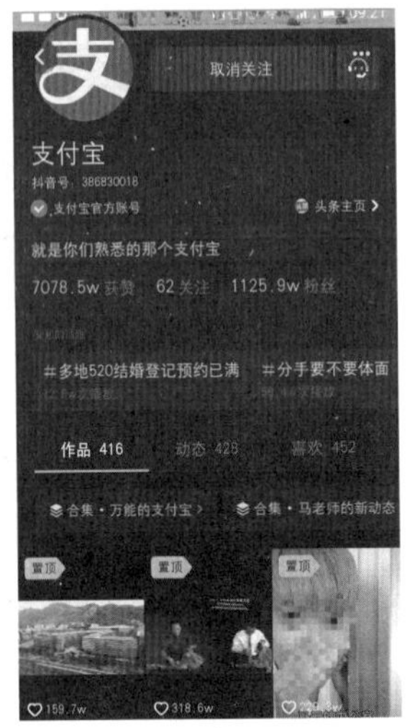

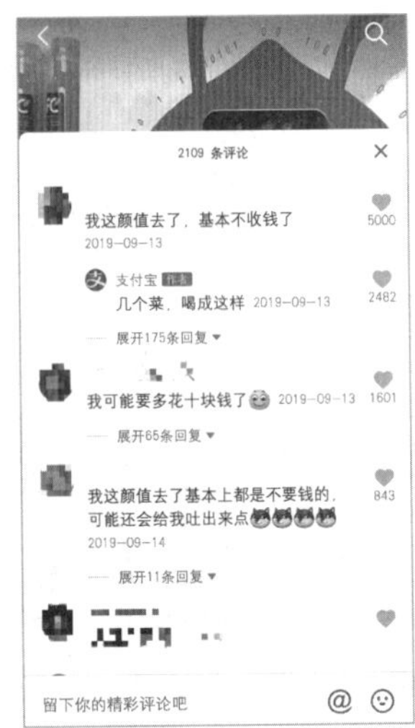

图 2-2　支付宝的抖音账号

要想重新赢得消费者的心，这些企业就要调整品牌战略，刷新消费者的认知，改变自身在消费者心中的传统形象，从而拉近与消费者的距离。不管是在当前还是未来，年轻消费群体的消费能力是不容忽视的，一个品牌要想在未来把握市场，就要向年轻人靠近，品牌战略走年轻化的路线。

溜溜果园集团股份有限公司旗下的溜溜梅产品就通过抖音营销塑造了品牌年轻化和娱乐化的形象。溜溜梅曾发起“溜溜梅扛酸全民挑战”，在挑战赛前夕，品牌代言人通过微博平台发布接受挑战活动的消息并与网友互动，溜溜梅官博转发并推出活动福利，基于微博的裂变式传播模式，大量热心网友参与了讨论。

在微博掀起声势以后，溜溜梅在抖音平台发起了“溜溜梅扛酸全民挑战”，不仅承包了定制开屏广告，也提前准备了魔幻电音“没事儿歌”和定制版互动贴纸，活动参与门槛很低，简单明了、易操作。这一挑战活动击中了抖音用户爱玩和喜欢模仿的心理，因此迅速火爆，引发了自媒体传播，形成了强大的内容营销，掀起全民参与的热潮，如图 2-3 所示。

溜溜果园品牌部的推广经理表示，以抖音为代表的短视频平台带有巨大流量，对溜溜梅的品牌营销来说帮助很大，因此溜溜果园和抖音已达成品牌战略合作伙伴关系，从前期的蓝 V 认证，到活动开屏、音乐、文案、挑战赛详情页的审核，以及抖音达人示范视频拍摄等，抖音方面均给予了强力支持，帮助溜溜果园产品与用户之间实现了更轻松的对话，也提升了溜溜果园产品年轻化的形象。

图 2-3 “溜溜梅扛酸全民挑战”

2.1.2 孵化“网红”，打造个人品牌

借助短视频平台打造个人品牌，成为一名“网红”，是不少人运营短视频账号的目的。如果想要把自己打造成一个“网红”，就要根据自身条件和擅长的内容方向选择更适合自己的路线。一般来说，“网红”有 6 种类型，如图 2-4 所示。

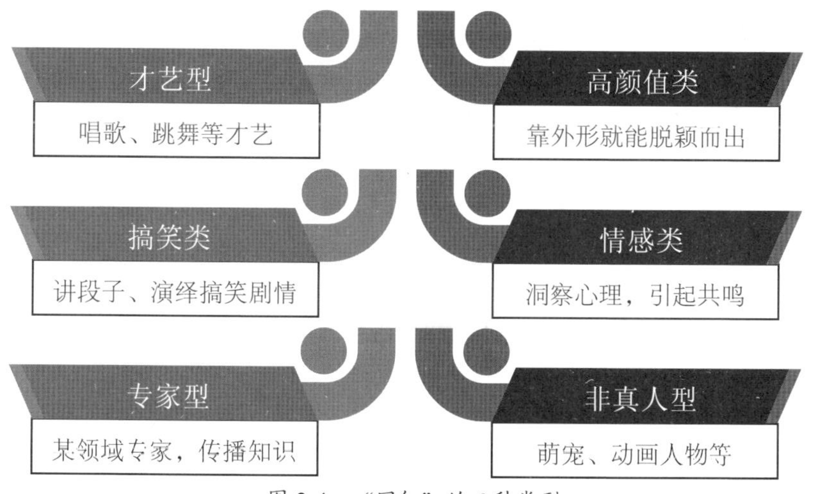

图 2-4 “网红”的 6 种类型

例如，抖音账号“M 哥”凭借其独特的嗓音翻唱歌曲实现快速“圈粉”，

再加上她的颜值比较高，给用户留下了深刻的印象，如图 2-5 所示。

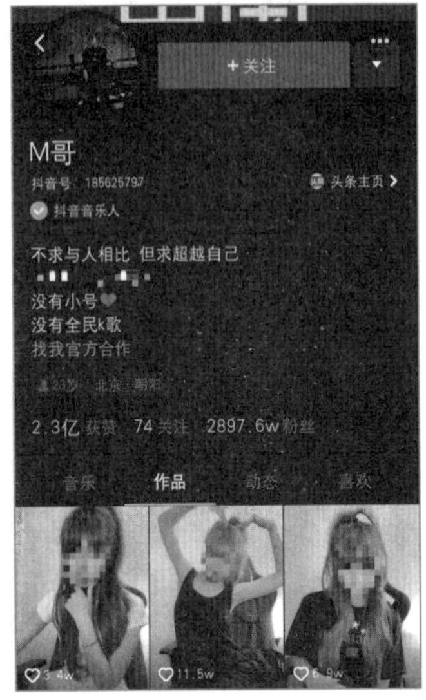

图 2-5 “M 哥”账号主页及其短视频

2.1.3 拓展渠道，销售商品

短视频掀起了全民创业的浪潮，其巨大的流量和极低的成本吸引了一大批等待机会已久的创业者，他们中的很多人在研究并践行如何将短视频培养成强大的销售渠道。

随着各大短视频平台开通购物车的门槛降低，大量普通账号也能通过短视频销售商品。以抖音为例，该平台上的美食大 V“野食小哥”在短视频中记录在大自然中获取食材、烧饭做菜并享用美食的过程，向用户展示了回归田园、质朴自然的生活方式，吸引了大量粉丝关注。他通过销售短视频中的同款食品（如猪油渣、牛肉酱、牛排等）实现了转化盈利，如图 2-6 所示。

“野食小哥”通过牛排等美食的制作过程，一点点地勾起了用户对这款美食的食欲，独特的田园风格内容，以沉浸式的体验助推了用户的消费行为。与没有建立过认知、同质化严重的同类产品相比，这款食品自然更具竞争力。

从内容到销售商品的环节，整个流程的体验是一气呵成的，用户首先感受到了烹饪美食的视听体验，随之产生了享用美食的欲望，转化为购买美食的冲动。“野食小哥”的短视频大多以制作美食开始，享用美食结束，让用户在观看短视频后产生购买商品的欲望。

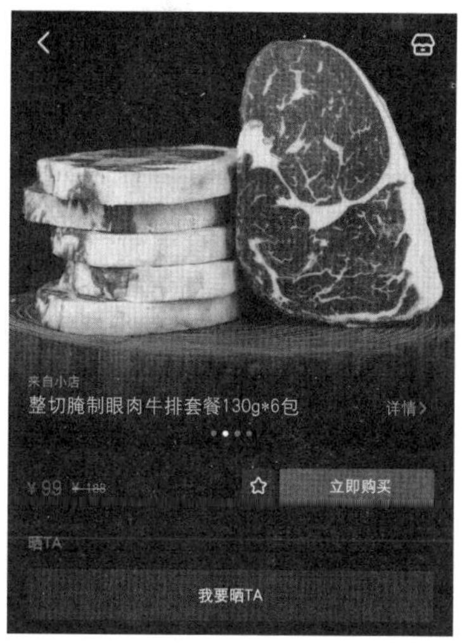

图 2-6　“野食小哥”销售商品

如果短视频账号的目标定位为销售商品，就要安排好内容与商品之间的各个环节，设计好用户体验流程，用优质的短视频内容刺激用户产生购买欲望。

2.1.4　挖掘亮点，展示自我

运营者在选择短视频内容方向时必须从自身出发，不能胡乱选择，不能看短视频平台上哪些行业内容做得火起来了，自己就选择做什么。这样做很容易陷入被动，很少能获得成功。因此，运营者要在运营账号的过程中有兴趣或特长的加持，才可以长期坚持并发展下去。

不同的运营者，自身在特长和兴趣两个方面的比重会有所偏重。有的运营者可能更多基于自身特长进行选择，在不讨厌的情况下选择某方向，随后在不断地接触中慢慢产生兴趣；有些运营者可能更多基于自身的兴趣而选择，并在不断学习的过程中让感兴趣的内容成为自己的特长。

因此，运营者要将特长和兴趣结合起来，这是短视频运营的正确方法。运营者要保证有持续的内容输出，并对其感兴趣，这样他们就不会觉得无聊，并容易坚持下去，最终脚踏实地进行运营，逐渐积累粉丝和人气，打造出流量大号。

不管是利用自己的特长还是兴趣，在创作短视频时，运营者要深度挖掘自身亮点，充分发挥自身特色，强调自身作品的特殊性，通过作品展现出独特创意和自身个性，从而在激烈的竞争中开辟出一条新路，吸引更多的“粉丝”。

2.2 展现形式定位，让内容得到更好的传播

不同风格的短视频会有不同的展现形式，短视频的展现形式定位决定了用户会以何种方式记住短视频的内容和账号。一般来说，短视频的展现形式有实拍形式、动画形式、图文形式和创意形式。

2.2.1 实拍形式，更具真实感和代入感

实拍形式的短视频是短视频平台上的主流内容，其适用性最强，可用范围更广，不管是推广萌宠、“网红”，还是店铺、商品，实拍形式的短视频会更有真实感和代入感，更容易拉近与用户的距离。

实拍形式大体可以分为真人出镜和萌宠出镜两种类型。

1. 真人出镜

在运营短视频账号时，真人出镜形式的效果比纯字幕和图文形式好得多，因为它更真实、具体而生动，除了外形还有动作、表情、语言和个性，所以更容易获得用户的好感，使个人品牌得到快速传播。

运营者在选择出镜人员时要注意，考核点不仅有外形、网感、表达和表演能力，个性和品质也是非常重要的。如果出镜人员的个性与人物预设不一致，短视频的效果就会大打折扣。尤其是泛娱乐类账号，用户关注这类账号的目的就是娱乐消遣，获得快乐，而有的人天生个性真诚而幽默，具备独特的人格魅力，很容易获得用户的好感，这些人出镜会更容易吸粉。

为了增强短视频的效果，真人出镜时可以选择以下有特色的方式。

（1）Vlog（Video Blog）。Vlog 是视频博客、视频网络日志，是创作者以影像代替文字或相片，以视频的形式承载个人日志的内容，并上传到网络与用户分享。Vlog 大多使用第一人称，适合个人形象塑造，对用户而言有很强的代入感，很容易拉近与用户的心理距离。

（2）蒙脸出镜。使用面具等工具遮挡住脸部出镜，会给用户一种神秘感，刺激用户的好奇心，如图 2-7 所示。

（3）双手出镜。很多测评类账号会选择双手出镜，以突出产品的细节，利用手势和声音相配合来完成对产品的测评。双手出镜的形式不仅给用户留下了深刻的印象，还降低了对出镜人在外形和表演能力等方面的要求，避免了人员流动带来的风险。

图 2-7　蒙脸出镜

（4）易装出镜。利用外形与性别的反差可以让用户印象深刻，以抖音为例，该平台上更多的是男扮女装，因为男扮女装更容易拉近与女性用户的心理距离，从而增加被分享和传播的机会，如图 2-8 所示。

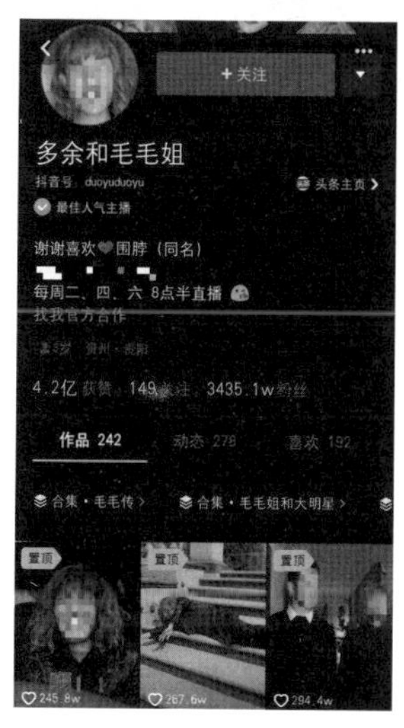

图 2-8　易装出镜

2．萌宠出镜

在短视频的各类垂直细分领域中，萌宠短视频是潜在受众较多、更容易实现商业化转化的一类。由于越来越多的人喜欢饲养宠物，但因为条件限制无法饲养，他们就通过互联网“云养宠”，即关注其他用户发布的各种关于萌宠的图文或短视频内容来愉悦自己的身心。

萌宠类短视频在各大短视频平台有不同的表现侧重点，快手用户更偏爱观看宠物狗的短视频，而哔哩哔哩网站的用户更喜欢看宠物猫的短视频，抖音用户则两者都喜欢看。

在内容表现形式上，哔哩哔哩网站上的内容大多是萌宠和主人的日常，拟人的比重较小，而快手和抖音平台上的内容多表现为萌宠拟人化，通过可爱的外表和与人类相似的行为反馈，产生逗趣、暖心的效果，一般以配音、字幕、演绎等手段作为辅助来贴近人们的语言系统。

例如“会说话的刘二豆”，该账号的主要内容是女主人与她养的两只小猫咪的家庭生活故事。女主人的搞笑配音与两只小猫咪顽皮的行为相结合，经常让用户看得哈哈大笑，如图 2-9 所示。

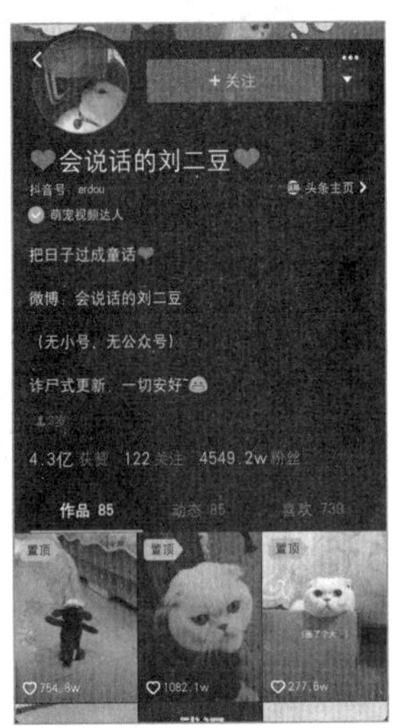

图 2-9　萌宠出镜

2.2.2　动画形式，制造更多趣味性

动画是一种艺术表现形式，近年来我国动画产业中不乏优秀作品，如《大圣归来》《哪吒之魔童降世》等，这些作品以其精良的制作和扣人心弦的故事情节牢牢地抓住了观众的心。

在短视频时代，动画依旧受到人们的热烈追捧，在抖音平台上，“动画”“定格动画”“CG 动画”等话题的播放量数据都是千万量级别。短视频平台上的动画形象一般分为两种：三维动画角色的小故事和二维漫画式的生活小故事。

“一禅小和尚”是3D动画形象，剧集本身大多为3分钟左右的小短片，主要表现“一禅小和尚”身边的趣事和智慧的生活方式，领悟人生百态。该动画的娱乐性不高，但治愈性极强，通过简短而发人深省的话语配合“一禅小和尚”天真烂漫的人物形象，来使用户在短时间内体验到心灵被温暖的感觉，如图2-10所示。

“长草颜团子”是二维动画IP形象，是穿越二次元的萌物，外在形象是一个头上长草、有表情的白团子，特长是卖萌和吃，依靠其萌系表情和形象来俘获众人的心，如图2-11所示。

图2-10 “一禅小和尚”

图2-11 “长草颜团子”

短视频时代的动画没有高昂的制作成本，可以让用户陪伴角色一起成长，这种养成式发展更增强了用户对动画形象的忠诚度，用户黏性非常高。不过，虽然与动画电影相比制作成本较低，但与其他形式的短视频相比，动画形式的短视频仍然专业性较强，且制作耗时长，因此大多数是专业的内容公司使用动画形式。

2.2.3 图文形式，简单易操作

图文形式一般是一张底图加上一些要表达的文字，有的也会出现与内容有关的人物。这种展现形式最为简单，容易操作，基本上不需要视频拍摄和后期制作。

图文形式的文字选用很有讲究，一定要精雕细琢，足够惊艳，不然对粉丝毫无吸引力，其缺点在于，短视频的时长较短，用户观看一遍很难快速消

化图文信息，往往会在观看视频时单击暂停，操作较麻烦，体验感较差。另外，这种展示形式相当于内容搬运，不需要人设，其转化能力也比较差。

2.2.4 创意形式，新颖思路更吸引眼球

创意形式是指采用创新的艺术表现形式，这种形式的内容往往会非常吸引眼球。如果运营者有一些新颖的思路，不妨尝试做出来。其实，不管哪一类形式，要想做得好，都必须新颖有创意。因此，运营者在策划时要重视那些新鲜有创意的选题。例如，“万物皆萌（几何映画）”为实拍的各类事物画上十分可爱的动态表情，实拍与卡通表情包相结合的形式非常有特色，创意十足，受到大量用户的喜爱，如图 2-12 所示。

图 2-12 “万物皆萌（几何映画）”

创意形式可以极速触达用户内心，但对需要积累粉丝或新兴的团队来说，创意也存在很大的风险，因此要以稳扎稳打为主、新颖创意为辅，以减少时间成本和试错成本。例如，选择一个爆款图文内容进行翻拍，搜集一些创意进行联想等。

2.3 行业定位，坚持“适合”原则是关键

短视频运营者要想使账号获得很好的发展，选择一个合适的行业发展方

向至关重要。这就需要运营者找到自己擅长的领域，打造符合行业属性的短视频内容。

2.3.1 自我分析，选择自己擅长的领域

在运营个人账号的过程中，很多运营者不知道自己应该在短视频中突出哪一方面，甚至觉得自己可以涉足多个领域，实现多元化发展，最终结果却是“竹篮子打水一场空”。可见，运营者要客观审视自己，找到自己的优势和专长，选择自己擅长的领域。

确定自身优势和专长的方法主要有以下 4 种。

1. 自己做过的被人称赞最多的事情

运营者可以静下心来好好审视一下自己，回顾自己在过去所做过的被人称赞最多的事情是什么。例如，厨艺很好，被很多人夸赞做出来的饭菜色香味俱全；嗓音不错，唱歌十分好听；手工不错，制作的手工艺品栩栩如生，等等。上述种种获得别人称赞的事情就是自己的特长，在进行短视频内容定位时，运营者可以从这些方面入手。

2. 自己比别人学得快、用得好的技能

每个人都有自己的优势，只不过有的优势显露在外，别人一眼就可以看到；有的优势隐藏很深，自己只有在实践的过程中才能逐渐发现。一般来说，确定自己拥有隐形优势的一个重要标准就是在学习某项技能或做某件事时，自己的用时比别人短，效果比别人好。

3. 自己做得最专注的事情

有的人可能觉得自己没有特长和专长，但回想一下，你在生活中是否有特别专注地做某件事的经历？当一个人真正喜欢一件事或擅长一件事时，他就可以做到心无旁骛、全神贯注、废寝忘食。因此，要想确定自己的优势和专长，不妨认真回想一下自己在做什么事情时最专注。

4. 自己的经验积累

一个人的成功经历和经验是一笔宝贵的财富，如果自己拥有丰富的经验，与其他没有这些经验的人相比，这些经验就是自己的优势和专长，例如“宝妈”对育儿有切身的体验；减肥成功的人在如何锻炼身体或合理膳食方面有丰富的经验；历经坎坷克服困难、成功创业的人对如何规避创业风险、寻找风口有较多经验，等等。在进行短视频内容定位时，运营者可以把自己的经验梳理出来分享给广大用户。

2.3.2 从行业出发，定位内容属性

在进行自我分析，清楚地了解自己的擅长领域之后，运营者还需要考虑短视频内容的行业属性，如果打造的短视频内容与产品的行业属性十分契合，就可以在运营上取得更好的效果。

根据产品行业属性打造短视频内容，运营者可以精准定位有需求的用户，获取精准流量，更自然地切入品牌和产品的广告，获取用户对品牌的信任，从而提高用户转化率，更快地实现营销目标。

关于短视频内容的行业方向，在具体运营中，运营者要如何选择呢？以服装产品为例，作为一个服装行业的营销者，其打造的短视频内容一定要与服装相关，其中比较典型的就是发布一些与服装穿搭技巧相关的短视频内容，这样更能吸引用户关注和购买。运营者还可以基于自己经营的服装类型（女装、男装或童装）在穿搭技巧的分享上有所侧重。图 2-13 所示为抖音平台上与穿搭相关的账号。

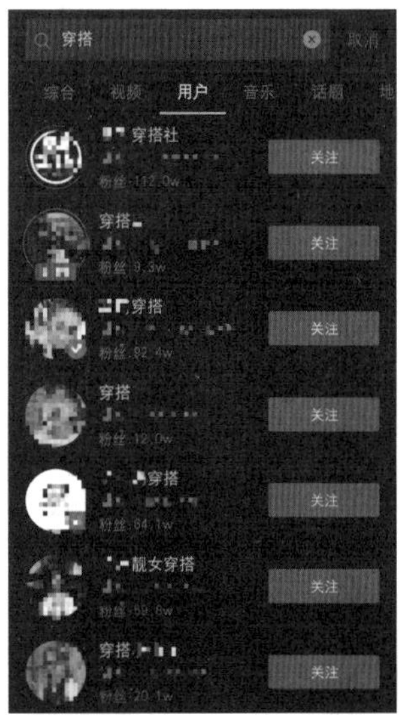

图 2-13　抖音平台上与穿搭相关的账号

2.4　差异化定位，打造账号专属标签

很多出色的短视频大 V 账号有一个共同的特点，即具备个体独特性，无

法被简单复制，不能被取代。因此，在同质化日趋严重的短视频平台上，要想吸引用户的注意力，账号必须与众不同，打造账号的专属标签，形成个人专属的标志，增强用户黏性。

2.4.1 贴标签，获得“标签”群体的认同

很多短视频账号的内容质量并不差,但很难在用户心中留下深刻的印象，用户黏性不高，究其原因是缺乏辨识度，在用户心中的存在感很差。

要想在用户心中留下深刻的印象，就要给自己的账号贴标签，减轻用户的记忆负担，并在记忆的频度和强度上刺激他们。

在信息爆炸时代，人们每天面对着海量信息，但大脑的信息处理能力是有限的，大脑只能将具体的信息浓缩为一个个符号，以提高记忆效率。贴标签就是将自身账号、人物和内容等信息简化成容易对应的符号，这样可以对用户群体进行分类，快速地获得具有相同标签的用户群体的认同和信任。

账号、人物、内容等信息被简化成用户认可的标签，并不断重复，就可以被用户记住，从而增加用户黏性。在强化用户记忆时，运营者可以从语言、外形、表情、动作和情节等方面来设置记忆点，从而体现和强化定位。

运营者想要在用户心中树立什么样的形象，就可以设置相应的标签，如高颜值、才艺、专业、时尚、幽默、文化等，需要注意的是，设置的标签要符合短视频平台的要求，符合正能量标准，与目标用户群体的偏好一致。标签在精而不在多，选择最突出、最能抓住用户的一点就好，切忌胡乱贴标签，否则不但不会吸引更多用户，反而会起到反作用，导致用户流失。

2.4.2 围绕标签，设置记忆点

设置好标签以后，运营者要设置可以体现该标签的记忆点，具体可以从以下 5 个方面展开。

1. 语言

人物的语言可以直接而精准地传达大量信息，直接体现人物特点，塑造人物个性，传达价值观。

心理学中存在“系列位置效应”，即在一系列记忆材料中，人们记忆效果最好的是位于开头和末尾的部分。因此，运营者可以将这一效应运用到短视频中，在开头或结尾这两个用户最容易记忆的位置设计强化账号标签的语言。

设计的语言一般有自我介绍、Slogan 和口头禅。

自我介绍要求短小精悍、朗朗上口，以开场白的形式引入短视频的主题，或作为短视频的结束语强调主题，同时体现人物个性，例如“设计师阿爽”在短视频中的结束语是“我是阿爽，爱设计胜过爱男人”。

Slogan 可以充分表达短视频的价值主张，让用户感受到创作者的真诚，例如“贫穷料理”经常在短视频最后说一句“按时吃饭”，会让用户想到父母的叮嘱，感受到创作者的温暖、体贴和亲切，从而对其增加好感，如图 2-14 所示。

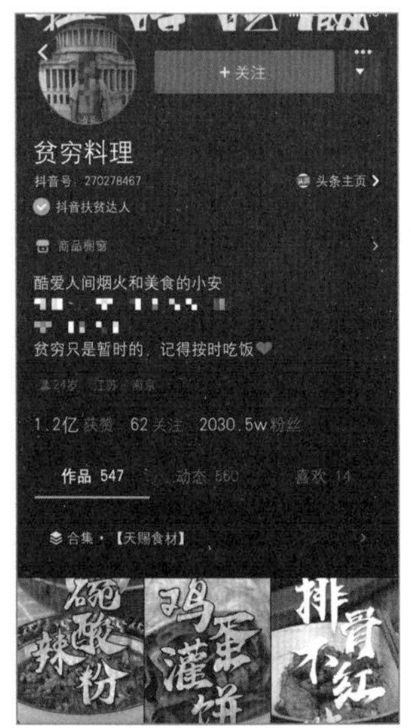

图 2-14 “贫穷料理”的 Slogan

使用独具个性的口头禅也可以让用户对短视频及账号产生深刻的印象，例如“口红一哥”李佳琦每次在涂完口红后会说一句“Oh！ My God!”，会让大量年轻女性产生购买口红的冲动。

运营者也可以从声音的特性，如音调、音色和音速等来设计记忆点。例如，拍摄一段有关人文的纪录片短视频，旁白配音就要极具辨识度，尽量让嗓音显得浑厚深沉，散发出智者的韵味，同时声音也要与画面协调一致，让声音烘托出浓厚的文化氛围。

2. 外形

出镜人的服装、发型、首饰等也会影响留给用户的印象，因此值得精心设计。出镜人的外形一定要符合定位的身份。例如，“丁香医生”中的“田太医”总是穿着白大褂，服装符合其人设定位，体现了其专业的身份，如图 2-15 所示。

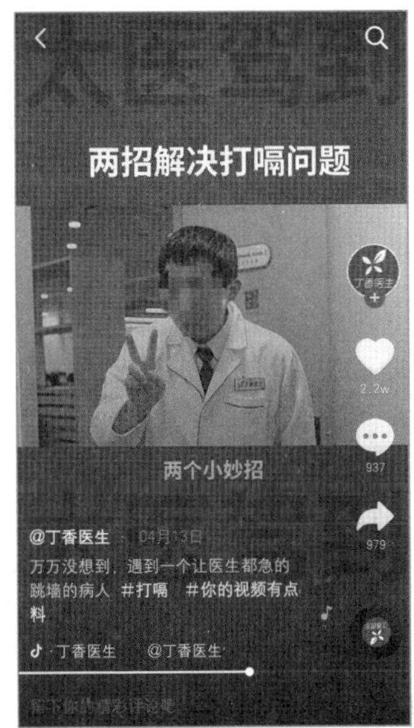

图 2-15 “丁香医生”

3. 表情

面部表情有很强的情绪感染力，可以迅速传播情感和情绪，打动用户的心。例如，“怪了个兽”在短视频末尾经常摆出一副无奈又让人忍俊不禁的表情，成为其个人标签；丸子同学在短视频结尾总会露出带着酒窝的甜美笑容，同时说一句“爱你哟”，打造出了一个贴心、甜美、可爱的女友形象。

4. 动作

出镜人物经常做同一个标志性的动作，可以起到提高辨识度的作用，给用户带来心理暗示，并让用户在看到这一动作时马上想到该短视频账号。例如，美食类抖音账号“麻辣德子”通常会在短视频的结尾用抹布擦灶台，并双手合十感谢用户双击点赞，同时展示让家人吃美食的场景，如图 2-16 所示。

该账号的主要内容是分享美食制作技巧，而灶台是常见场景，将双手合十的感谢动作与常见场景相结合，并反复强化，让该标志性动作成为标准化的结尾，能够增强与用户的互动性。最后展示吃美食的场景，可以强化美食的色香味效果，突出出镜人物美食制作技巧的高超。

图 2-16　“麻辣德子”的标志性动作

5. 情节

运营者可以在短视频的故事中设置一个固定的情节来表达内容，以强化人物定位。例如，“积极向上的老王”的主要目的是介绍生活技能，但使用了老王帮助美女邻居解决问题的有趣剧情。在每一条视频中，老王都会与美女邻居相遇，或被求助，通过帮助对方解决问题，强化了“积极向上的老王”的角色定位，如图 2-17 所示。

图 2-17　“积极向上的老王”

第 3 章

内容策划：打造爆款短视频的制胜秘诀

内容是一个爆款短视频最重要的部分，在激烈的短视频竞争中，创作者要想让自己的作品脱颖而出，就要用新奇创意来策划短视频选题和内容，充分发挥创造力和想象力，通过打造富有情感和趣味性的原创优质内容来激发用户共鸣，使其积极主动地传播短视频，最终使短视频形成刷屏之势。

3.1 做好内容策划的核心原则

很多爆款短视频看似随意一拍就火爆全网，其实并没有那么简单，其成功除了些许的运气因素，更重要的原因是在选题、制作和运营上下了很大功夫，尤其是内容策划，在精准定位的基础上打造出高质量的内容，满足用户的观看需求，短视频成为爆款的可能性就会大幅度提高。

3.1.1 原创力，有效提升短视频辨识度

蹭热点、模仿的短视频可能会火一时，例如某一条短视频成为爆款，但获得长期的、大量的粉丝增长的可能性非常小。短视频平台中的大 V 账号都在一直发布优质原创内容，这让账号具备强大的竞争力。

由于短视频平台中的短视频数量庞大，有很多是争相模仿的内容，同质化现象严重，这导致用户很难找到内容上的独特性，不断重复的内容和题材让用户非常反感，再加上短视频平台的价值导向，其鼓励原创，打击搬运行为，这种规范化管理会限制非原创内容，给原创内容分配更多流量。可见，只有原创内容才有未来，创作者必须大力提高短视频内容的原创力。

原创内容的 3 个特点如下。

1. 具有个性

很多人以为拿起手机拍一段短视频，上传到平台上就有可能火起来，其实不然，原创内容的竞争力在于个性，只有充满个性的短视频才具备鲜明的辨识度，从海量短视频中脱颖而出。具有个性的短视频大多有趣、有料，尽管制作不精良，但其中蕴含的趣味和特色可以让用户如痴如醉，沉浸其中。

2. 具备情感性

原创短视频的内容要富有情感，让用户从内容中感受到创作者对自己的重视和认同，或者富含意义，表达某种情怀，从而让用户产生强烈的情感共鸣，进而愿意分享、转发和评论。

3. 短平快、稳准狠

创作者要抓住“黄金前三秒”，在短视频开始的前三秒就吸引用户的眼球，这就如同人与人之间的“第一印象”，往往第一眼就决定了彼此之间的印象。原创短视频一定要在前三秒鲜明地提出观点，将其印刻在用户的头脑中，让用户没来得及思考就沉浸在内容中。

3.1.2 创意，短视频的核心因素

随着短视频的爆火，短视频内容逐渐趋向同质化，用户开始产生审美疲劳，因此如何在短视频内容中加入创意元素，使自己的内容与众不同，就成为短视频创作者重点考虑的事情。

例如，“卫龙辣条”在入驻抖音时曾发布一条有关辣条产品的短视频，没有标题，内容也很普通，结果反响平平，后来“卫龙辣条”重新发布了一条创意十足的短视频，使自身产品与美好的生活方式联系在一起，标题也有新意，“不可思议，辣条居然吃出了米其林的感觉！！！”获得了 17 万人点赞，如图 3-1 所示。

在这之后，“卫龙辣条”在抖音平台上陆续出了很多爆款短视频，都富有创意，例如将其他公司员工吃辣条的偷偷摸摸与自家公司员工吃辣条的光明正大做对比，让人忍俊不禁，印象深刻，如图 3-2 所示。

图 3-1 “卫龙辣条”的创意短视频 1

图 3-2 “卫龙辣条”的创意短视频 2

那么，如何才能持续产出高质量的创意短视频呢？

（1）打造创造力强的团队。在组建团队之初，要引进一些优秀人才，其中编剧和策划是产生创意的重要人员。这些人要在拍摄前想出好的创意，并将其融入脚本中。团队要有明确分工，策划负责产生创意，编剧负责内容和创意的结合，导演和演员负责呈现内容。

（2）进行头脑风暴。团队要每周开一次选题会，大家一起进行头脑风暴，发散思维，有什么想法均可在会上大胆说出来，思维碰撞以后，将一些片段式的思维串联起来，形成新的创意，从而确定选题方向。

（3）建立创意素材库。团队成员在网络上或利用其他途径得到的一些不错的素材，可以上传到团队创意群中，与团队成员一起分享，并建立创意素材库，将收集到的创意素材储存到数据库中，等需要类似创意点时，团队可以直接从创意素材库中取材，进行创造性的加工，以完成最终的创意策划，形成团队自己的创意。

3.1.3 参与感，引爆用户互动欲望

让用户参与进来，可以最大限度地满足用户的互动欲望，提升他们对短视频账号的认知度和好感。简单来说，有参与感才有体验，有体验才有情感上的接近，才能强化用户与短视频账号的情感连接。

要想打造有参与感的短视频，运营者可以从如下 3 个方面入手。

1. 易模仿

很多现象级的爆款短视频有一个共同点，那就是容易模仿，拍摄门槛、操作成本非常低，任何一个用户都可以轻易地模仿。这些短视频有以下特点。

（1）场景常见。拍摄场景大多是家里或常见的公共场所，如餐馆、广场等。

（2）道具简单。拍摄时使用的道具很简单，容易获得，甚至不使用道具。

（3）表演简单。演员可以不出境，或只需一人出镜，几乎不需要演技，只做出简单的动作、表情即可。

（4）内容有趣。短视频内容简单、有趣且新颖，可以让人很快明白如何模仿，在模仿的过程中也充满快乐。

2. 引发共鸣

如果短视频中的内容可以戳中用户的痛点，那么往往可以引发用户的共鸣，使其自主转发和评论，尤其是与亲子、情侣等亲密关系有关的内容，常常被用户自发地分享给好友。

3. 共同创作

运营者可以将拍摄短视频的过程向用户开放，双方共同创作，如向用户征集短视频的创意或主题、合拍等。征集创意或主题可以使用户获得成就感，增强用户黏性；合拍是一种类似于半命题作文的半开放式视频拍摄方式，既可以保留共同点，又不至于限制用户的想象力和发挥空间，可以刺激用户的创造力，使短视频变得与众不同。

总之，正是巧妙地借助广大用户的力量，使其参与其中，短视频才得以扩大辐射范围，触及更多用户。

3.2 精心策划，打造别具一格的创意内容

短视频内容的类型有很多种，创作者在进行内容策划时要明确自己擅长的领域，确定长期创作的方向，并在熟悉该领域内容创作技巧的同时打造出别具一格的创意内容，形成强大的竞争力。

3.2.1 幽默喜剧类：娱乐搞笑，轻松解压

现在人们的生活压力很大，而观看幽默喜剧类的短视频就是缓解压力的一个非常有效的方法。很多时候微笑可以使人们心中累积的压力得到快速释放，往往搞笑程度越高的内容，就越能缓解用户的疲劳和压力。因此，幽默喜剧类的短视频成为短视频平台上最受欢迎的内容类型，而且竞争激烈。要想使自己的账号崭露头角，创作者就必须打造出自己的特色，让内容不仅搞笑，还要符合自己的个性标签，与众不同。

例如，“陈翔六点半”是短视频平台中幽默喜剧类账号的代表，其短视频中有故事情节、固定的主演阵容、故事的发生场景等，用幽默、夸张的方式演绎人们在生活中发生的各种“囧事”。

“陈翔六点半”的每一个短视频都由一到两个主要情节组成，至少有一个笑点，且演员的声音经过后期变声处理，更增加了短视频的喜剧效果。图 3-3 所示为“陈翔六点半”的短视频截图。

图 3-3 “陈翔六点半”的短视频

在“陈翔六点半”的短视频中，固定演员的角色名称也很有特色，如“蘑

菇头”“闰土”等，是根据角色的一些特征起的名，且一直保持不变，提高了角色的辨识度。除了具有优质的内容，该团队还坚持每天发布新内容，且更新的时间点定在下午六点半，此时上班族忙碌了一天，很多人会选择看一会儿短视频放松一下，“陈翔六点半”的发布时间也迎合了这部分用户的需求。

3.2.2　美食类：用视听享受满足用户的美食心

“民以食为天”，因此美食节目一直以来都有一定的观众基础。在短视频时代，美食类节目是用户喜欢的短视频内容类型之一。制作美食的短视频内容大致可以分为如下两种。

1．精品的美食类教程

在短视频平台上，美食教程类的短视频数不胜数，同质化现象很严重，竞争激烈，但不乏“日日煮 DayDayCook”这样的精品 PGC 美食短视频节目。虽然同样是几分钟教会用户一道美食的制作方法，但“日日煮 DayDayCook”的短视频更为精致，视频的每一个镜头、文字和配乐都恰到好处，各种景别和转场的运用拍出了美食的精美，勾起了用户的食欲；每一期节目的美食并不是随意选定的，而是通过用户建议反馈、时令和实时热点来确定，根据年轻人乐于尝试新鲜事物的心理需求，制作了很多迎合年轻人口味的特色美食。

“日日煮 DayDayCook”的专业化和精细化短视频让观看美食教程成为一种视觉享受，从而带动用户主动学习美食的做法。例如，“日日煮 DayDayCook”官方微博在“520”当天发布了制作甜品流心蓝莓马芬的短视频，让用户学会甜品的做法来款待恋人或自己，如图 3-4 所示。

图 3-4　“日日煮 DayDayCook”在“520”发布的甜品制作教程

2. 通过美食传递某种生活方式

在这个“内容为王”的时代，短视频账号要想长久保持强大的竞争力，就必须持续更新新鲜、优质的内容，因此这就要求创作者不能死守“一分钟创意菜”的行业固定思维模式，而是转向更具创意、更精准对标用户的内容生产模式。

其实，“美食”与“厨房”不能画等号，美食短视频不能只围绕食物本身，而更应该注重食物的外围，定义到更高的文化、精神层面。短视频创作者可以通过美食来传递某种生活方式，为美食短视频添加浓厚的文化色彩。

例如，“日食记”通过温馨浪漫的室内环境，在镜头中展现“姜老刀”的制作手法和惬意的小猫，给忙碌的都市人群营造了一个理想的生活方式；“野食小哥”和“李子柒”通过美食的制作过程营造了一种归居田园、自然淳朴的生活方式，给都市人群展现了自然的舒适和恬淡清新，如图 3-5 所示。

图 3-5 “野食小哥”和“李子柒”的短视频截图

与传统的美食类教程相比，通过美食传递生活方式包含的寓意更深，这就要求短视频团队针对目标用户群体和时下大众的生活状态进行合理分析，并进行针对性的策划，制作出能够引起目标用户共鸣的内容，营造出可以激发起他们的生活理想的氛围。

3.2.3 生活技巧类：分享生活实用小技巧

人们在生活中会遇到各种各样的问题，如衣服上的污渍难以洗掉、手机发烫、网购的衣服不合身、头皮屑太多、皮肤干燥等，如果这些问题得不到解决，就会严重影响人们的生活质量。生活技巧类的短视频会针对这些烦恼和问题提出合理的解决方案，对用户来说有很大的实用价值。

这类短视频的目的是帮助用户解决生活难题，所以应当通俗易懂，让用户看后可以根据短视频中的讲解解决实际问题。要想充分达到此目的，短视频的讲解方式就要有趣，题材新颖，从而吸引用户关注，让用户乐于接受其中提到的解决方案。

例如，抖音账号“十万个小诀窍”发布了节省时间的剥皮小技巧，涉及龙虾、蒜、菠萝、橙子等食品，技巧简单实用，在短视频拍摄方面，其节奏明快，背景音乐配合画面可以使人心情愉快，如图 3-6 所示；抖音账号“猫七 日常穿搭 H”在短视频中介绍了不同裤子的裤脚挽法，在开头提出了用户痛点，然后展示各种裤子的挽裤脚方法，突出挽裤脚之后的效果，短视频节奏十分明快，配音声音甜美，与节奏配合完美，用户在观看时不会觉得枯燥，如图 3-7 所示。

图 3-6 “十万个小诀窍”

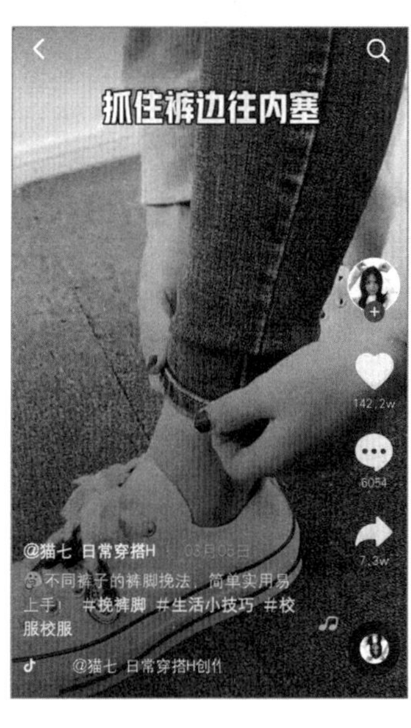

图 3-7 “猫七 日常穿搭 H”

3.2.4 时尚美妆类：分享时尚潮流新风尚

时尚美妆类短视频的主要用户群体是“90 后”女性，她们喜欢追求时尚和新颖的事物，通过观看时尚美妆类短视频，可以学习化妆技巧，解决护肤难题，紧跟潮流，熟悉心仪的产品，从而减少在购买美妆产品时“踩雷”的风险。

时尚美妆类短视频中的场景多为化妆台、洗手间和卧室等非艺术化场景，与用户的生活息息相关，很容易让用户产生亲切感。上述生活化场景更具真实度，会增加美妆博主的化妆技巧、好物分享等传播内容与用户现实生活的契合度，获得用户的心理认同。

团队在创作时尚美妆类短视频的时候，不仅要充分考虑当下的流行趋势、目标群体的特点等诸多因素，还要意识到用户对各类美妆视频内容已经屡见不鲜，所以在短视频中要尽量“证明给大家看”，要给出真正能让大家“相信”的东西。

时尚美妆类短视频可分为以下几种类型。

1. 成分说明

对于护肤、护发等不容易通过表象直接看到结果的产品，出镜人可用通俗易懂的方式分析其成分，并简要分析这些成分的作用，再引出产品的使用效果，这样更有说服力，更能让用户相信该产品。

2. 效果测评

效果测评是转化率非常高的内容类型，因为这类内容可以直接且充分地证明产品的质量。但在做效果测评的时候需要注意两点：第一，对比差异要能直观看出来，且不能欺骗用户，很多美白产品的对比效果能明显看出两个画面的光线完全不一样，这种对比会弄巧成拙；第二，与其他品牌的产品进行对比时，不能贬低甚至诽谤对方的品牌产品。

3. 体验分享

体验分享类的短视频相当于短视频版的“买家秀”，团队在做这类短视频的时候要把握好度，不要做成了卖家的官方介绍，可以征集用户拍摄片段、做街访、让亲切自然的邻家女孩出镜，用通俗、接地气的方式展现产品的使用效果。

4. 经验教程

经验教程类的短视频可以给用户提供实用价值，帮助用户更好地使用产品，降低产品的操作成本，激发用户的购买欲望。除了常见的彩妆教程、护肤教程，团队还可以开发一些私人小技巧、小窍门之类的内容，如将两种粉底混合来用更贴合肤色、用眉粉修容等，不仅更显专业，还能为用户提供更多的购买理由。

需要注意的是，如果短视频需要模特出镜，那么团队一定要选择合适的模特。模特对于短视频的整体观感、产品的使用效果和短视频的可信度来说都是非常重要的。如果产品是双眼皮贴，就不要选择双眼皮的模特；如果产

品是面膜，就要选择皮肤状态好的模特。

3.2.5 科技数码类：打造创意产品测评

近几年来，科技数码类短视频虽然仍属于小众，但在观看量上一路走高。从传统上来讲，科技数码类内容针对的人群往往规模很小，以高学历、宅属性的男性为主，他们拥有一定的动手能力和鉴赏能力，同时消费能力也较强。

这些人本身就具备一定的学识基础，普通的短视频内容很难吸引其注意。因此，团队首先要考虑的是如何向其传递干货。

一般的产品测评节目风格比较严肃、严谨，主要提供有深度的电子产品测评，打开最新的科技产品，向用户介绍产品的特点和使用体验，为用户购买产品提供有用的信息，从而方便他们做出选择。图 3-8 所示为“科技美学”的短视频。

要想让科技数码类的短视频成功出圈，扩大用户群体，短视频的风格就要尽量轻松、娱乐化，让用户在获得产品信息的同时感到快乐，缓解压力，在这一方面做得很好的是“无聊的开箱”，该账号在视频开始时说“小心地开箱”，但做出来的动作粗暴至极，极具喜感，而且配乐搭配得很好，语言有很强的无厘头风格，如图 3-9 所示。

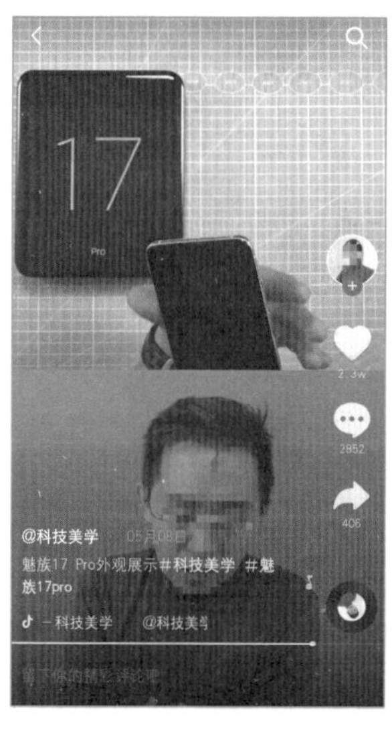

图 3-8 “科技美学”

图 3-9 “无聊的开箱”

3.3 深度垂直+极致细分，内容策划的精准打法

短视频账号要想提升用户黏性，除了内容质量别具一格，还应当垂直深耕细分领域。流于表面的短视频不容易被人记住，而那些垂直深耕的内容在某一领域经过长时间打磨，制作日趋精良，可以避免用户产生审美疲劳，从而持续不断地吸引用户，扩大影响力。

3.3.1 深度垂直，专注某一领域深耕细作

在最开始观看短视频的时候，用户往往喜欢选择那些流传度较广的娱乐短视频，但最终能够留住他们的是更具垂直性、有深度内容的短视频。这里的“深度”并非指内容的严肃性，而是在某个领域深入挖掘。

如果短视频内容流于表面，那么任何掌握相应技巧的创作者都可以完成，这类短视频也就很容易被替代，因此难以形成稳定的目标用户群。如果短视频创作者专注于某一领域，不断地深入挖掘内容，就容易引起特定用户的关注，且其内容会带有一种稀缺性，用户想要获取这类内容只能通过这一种途径，因此其内容便具有了不可替代性，从而向专业化不断发展，最终形成 IP，获取巨大的经济效益。

创作者在做深度垂直内容时，主要方法就是聚焦。

1. 聚焦核心目标人群

聚焦核心目标人群是做垂直细分领域的常见方法，短视频创作者要创作出可以直击目标人群痛点的内容来吸引他们，然后通过符合其特质的内容和调性来增加用户黏性。

2. 聚焦主题场景

短视频创作者可以深入挖掘用户的主题场景，在内容表达上突出场景，契合该场景下的用户特征。例如，“携程旅行”主打的是旅游主题场景，如图 3-10 所示；“Keep 君和他的朋友们”主打的是运动健身主题场景，如图 3-11 所示。

3. 聚焦生活方式

要想增加用户黏性，短视频创作者除了聚焦核心目标人群和主题场景之外，还要为这些用户打造一种使其愿意追随的理想生活方式，将产品自然地融入其中。这样一来，当用户追随该生活方式时，与该生活方式相关联的产

品自然也会受到用户的关注和认可。

例如，“李子柒”为用户展现了一种古风古韵、归园田居的恬淡生活方式，该账号拍摄的画面清雅素朴，吸引了大量用户的关注，短视频中出现的产品被用户纷纷抢购，成为热销爆款。

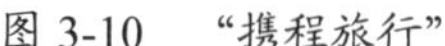
图 3-10 “携程旅行”

图 3-11 “Keep 君和他的朋友们”

3.3.2 极致细分，在垂直领域深度发展

美国市场学家温德尔·史密斯提出的“细分市场”概念，指把某一产品的市场整体划分为若干消费者群体的市场分类过程，每一类消费者群体就是一个细分市场。

短视频的深度垂直发展是不可逆转的趋势，而细分则是在垂直领域中再挑选主要的业务深度发展。

例如，“音乐”是垂直类，那么“流行音乐”就是垂直细分，“怀旧流行音乐”就是重度垂直细分。抖音账号“怀旧音乐 8090”主要发布一些盘点类短视频，和广大用户一起回味经典老歌，勾起大家对经典的回忆。该账号发布的内容都是怀旧音乐，内容深度垂直细分，吸引了大量“80 后”和“90 后”用户，如图 3-12 所示。

图 3-12 “怀旧音乐 8090”

3.4 借助“两感”，构建完整内容布局

短视频创作者要构建完整的内容布局，让用户在观看短视频时感觉流畅、自然，就需要借助层次感和节奏感。层次感是指内容层次分明，一环扣一环，节奏感是指短视频内容展现的节奏，即快慢、长短和镜头详略等。

3.4.1 层次感：层次分明，环环相扣

创作者要想使短视频具有层次感，就要分清内容的主次，对短视频中所涉及的选题素材进行分层叙述，并且在此过程中层层递进，环环相扣，以突出内容主旨。在前期的设计过程中，短视频的结构要完整，情节编排要合理，这样才能将短视频的各个组成部分有机组合起来，使内容符合逻辑。

很多流于表面、缺少层次感的短视频，只要创作者掌握了一些技巧就可以做出来，但同样很容易被取代，很难产生强大的用户黏性。

如何让短视频具有层次感呢？

（1）总揽全局，对短视频的具体内容有一个很清晰的认识。

（2）选题优化，注意每个选题的筛选，力求达到优秀选题的标准，并注重选题结构的整体优化。

滴滴出行曾推出过一则时长 1 分 45 秒的短视频广告《西游拼车记》，这就是一个经过选题优化后获得成功的案例。

人们在拼车时大多会对司机说："师傅，我已经到上车地点，你什么时候到？" 短视频团队将"师傅"改为"师父"，与《西游记》产生关联。首先，团队列出了拼车用户的三大痛点——等车时间长、与司机沟通不畅和拼车需绕路。然后，团队成员发现《西游记》中"孙悟空被困五指山""猪八戒留守高老庄""沙僧常驻流沙河"这 3 个情节正好相当于 3 位徒弟在各自的地点等"师父"到来，这与拼车用户在各自地点等候司机师傅的情况非常相似，于是团队将之前提到的 3 个痛点用在 3 位徒弟身上，完美地与《西游记》IP 产生关联，并提出了滴滴拼车的解决方案——定时出发，畅快拼车，滴滴站点拼车，不等待更快捷；定点会合，不问路在何方，滴滴站点拼车，不废话更快捷；站点优化，省时顺路，滴滴站点拼车，不绕路更快捷。

这则短视频广告不仅化用了《西游记》IP，突出了拼车用户的三大痛点，还加入了搞笑元素，让用户在观看短片时收获快乐，减少对广告内容的抵触。整部短片共分为 3 个小片段，每一个片段讲述一个痛点，层次分明，共同服务于短视频的主旨，即"滴滴拼车，越来越靠谱"。

3.4.2 节奏感：做好内部节奏和外部节奏的平衡

如果一个短视频缺乏节奏感，就会缺少起伏，画面和音乐的处理杂乱无章或一成不变。

短视频的节奏感主要体现在以下两个方面。

1. 内部节奏

内部节奏主要是指由情节发展的内部联系或人物内心情绪起伏，以及创作者的思绪波澜而产生的节奏，当然也包括观众欣赏时的情感接受节奏。这些都需要创作者整体把握。

2. 外部节奏

外部节奏主要是指由画面上一切主体的运动，以及镜头转换的速度而产生的节奏，是用户可以直接感受到的节奏形态，如画面转换节奏、解说词快慢节奏、音乐旋律节奏等，这些节奏形态有机地交融在一起，构成了作品的外部节奏。

创作者要根据具体内容对节奏感做出调整。例如，外部节奏还包括时间的节奏感，这与短视频的内容主题有关系，对热点话题来说，把握时间的节奏感是至关重要的，短视频团队要在计划、设计、发布的各个环节与时间赛跑，从而获得大量的关注。而搞笑领域的短视频内容就不会在时间上有那么高的要求，而是更侧重于内容的质量和带动用户情感节奏。

在把握短视频节奏感的过程中，创作者不仅要把握短视频内部的节奏感，还要把握短视频外部的节奏感，做到内外节奏的平衡。内部节奏以外部节奏为表现形式，而外部节奏以内部节奏为依据，两者平衡才能让节奏分明。

3.5 在模仿中创新，内容策划的有效捷径

模仿是创新的基础，对尚未形成自己风格的新手来说，学会模仿甚至在模仿中创新，创造出比原视频更有创意的短视频是快速引流、成功吸粉的有效方式。

3.5.1 随机模仿和系统模仿，模仿的两大形式

在短视频平台中，尤其是抖音，很多热门短视频是通过模仿来完成的。在抖音中，常见的两种模仿形式为随机模仿和系统模仿。

1. 随机模仿

随机模仿是抖音中使用最广泛的模仿形式，是指看到什么就模仿什么，哪个视频成为爆款就模仿哪个视频，如“小黄鸭”“卡通熊发传单”等，如图 3-13 和图 3-14 所示。

图 3-13 “小黄鸭”

图 3-14 “卡通熊发传单”

2. 系统模仿

系统模仿是指找到对标的账号或知名 IP，对其经典桥段或常用内容模式进行分析，跟踪模仿，并将这些桥段或内容模式换成自己的风格。

当然，不同的模仿形式带来的模仿效果和产生的影响是不同的，但都对新人的短视频运营有所帮助。总之，模仿主要有两大优势，一是可以快速地融入平台，找到创意的方向；二是方便植入，在模仿的过程中植入新的场景，对别人的内容进行再造，一样可以获得用户的关注。

3.5.2 四维还原法，在模仿中创造自身特色

简单的模仿只是一种短期内的跟风，要想做出真正的爆款内容，短视频创作者一定要形成自己的风格和特色。那么，怎样才能在模仿别人的同时形成自己的特色呢？

这时可以使用更高级的模仿模式——四维还原法，摆脱单纯的表面模仿，抓住创意制作的精髓，做出具有个人特色的“人气”短视频。

四维还原法是指深度剖析别人的爆款短视频，除了模仿其形式，还模仿其背后的爆款逻辑，从中找到创作类似短视频的灵感，最终打造出具有个人特色的短视频作品。

四维还原法具体可分为 4 个步骤。下面以杜子建拍摄的抖音短视频《第一个让你孩子抬不起头来的是谁》为例，详细拆解四维还原法的具体操作方法。

1. 内容还原

内容还原是指用文字将整个短视频的内容描述一遍，分别从标题、画面、声音和台词 4 个方面还原画面。

杜子建的这条短视频的标题是“第一个让你孩子抬不起头来的是谁”。

画面是以本人为主体，背景是模糊的书架，以坐姿入境，神情严肃，肢体语言简洁有力，说话语气强烈，给人很强的专业性。

声音是同期声，没有背景音乐。

台词是“孩子要鼓励教育，要积极培育，一定是赏识教育，赏识成长。父母都不赏识他，每一天侮辱他、羞辱他、比较，恨不得每一天都让自己的孩子低头过日子，抬不起头来。第一个让自己孩子抬不起头来的一定是父母！记住我这句话，如果你犯了这个错误，一定要改！”

杜子建的台词设计与主题是相一致的，而且在演绎台词时刻意选择与形象契合的方式，塑造出专业气质，这就是其创意点。图 3-15 所示为杜子建发布的这条短视频。

2. 评论还原

节选短视频评论中有代表性的评论认真研究分析，明确评论主体及其评论目的。通过对该短视频评论的研究，我们发现参与回复的大多数是“90 后”和“00 后”年轻用户，他们对此深有同感，有的结婚生子，另一半也存在打压教育的情形，用户希望伴侣可以看到这条短视频。图 3-16 所示为该短视频的评论区。

图 3-15 杜子建发布的短视频

图 3-16 短视频评论区

3. 身份还原

仔细分析以点赞、评论等形式对短视频表现出极大兴趣的用户身份，看看他们到底是谁，为什么对这个视频如此关注。

在这一步骤中，我们大致可以得出这样的结论：对杜子建这条短视频感兴趣的大多是年轻用户，他们是杜子建真正的目标用户群。

4. 逻辑还原

这一步用来厘清短视频的策划思路，是最关键的一步。杜子建的这条短视频采用了对父母说话的口吻，为那些想说又不敢说的孩子说出真心话。其实，这种短视频表现形式为这些用户打造了适合传递给亲朋好友的“社交货币”，促使他们纷纷转发，因此有了如此火爆的效果，使这条发布于 2018 年的短视频，直到现在评论数一直还在增加。

完成上述 4 步后，根据所学到的内容策划逻辑，短视频创作者就可以批量制造出具有同样逻辑和自身特色的爆款短视频内容。

3.6 讲故事，用动人剧情占领用户心智

故事的魅力是巨大的，它有着无穷的表现力和强大的代入感，可以给人们带来更具体、生动而形象的感官体验。如今短视频行业竞争激烈，信息过剩，注意力稀缺，而故事则是摆脱这种困境的有效途径。因此，一个优质的短视频要善于讲故事，通过故事来表达自己的观点，以此占领用户心智，深入人心。

3.6.1 主题、逻辑和文本，打造好故事的三大要点

讲故事和写作文一样要有基本的框架和要点，短视频讲好故事有三大要点，即主题、逻辑和文本。我们可以通过解构“二更”出品的短视频《跑者的梦想》来具体介绍这三大要点。

1. 主题

短视频创作者要想讲好故事，首先要明确自己的故事是怎样的，想要表达什么主题，只有明确了主题，才能围绕主题来寻找素材，才能设计故事角色、语言及情节。例如，拍摄不同寻常的人生经历，是为了让人们在琐碎的生活中感受到生活的本质和希望；讲述成功人士的故事，是为了激励人心，激发用户探索实现自我的可能性。

主题最好能用一句话表达出来，如果不能简洁地说出短视频的主题，就不要盲目地拍摄。

《跑者的梦想》讲述的就是一个跑者的故事，激励更多拥有梦想的人去追逐自己的梦想。

2. 逻辑

一个好的故事绝不会逻辑混乱，让用户一头雾水。叙事逻辑清晰是好故事的基本要求。在拍短视频时，拍摄者要知道先拍什么，后拍什么，内容前后有何关联，是否能反映主题。

《跑者的梦想》讲述了一个这样的故事：主人公因偶然间到拉萨的一次旅行决定留在拉萨，并做起了卖凉皮、开客栈的营生，同时他放慢了生活脚步，这让他感受到了更多的生活细节，开始自由地做自己喜欢的事情。就这样，主人公爱上了跑步，并不断挑战自己、超越自己。

该短视频的故事逻辑线清晰而简单，通过主人公的经历循序渐进，阐述

了跑者追寻自我、活在当下的主题。

3. 文本

文本在创作故事和塑造人物形象方面可以发挥出重要的作用，词语和句子是故事性短视频不可缺少的重要元素。词语和句子的风格要依据短视频主题来定，要做到给用户很强的代入感，帮助传达创作者的理念和价值观，并深入人心。

《跑者的梦想》在开头的文本中，引出对跑步的热爱："奔跑是一种本能，当我在奔跑的时候，身体会激发出一种愉悦感，这种感觉就像一个小孩子回到了母亲的怀抱。"

到了短视频中间，文本的表述起到承上启下的作用："每个人都有自己的生活方式，这是我选择的生活方式，我觉得只有当生活慢下来的时候，你才能看到身边发生了什么。"

短视频结尾对主题进行了升华，做了总结："凡是把一件事做成功，都是从不可能到可能这样一个过渡的过程，你只有站在一个不可能的地方，把事儿干成了，才会走向可能之境。"

上述句子朴实无华，给用户很强的带入感，同时创作者的人生观也借助这些句子深入人心。

3.6.2 精炼，讲好故事的第一要义

短视频本身短小精炼，这一特点要求其所讲述的故事也应当简洁、精炼，不能冗长叙事。精炼的短视频故事要能够让用户在点击后的第一时间被情节吸引住。

"三感故事"曾发布过一条《没给进度条，你能追多久》的短视频（见图 3-17），只有短短 52 秒，便为观看短视频的用户呈现了一个追求爱情未果无奈放弃的故事，激发了用户强烈的情感共鸣，并纷纷在评论区发表自己的看法，如图 3-18 所示。

该短视频讲述了这样一个故事：男主人公追求一位美女，但美女不接受，还用语言嘲讽，男主人公一开始虽然很难受，但仍然坚持追求，从一开始送玫瑰花、送早餐，到后来开车接人，虽然美女心里乐滋滋的，但嘴上仍然拒绝。后来，美女下班出门，发现男主人公没有来接她，心里很失落，而且连一条短信都没发，自己主动发了一条才发现，对方已经放弃追求她，美女气急败坏地说了一句："什么情况？追到一半不追了。"

图 3-17　《没给进度条，你能追多久》

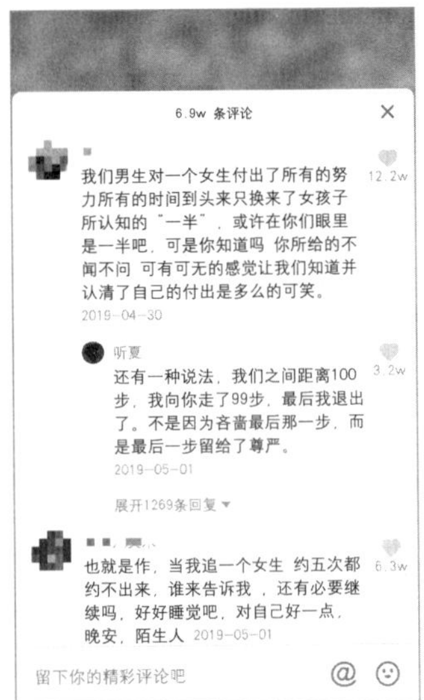

图 3-18　短视频评论区截图

这条短视频故事完整，情节流畅，没有丝毫废话，前面所有的情节都为结局做铺垫，到目前为止已经获得了 185.4 万人点赞。

如果故事确实需要铺垫大量情节，在短短的几十秒时间内讲述不出预期的效果，那么可以把故事拍成系列短视频，通过系列短视频的反复铺垫和渲染，最终拼接出一个具有明确主题、情节丰满的故事。

3.6.3　强化角色个性，加深用户印象

由于短视频的时长限制，短视频的故事要力争短小精炼，在最短的时间内把故事讲清楚，因此，要想使短视频故事打动人心，成为爆款，创作者就要强化角色个性，只有这样才能在有限时间内引发用户的关注，加深用户印象。

首先，创作者要在故事中突出主要角色的个性。一个短小的故事，人物数量一般不多，主要角色是故事的核心，只有彰显故事主要角色的个性，用户才会对短视频整体有深刻的印象。如果主要角色毫无亮点，整个故事也就显得没有特色，用户看完短视频之后可能会心无波澜，几乎留不下特别的印象。另外，主要角色的形象、性格和气质要与故事的主题相契合。

其次，除了主要角色有个性，次要角色也要有自身的特色，与主要角色形成明显的个性冲突，以此来增强对比效果和故事的代入感。需要注意的是，次要角色并非越多越好，要根据故事主题的需要进行设置，以能和主要角色形成完美搭配为宜。

例如抖音账号“暖男先生”，其大部分短视频讲述的是主人公“暖男先生”（见图 3-19）与女儿（见图 3-20）、妻子之间发生的有趣故事，主人公疼爱女儿、怕老婆，其角色形象丰满，而次要角色（例如女儿）的形象也很丰满，女儿是一个调皮、可爱、聪明的孩子，经常让爸爸“暖男先生”在哑口无言的同时对她无比怜爱。

图 3-19 “暖男先生”

图 3-20 “暖男先生”的女儿

3.6.4 借七情六欲，唤起用户情感

情感共鸣是好故事的灵魂，一个好的短视频故事不能只向用户呈现出一个事件，而要在呈现事件的同时传递出事件背后的情感内涵，引发用户在情感上的强烈共鸣。短视频故事怎样才能引发用户的情感共鸣呢？

1. 抓住共鸣时刻

我们在生活和工作中会遇到一些难以忘怀的瞬间，如恋爱、考试成绩第一名、初次参加工作拿到薪水、在大街上偶遇名人等，那一刻的细节是怎样的？周围都有谁？说了哪些话？当时的心情如何？

上述共鸣时刻可能有很多人体验过，如果我们的短视频故事可以完美地再现生活细节，就可以迅速将用户带入其中，让他们想起自己的“那个瞬间”，这条短视频自然就会引发大家强烈的情感共鸣。

抖音账号“幺妹儿”目前有 782.9 万名粉丝，获赞总数达 7 699.8 万个。该账号的大部分短视频是一位美女使用中近景的自拍角度来讲述情感故事。

这个账号之所以能火，除了出镜人的出众外貌和独特气质，短视频故事可以抓住共鸣时刻也是重要原因之一。该账号早期发布的一条短视频《愿历经千帆，归来仍少年》讲述了一个爱情故事，并突出了分手之后的思念。

出镜人在短视频中这样说道："你要知道，一个真心喜欢过的人，是没办法做朋友的，就算分手的时候，说再残酷、再冷的话，心里也一直惦记着你。是啊……再多看几眼，还是想拥有。你最近，过得还好吗？"图 3-21 所示为"幺妹儿"的短视频。

这条短视频抓住了恋人分手之后的内心告白，引发了广大用户的情感共鸣，很多有相似情感经历的用户纷纷在评论区就"分手没办法做朋友"这一话题展开讨论，如图 3-22 所示。

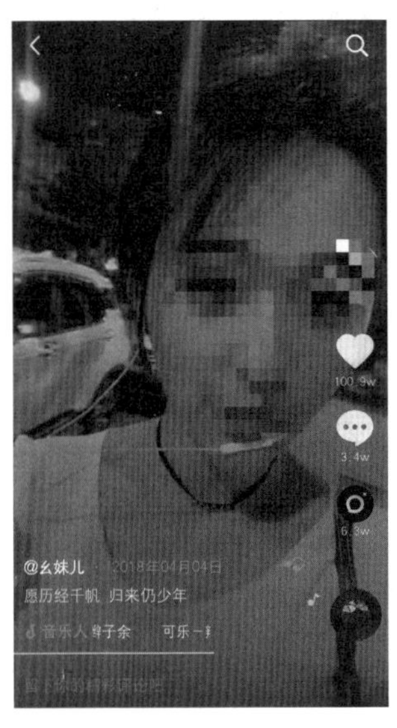

图 3-21 "幺妹儿"的短视频

图 3-22 短视频评论

2. 讲述身边的真实故事

短视频创作者可以从身边的真人真事入手，讲述身边人的辛酸苦辣。需要注意的是，短视频所讲的故事一定要是真人真事，不能刻意表演，不然会给人不自然的感觉，影响用户的观看体验。另外，即使是真实的人或事，也要有感人的细节，以小见情，通过生活中的某个细节来体现人的特点和情感。

3. 观点要具体而明确

很多创作者在短视频中讲故事时，喜欢用"我想""有可能"或"我意识到"等模糊、不确定的话来表达对某件事或某个人的看法，以为这样很有文采。其实模糊的话会让用户对故事产生不信任感。创作者应当用具体而明确的话来表达观点，展现出鲜明的爱憎，吸引和自身持有相同或相似价值观的用户产生情感共鸣。

抖音账号“大树君”（见图 3-23）专注于记录平凡人的不平凡，带广大用户一起发现美好，该账号曾发布过一条有关外卖员的短视频，如图 3-24 所示。外卖员雪天送餐迟到，遭到顾客当众指责和辱骂，路人纷纷表示爱心，劝阻顾客宽容，不要投诉外卖员，并在短视频最后表达了自己的观点：“多一分宽容就多一分温暖。”

图 3-23 抖音账号“大树君”

图 3-24 “大树君”的短视频

3.6.5 设置悬念，激发用户好奇心

悬念是指在欣赏影视作品、文学作品或其他文艺作品时，观众、读者对故事情节发展和人物命运很想知道又无从得知的关切和期待心理。短视频故事要想让用户迫不及待地看下去，就必须设置悬念。

设置悬念的方式有以下 4 种。

1. 用疑问制造悬念

在叙述故事的过程中，创作者可以设置一些疑问，以引导用户进行更深层次的思考，从而形成悬念。用疑问制造悬念有两种方式，一种是通过故事主人公之口提出疑问，另一种是用旁白设置疑问。

抖音账号“懂车侦探”发布的一条短视频为用户讲述了一个悬疑故事。一个女人带着一个小男孩来到餐馆吃饭，小男孩表现得非常冒失，故意摔碎了餐馆服务台上的花盆，餐馆女老板劝他当心，被带小男孩的女人一通数落，并表示会在结账的时候赔给她。女老板后来又把各种东西放在服务台，都被小男孩摔坏了。结账时，带着男孩子的女人把钱甩在柜台上，拉着小男孩离开了，但老板发现小男孩有一些异样，在心里发出一句疑问“孩子眼睛怎么红红的？”短视频到此结束，显示“未完待续”。

该短视频不仅在故事中设置了悬念，在标题中也预埋了悬念“一个小孩竟敢做出这种事，其中到底有什么隐情？”图 3-25 所示为“懂车侦探”的短视频。

图 3-25　“懂车侦探”的短视频

2. 用倒叙制造悬念

倒叙是指将事件的结局提到开头，然后从事件的开头按事情的先后发展顺序进行叙述。创作者在创作短视频故事时采用倒叙手法，将故事的结局先展现在开头，由于缺少之前的叙述和铺垫，用户自然会在心中画出问号，从而带着疑问继续看下去。

3. 用误会制造悬念

创作者可以通过故事人物之间的猜疑或者误解来激化矛盾，从而形成强烈的悬念。误会有两种形式，一种是故事主人公被别人误会，例如，被上司误会没有用心完成工作，被爱人误会藏了私房钱，被路人误会偷了他的钱包，等等，这会让用户在心中产生悬念：他为什么被别人误会？他到底是一个怎样的人？另一种是故事主人公误会别人，例如误会父母偏心，误认为助人为乐的路人是骗子，误以为同事不想帮助自己，等等，用户会很自然地想要知道：他为什么误会别人？

抖音账号“奶茶西西”发布的一条短视频就展现了一个误会所引发的搞笑故事。故事一开始，女友质问男友手机上的“39M”是谁？到底是认识 39 天的妹妹还是穿 39 码鞋的妹妹？这一误会在情节上设置了悬念，吸引用户看到最后，当看到男友解释是“三舅妈”时，大家终于知道了真相，从而会心一笑。图 3-26 所示为“奶茶西西”的短视频。

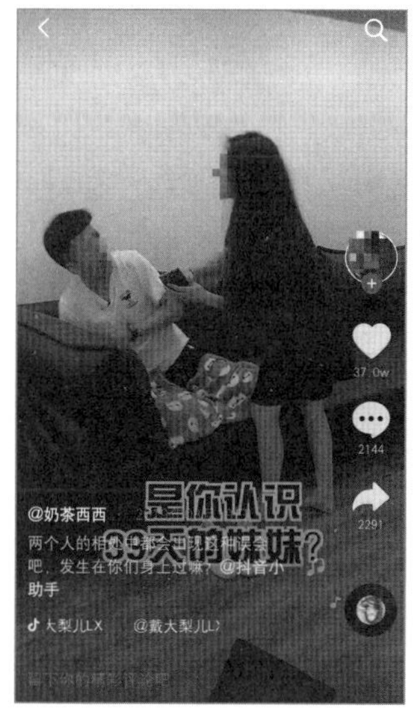

图 3-26 “奶茶西西”的短视频

4. 用巧合制造悬念

俗话说“无巧不成书”，我们在生活和工作中难免会遇到很多巧合，使我们的生活、工作或充满趣味，或增添烦恼。创作者可以在短视频故事中利用巧合设置悬念，增加情节张力。例如，两个陌生男女在不同的场合偶遇三次，一连串的巧合就会让用户在心里产生疑问：他们的缘分这么好吗？两人之间还会产生什么交集吗？带着这样的疑问，用户会继续观看下去，以满足自己的好奇心。

3.7 借势热点，打造热门内容

热点事件自带流量属性，短视频创作者要想让自己的作品被更多用户看

到，性价比最高的方法就是借势热点策划和制作内容。创作者只需找到一个合适的切入点，稍微做出一些创新，制作出来的短视频即可获得极大的关注度。

3.7.1 清楚了解热点的两种类型

互联网热点分为两种，分别为常规型热点和突发型热点。

1. 常规型热点

常规型热点是指较为常见的热门话题，如大型节假日、大型赛事活动、高考、毕业季等，这些热点的准备周期长，短视频创作者可以提前进行选题策划和拍摄，热点一出就可以立即发布，抢占热点流量高地。

例如，抖音账号“开心糖水”在2019年毕业季发布了一条短视频，讲述了一群即将毕业的学生去糖水铺聚会，营业员与他们的老师做了一个秘密的安排，送来了学校食堂的饭菜为学生们饯行送别，感动得大家热泪盈眶，如图3-27所示。

情感自媒体账号“苏易Pro”在2019年大学入学季之前发布了一条短视频，内容是新生入学后可能会面临的与预期不符的情况，讲解了真实的大学生活，提醒即将进入大学的新生做好心理准备。在发布短视频时，该账号还添加了“高考”和“大学”两个热门话题标签，有效地为短视频引流，如图3-28所示。

图3-27 “开心糖水”的短视频

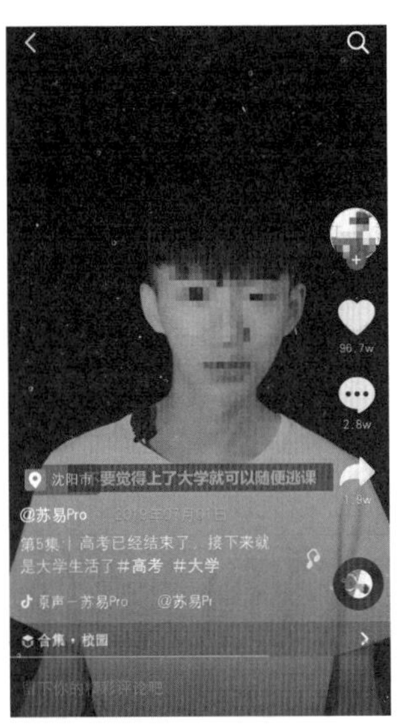

图3-28 “苏易Pro”的短视频

2. 突发型热点

突发型热点是指无法预见的热点，包括突发的自然灾害、社会事件（例如艺人突然宣布离婚）等。其中，社会事件热点源于真实且持续存在的社会现实，要想把握这些热点，创作者应当具有对社会大众心理的洞察力。其实，虽然这类热点表面上看是突然出现的，但其本质问题早已存在，如婚育问题、娱乐圈现状等。

不过，突发型热点并不具备持续性，一般很快就会过时，相关的短视频也会很少有人问津，因此短视频创作者要在该热点讨论度最高的时候推出短视频，只要追到热点，流量就会极大，但要求短视频的切入点独特、新颖。

不管是常规型热点还是突发型热点，创作者都可以整理出与自身创作领域相关的一些社会事件，进行深度分析解读，准备好相关的资料和观点，将其录入素材库，当发生类似事件时可以快速使用素材。

3.7.2 多平台挖掘热点选题

灵感会有枯竭的时候，选题素材也是如此。要想让短视频创作有充足的热点资源，短视频创作者就要建立热点选题素材库，使其成为强大的后备资源。各平台上的各个榜单是热点资源的重要来源。

1. 微博热搜

微博是中国最大的社交媒体平台，用户数量很大。用户在该平台上对很多热点话题进行讨论，而微博热搜是对微博当下热点最及时的整理和归纳，我们可以在微博热搜中查看整个微博中活跃度最高的话题，如图 3-29 所示。

2. 百度风云榜

百度是全球最大的中文搜索引擎，每天都有数亿人在使用百度进行搜索。百度风云榜是以数亿网民的搜索行为数据为基础，将关键字归纳分类而形成的榜单，如图 3-30 所示。

3. 知乎热榜

知乎是一种问答社区，用户在该平台上分享着彼此的知识、经验和见解，提供大量高质量的信息。与微博相比，知乎对一些热点事件会有更深层次的解读，创作者可以在知乎热榜上更加全面地了解热点事件，以方便自己的创作。

热点选题素材的其他来源还包括抖音热点、快手热榜、头条热榜、贴吧热议榜、搜狗热搜榜、微信热点、百度指数、微热点等。

图 3-29　微博热搜

图 3-30　百度风云榜

3.7.3　多维度分析热点的可追性

每天发生的热点有很多，短视频创作者不可能追每一个热点。那么，到底怎样的热点值得追呢？我们可以从以下 3 个维度进行分析。

1．事件属性

事件属性包括话题性和传播性，可以帮助创作者判断用户和该热点的相关程度与可参与程度，预测用户是否会对该热点展开讨论并进行传播。

有争议、可延展的事件可以引起人们更久的关注。如果一个事件一开始就事实清晰、观点分明，公众的立场也很统一，那么该热点很难持续太久；如果各方众说纷纭，话题的讨论度很高，该热点就可以持续很长时间。以小见大、回首过去、类比等都是延展话题的常见方式，由于短视频时长有限，很难在短时间内带出有深度的内容，所以回首过去和同类比较的内容很常见。另外，新奇、有趣，以及可以触发情绪的内容更易激发人们的传播行为。

2．热度持续时间

如果不清楚热点的热度持续时间，很有可能创作者刚刚发布短视频，该热点就已经过时了，不仅浪费大量精力，也无法获得流量。为了避免出现这种情况，创作者要在创作短视频之前先从事件的时效性和持续发酵的可能性两个方面来判断热点的热度持续时间。

时效性是指事件受时间影响的大小，例如偶像艺人结婚，热度一般只持续几天时间，而与节日有关的热点，在节前一周会有较高的热度，节日一过往往热度骤减。因此，创作者要明确热点处于什么阶段，要早做准备。

持续发酵的可能性是指某一事件发生以后，是否会有后续发展。如果热点的内容可延展性很强，预期会持续发酵，后续报道层出不穷，该热点的时效性就很强，热度持续时间很长。

3. 回报率

创作者在追热点时会投入时间和机会成本，因为把资源投入某一个热点上，一定会占用做其他事情的资源，所以要考虑产生的机会成本是否在自己可承受范围之内。

我们首先来看追热点的收益。收益分为显性收益和隐性收益两种，前者是指内容的播放量、点赞量、转发量、新增粉丝数等可直白展示的数据，后者是指影响力、知名度和美誉度等。

追热点也有风险，因为很多热点事件在最开始时真相模糊，如果创作者阐述的观点没有站对立场，那么很容易产生负面影响。因此，创作者在追热点时一定要理智，选择一些正向的热点。

3.7.4 过犹不及，追热点要适度

短视频创作者要明白，追热点的目的是让更多用户了解自己的短视频账号，记住账号的特点，所以不能胡乱追热点，以免影响用户的观看体验，使用户反感。

1. 热点要与短视频账号紧密结合

如果短视频创作者盲目追热点，不与短视频账号定位相结合，那么很有可能会破坏用户对账号的认知，最终使自己的账号成为热点传递者，只加深了用户对热点的印象，却无法给自身账号带来效益。

因此，短视频创作者在追热点时一定要与账号定位紧密结合，在对自身调性、用户画像都有深入了解的情况下有选择性和针对性地追热点，这样才能收获最佳效果。例如，短视频账号的定位为美食分享，某艺人结婚/离婚的热点和短视频账号关联度不大，就没有必要去追这个热点。

2. 热点要与创意相结合

很多创作者在追热点时没有动脑筋，直接将热点套在自己的短视频内容中，于是一个热点背后出现了大量同质化的短视频作品，很容易让用户产生审美疲劳。短视频创作者应当将热点与创意灵活结合在一起，既体现热点内

容，又不失自身账号特色，最终达到 1+1>2 的效果。

例如，当“垃圾分类”的新闻成为网络争相讨论的一个热点时，各大短视频平台上出现了大量有关的短视频，其中抖音搞笑账号“维维啊”也创作了一条与之相关的短视频：男主人公去买奶茶，刚对店员说了一句“我要一杯奶茶，半糖”，脑海中突然想到吸管、纸杯、奶茶、珍珠等一系列物品的垃圾分类方式，顿时陷入了纠结和困惑中，最终他在不知道如何进行垃圾分类的惶恐中迅速逃离奶茶店。

该短视频将夸张而滑稽的表演与“垃圾分类”这一热点相结合，时效性和创意性俱佳，且短视频的调性与“维维啊”一贯的风格相一致，在同类追热点的短视频中表现得非常出色。图 3-31 所示为“维维啊”的短视频。

图 3-31 “维维啊”的短视频

第 4 章

拍摄技法：揭秘短视频“大 V”的拍摄诀窍

短视频的本质是将文本语言转换成镜头语言，借助镜头来表达情感和想法。要想实现这一目的，拍摄者就要熟悉画面构成、镜头语言、拍摄角度、光线等影响拍摄效果的因素，并掌握脚本的写作技巧，从源头上把握短视频作品的质量。只有这样，才能保证短视频的拍摄效果，给观众带来强烈的视觉冲击力。

4.1 画面构成三要素，合理分配画面主次

短视频画面中总会有主要对象和次要对象，还有周围的环境，将这些内容有机组合起来，是拍摄者的重要任务。画面构成分为 3 个要素，即主体、陪体和环境，只有明确了这 3 个要素，观众才能通过画面来了解创作者在短视频作品中想要传达的情绪或意图。

4.1.1 主体，观众领悟画面内容的切入点

主体是指拍摄中所关注的主要对象，是画面构成的主要组成部分，也是集中观众视线的视觉中心和画面内容的主要体现者，是观众领悟画面内容的切入点。

一般来说，主体是单一的对象或一组对象，既可以是人，也可以是物，它是画面构图的行为中心，画面构图中的各种要素都围绕其展开。因此，主体有两个作用，一个是表达内容，另一个是构建画面。

正是由于主体是整个画面构图的焦点所在，主体的突出与强调可以使观众快速领悟拍摄者想要表达的意图。在画面的关键位置、最醒目的位置安排主体，可以使作品更加传神，起到画龙点睛的效果。相反，如果画面中缺少主体，整个画面就会缺少趣味，显得平淡无奇。图 4-1 和图 4-2 分别为主体为物的画面和主体为人的画面，画面中的主体形象都很突出，画面张力十足，可以很清楚地表达核心内容。

图 4-1 主体为物的画面

图 4-2 主体为人的画面

主体的表现形式有两种，即直接表现和间接表现。

1. 直接表现

直接表现是指从镜头的一开始就让主体在画面中占据突出位置，以准确

表现主体的特征，达到开门见山的效果。在直接表现中，主体可以分为中心主体和大面积主体两种类型。

中心主体是指将主体放在画面的中间，由于视觉会聚的效应，观众会很自然地注意到这个主体。需要注意的是，画面的中间并非指简单的中心原点处，而是在十字中心点周围的中心区域。

大面积主体是指主体占据画面的大部分区域，相当于把主体放大，所以主体变得非常醒目和突出。

2. 间接表现

间接表现是指主体在画面中占据面积不大，但位于画面结构中心，吸引着观众的视线，侧重于用环境的陪衬和渲染气氛来表现主体。

将主体放在黄金点位置也是常用的手法。黄金点可以用九宫格来简化说明，将画面的横、竖两边分为三等分，形成“井”字形交叉，将主体放在点和线等位置上，就可以形成均衡而动态的构图效果。在很多运动镜头中使用这种处理手法，既能突出主体，又能兼顾陪体，还便于转换人物关系。

4.1.2 陪体，有力烘托画面情绪和氛围

陪体是指画面中作为陪衬的物体，它是与主体密切关联的事物，是除主体外最直接的次要拍摄对象。一个画面中不一定有陪体，但合理运用陪体能够让画面变得更丰富、立体，渲染出不同的气氛，对主体起到限定、说明、烘托和渲染的作用，有利于观众正确地理解画面的内容。

陪体是用来陪衬主体的，因此不能喧宾夺主，以免削弱主体，破坏主体的表现力。拍摄者应该明确陪体在画面中所占的面积、明暗程度、色彩饱和度等，无论如何拍摄，陪体都要围绕主体来安排，从而达到深化主体内涵、充分表现拍摄主题的作用。

除此之外，陪体还起着保持画面平衡、美化画面色彩、丰富视觉效果的作用，图 4-3 所示的两张图片中，左图中的两个孩子是主体，池塘的水和石头等是陪体，展现了画面的拍摄主题，即小孩戏水；右图中故宫的一角是主体，天空中的飞鸟是陪体，在画面右侧起到了均衡画面的作用，更增添了画面的辽阔感。

陪体的处理方法有两种，一种是直接处理法，另一种是间接处理法。直接处理法是指将陪体放在画面内部，和主体形成对比关系，通过虚实或明暗的技巧来分清主次。如果配合广角镜头，将陪体作为前景，可以有效地增强画面的透视效果，使画面富有立体感和空间感。

图 4-3　陪体

间接处理法是指将陪体安排在画面之外，观众可以通过画面中的某个线索的引导和想象将其在脑中显现出来。这种方法较为含蓄，但意味深长，不但可以调动观众的思维，而且可以使画面在内容和形式上有更广阔的延伸空间。

4.1.3　环境，强化主体表现力，丰富画面层次

环境是指主体周围的人物、景物和空间，是画面的重要组成部分，有助于表现画面情景、氛围和主体特点，强化主体的表现力，丰富画面层次。根据分布的不同空间位置，环境一般可以分为前景、中景和背景。

1. 前景

前景是指位于主体前面或靠近镜头的景物，在拍摄过程中往往对其位置没有特别的规定，主要根据主体的特征和构图需要来决定。

前景的作用有以下几点。

（1）前景可以丰富画面构成元素。例如，拍摄日出或日落等景色时，可以将亭台楼阁、树木、河流、山峰等对象作为前景来丰富画面，如图 4-4 所示。

图 4-4　前景

（2）前景可以调整画面反差。例如，拍摄远景画面时，由于光线原因，

整个画面会形成空气透视效果，反差过小，如果将色彩较浓的景物作为前景，就可以调整画面反差，使整体画面更协调。

（3）利用前景可以形成框架式构图，起到汇聚视线的作用，更能衬托出主体的特色。

（4）当拍摄场景中有很明显的线条时，只要通过构图将线条指向画面的重心，前景的线条就会有明显的视觉导向作用。

2. 中景

中景介于背景和前景之间的位置，用于放置主体和衬托主体的环境，其景观选择范围比前景和背景大。拍摄者通过构图手法，在中景前面用前景进行遮挡，在后面用虚幻的背景，画面的层次感会更好。

3. 背景

背景是指主体背后的景物，其主要作用是交代主体所处的位置，渲染气氛，同时可以使画面产生多层次景物的造型效果和透视感，增强画面的空间纵深感，如图 4-5 所示。

图 4-5　背景

4.2　用多变的拍摄方式表现镜头画面

镜头是短视频造型语言中最基本的单位，每一条短视频都由一个个镜头组成。根据摄影机的机位、光轴和焦距是否变化，镜头可以分为固定镜头和运动镜头，两者在艺术表现力上各有特色。

4.2.1　运用固定镜头“静观”多彩世界

固定镜头拍摄是一种基础的拍摄方式，其拍摄与人们观察事物的方式和视觉感受有关。在生活中，我们不仅常常左顾右看和走马观花，也会停下来目不转睛地凝视某个事物，仔细端详，此时我们的视线是集中和稳定的。固定镜头就是对这种视觉效果的模拟。所谓固定镜头，就是指摄影机在机位、光轴和焦距不变（画框不变）的条件下拍摄的一组连续的影视画面。

固定镜头的作用如下。

1. 以静衬动

固定镜头可以利用静止的画框和背景作为参照物，以静衬动，客观地记录和表现运动对象，强化动感。例如，用固定镜头侧面仰拍跨越黄河的列车，列车飞快地入画之后迅速驶出画面，固定不动的画框和铁路大桥突出和强化了列车的动感。

2. 表现静态对象

固定镜头有利于表现静态对象，其画面具有摄影作品和绘画作品的形式美感，尤其是在旅游类纪录片拍摄中，综合运用色彩、光线、线条、影调等造型元素，对名山大川、名胜古迹等对象进行拍摄，构图精美、用光考究，富有极强的艺术感染力，让观众赏心悦目。

3. 表现客观性

运动镜头对观众的视线有一种强制作用，很大程度上表现了拍摄者的主观意图，人为因素明显，带有“我让你看什么，你就得看什么”的意味，观众是“被动地看”。固定镜头的画框静止不动，观众常常感觉不到拍摄者的存在，欣赏的主动权掌握在自己手中，由“被动地看”转为“主动地看”，在一定程度上增加了镜头表现的客观真实性。

在拍摄固定镜头时，拍摄者要遵循以下要求。

（1）坚持“三不变”原则

在拍摄固定镜头时，拍摄者一定要坚持“三不变”原则，即机位、光轴和焦距都固定不变，如果有一个条件不能满足，拍摄出来的画面就不是固定镜头下的画面，而是运动镜头下的画面。如果机位移动，就可能成为推拉镜头、跟镜头、升降镜头；如果光轴发生变化，就可能成为摇镜头或甩镜头；如果焦距发生变化，就成为变焦推拉拍摄。

（2）镜头要稳定

固定镜头的特点和优势来源于其画框是稳定不动的，因此，拍摄者在拍摄过程中一定要保持机身的稳定，例如利用三脚架、减震器等专用设备，拍摄时身体不要贴在三脚架和摄影机上。如果拍摄者手持设备拍摄，那么在直立的状态下应双脚自然分立，屈肘贴身，呼吸平稳，并在必要时屏住呼吸；如果拍摄者采用蹲姿拍摄，那么一定要蹲到底，不能似蹲非蹲，否则重心不稳；如果在某一个拍摄点固定拍摄，那么拍摄者可以利用身旁的物体（栏杆、墙壁、树干等）作为辅助支撑来稳住身体和机器。

（3）静中有动

如果固定镜头被拍成平面照片的样子，画面中没有一丝活动的迹象，这样的固定镜头就太死板了，不能发挥出影视摄影在画面造型上的优势。拍摄者在拍摄固定镜头时，应注意捕捉画面中的动态因素，有意识地利用动态因素来活跃画面，形成“整体为静，局部为动；静中有动，静动相宜”的灵活画面。

（4）镜头要连贯

如果要用一组固定镜头来达到运动镜头的效果，那么拍摄者在拍摄时要注意每个固定镜头内在的连贯性。例如，用一组镜头表现同一个被摄对象时，拍摄者要注意相邻镜头的景别和角度有所区别，让镜头之间的过渡更顺利，使观众的视觉保持统一、完整和流畅的感觉。

另外，入画和出画用固定镜头表现横向运动或对角线运动时，拍摄者要在运动对象入画前开始录制，等到运动对象出画后结束录制，从而完整记录运动对象入画——行进——出画的全过程，如果运动对象尚未出画便结束录制，那么观众会觉得还没有结束，视觉上会产生不舒服的感觉。

4.2.2 炫酷运动镜头为观众制造代入感

运动镜头是指通过机位、焦距和光轴的运动，在不中断拍摄的情况下形成视角、场景空间、画面构图、表现对象的变化。运动镜头可以增强画面的动感，扩大镜头的视野，影响视频的速度和节奏，赋予视频画面独特的寓意。在短视频作品中，处于静止状态的画面是不多见的，运动镜头是主要的表现形式。

常见的运动镜头有以下几种。

1. 推镜头

推镜头是指摄影机向被摄主体的方向推进，或者变动镜头焦距，使画面框架由远及近向被摄主体不断接近的镜头。从画面来看，推镜头的画面向被摄主体方向接近，画面表现的视点前移，由较大景别向较小景别连续递进，且镜头向前的运动并非漫无边际，而是具有明确的方向和终止目标，即最终强调和表现的是被摄主体，被摄主体决定了推镜头的推进方向，因此推镜头在推进的过程中，画面构图要始终保持被摄主体在画面结构中心的位置。

推镜头可以突出主体人物及其重点形象，也可以从特定环境中突出细节和重要的情节因素，让镜头更具说服力。推镜头的推进速度可以影响和调整画面的节奏，从而产生外化的情绪力量。推进速度缓慢、平稳可以表现出安宁、幽静、平和、神秘等氛围；推进速度急剧而短促表现的是紧张、不安或激动、愤怒等情绪，尤其是急推，会让被摄主体快速变大，画面急剧变动后迅速停止，爆发力很强，画面视觉冲击力大，可以产生震惊和醒目的效果。

2. 拉镜头

拉镜头与推镜头相反，指摄影机逐渐远离被摄主体，或变动镜头焦距，使画面框架由近及远与被摄主体拉开距离的镜头。拉镜头会形成视觉后移的效果，被摄主体由大变小，周围环境由小变大，画面表现的空间逐渐扩展，环境因素加强。因此，拉镜头可以表现被摄主体与周围环境的关系，强调被摄主体所处的环境。

拉镜头画面表现空间的扩展，可以反衬出被摄主体的远离和缩小，在视觉感受上会给人一种退出感和谢幕感，因此适合在某一段落的末尾使用。

3. 摇镜头

摇镜头是指摄影机的位置保持不动，借助于活动底盘使镜头通过上、下、左、右、斜等方式拍摄被摄主体与环境，其画面效果犹如人们转动头部或视线由一点转移到另一点的视觉效果。

由于短视频画面框架的空间有限，在表现宏大的场面或高大物体时会显得力不从心，摇镜头通过将画面向四周扩展，突破了画面框架的空间局限，扩大了视野，创造了视觉张力，让整个画面更加开阔，可以将观众迅速带到特定的故事氛围中。

一般来说，左右摇镜头常用来介绍大场面，上下摇镜头常用来展示高大物体的雄伟、险峻。

甩镜头也属于摇镜头的范畴，指快速地将镜头摇动，极快地转移到另一个画面，而中间的过程则产生模糊一片的效果，多用于表现急剧的变化，作为场景变换的手段时不露剪辑的痕迹。甩镜头常用于表现人物视线的快速移动或者某种特殊视觉效果，使画面有一种突然性和爆发力。

4. 移镜头

移镜头是将摄影机架在活动物体上，让摄影机沿水平方向向各个方向移动拍摄。移镜头类似于生活中人们边走边看的视觉效果，画面的背景始终在变化，被摄主体不管是处于运动状态还是静止状态，都会呈现出位置不断移动的感觉，这就让镜头表现出一种流动感，使观众仿佛置身其中，大大增强了艺术感染力。

移镜头具有完整、流畅、富于变化的特点，能够开拓短视频画面的造型空间，表现大场面、大纵深、多景物、多层次的复杂场景。

跟镜头也属于移镜头的范畴，不过移镜头一般保持水平方向的运动，而跟镜头是跟踪被摄主体，方向不定。跟镜头的画面始终跟随被摄主体，被摄主体在画面中的位置相对固定，观众可以对其进行稳定的观察，而其环境背景一直在变动，观众可以对其所处的环境有一个清晰的了解，同时观众的视点被调度到画面内，跟着被摄主体走来走去，从而产生一种强烈的现场感和参与感。

5. 升降镜头

升降镜头是指摄影机借助升降装置一边升降一边拍摄而形成的镜头。升降镜头，分为升镜头和降镜头。升镜头是指摄影机在升降装置上做上升运动拍摄，形成俯视拍摄，以显示广阔的空间；降镜头是指摄影机在升降装置上做下降运动拍摄，多用于拍摄大场面，营造气势。

升降镜头能够带来画面视域的扩展与收缩，其视点的连续变化形成了多角度、多方位的多构图效果，有利于展示事件或场面的规模、气势和氛围，同时表现出画面内容中感情状态的变化。

4.3 设计拍摄角度，打造短视频画面独特视觉风格

所谓拍摄角度，通俗地说就是从哪里拍。拍摄角度涉及 3 个因素，即拍摄方向、拍摄距离和拍摄高度，这 3 个因素决定了摄影机的机位选择。摄影机的机位选择是完成拍摄构图的先决条件，摄影机机位的变化也会引起画面构图的变化。

4.3.1 调整拍摄方向，构建主体与其他景物的多样关系

拍摄方向是指以被摄主体为中心，在同一水平面上围绕被摄主体四周选择摄影机位。在拍摄距离和拍摄高度不变的基础上，不同的拍摄方向可以形成不同的构图形式，展现被摄主体不同的侧面形象，以及主体与陪体、主体与环境的不同组合关系变化。

1. 正面构图

正面构图是指从被摄主体的正面进行拍摄，此时摄影机的镜头与被摄主体

的正视线基本上位于一条直线。正面构图易于表现被摄主体正面的基本特征，可以给人一种平衡、安定、工整和庄重的感觉。如果被摄主体是人，那么这种构图形式有利于人物与观众面对面交流，使画面具有亲切感，如图 4-6 所示。

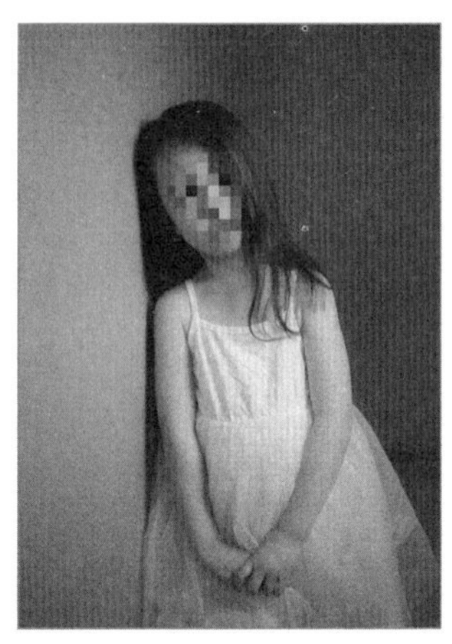

图 4-6 正面构图

不过，正面构图的画面只有被摄主体的正面，立体感不强，画面平淡、呆板，不能很好地表现动感。

2. 侧面构图

侧面构图是指摄影机的镜头与被摄主体的正面成 90° 角时所拍摄下来的画面。侧面构图可以突出被摄主体侧面的特点，并强调被摄主体的动作线条和方向，如果被摄主体的正面轮廓不如侧面轮廓鲜明清晰，可以选择尝试拍摄侧面构图，如图 4-7 所示。

在客观对象中，有许多事物是只有从侧面才能看清其特征的，例如人走动时的身影，各种车辆的特征以及某些用具等，这时侧面构图可以更好地表现拍摄对象的特色。

图 4-7 侧面构图

3．斜侧面构图

斜侧面构图是指摄影机介于被摄主体的正面与侧面之间时所拍摄的画面。斜侧面构图既可以表现被摄主体正面的细节，又可以表现一部分被摄主体侧面的特征，有更强的立体感，如图 4-8 所示。

图 4-8　斜侧面构图

4．背面构图

背面构图是指摄影机正对被摄主体的背后拍摄下来的画面，可以展示被摄主体的背面特征，将被摄主体及其所关注的对象同时展现出来，突出了陪体与环境，表现出强烈的主观感受，含蓄地表达人物的内心活动，同时包含了神秘感和不确定性，给观众留下想象空间，如图 4-9 所示。

图 4-9　背面构图

4.3.2　规划拍摄距离，用景别提升画面感染力

拍摄距离，即景别，是指由于摄影机与被摄主体的距离不同，而造成被摄主体在画面中所呈现出的范围大小的区别。不同的景别会带来视点、视野和视距的变化，景别的变化是实现造型意图，形成节奏变化，控制信息容量的重要因素。

景别的划分一般分为以下 5 种。

1. 远景

远景拍摄的是被摄主体所处的环境，一般可以用作开篇画面，展现宏大的场面和广阔的环境，表示事件发生的地点，烘托整个故事的氛围。这种景别中，人物所占的面积很小，甚至成为点状，整体感较强，不突出细节。远景作为结尾画面时，可以形成一种远离情节的视觉感受，给观众回味的空间。

2. 全景

全景是指拍摄人物全身形象或者场景全貌的画面，体现事物和人物形象的完整性，具有描述性、客观性的特点，多用于塑造人物形象和交代环境。

与远景相比，全景有明显的中心点，重视特定范围内某一具体对象的视觉轮廓形状和视觉中心地位。

角色的行为动作是表现角色性格、情绪以及心理特征的重要方式，是角色内心外化的直接载体，全景画面能够完整地表现人物的行为动作，所以可以反映人物的内心情感、性格和心理状态。

需要注意的是，在全景画面中，人物的头顶以上与脚底以下要有适当留白，不能“顶天立地”，否则会有堵塞感，但也不要将空间留得过大，否则会造成人物形象不清楚，降低画面的利用率。

3. 中景

中景表现人物膝部以上的部分或者场景的局部画面，所以重点表现人物的上半身动作和行为，如手势、神态等，是叙事性景别，环境表现相对弱化。中景可以交代人物角色之间的关系和角色之间的交流，展现矛盾冲突，是拍摄人物活动最主要和最常用的景别。

在拍摄中景画面时，拍摄者要注意拍摄角度、演员调度和姿势等，灵活变化，尤其是在拍摄人物中景时要注意掌握分寸，不要把画面卡在人物的腿关节部位。

4. 近景

近景主要用来表现人物胸部以上的部分或者物体的局部。与中景相比，近景画面的内容更加单一，对环境的表现进一步减少，吸引观众注意力的主要是画面中占主导地位的被摄主体。

近景在表现人物角色时，角色占据画面的大部分面积，角色的面部表情得到充分体现，其神态、情绪可以通过面部表情充分展示出来，从而准确表现和刻画角色内心。近景在表现某物体的局部时，可以拉近观众与物体的距离，展现物体的细节，具有很强的感染力和视觉冲击力。

由于背景在近景画面中的作用大大降低，近景画面一般力求简洁，色调统一，避免背景中出现干扰观众注意力的物体，要让被摄主体一直处于画面结构的主导位置。

5．特写

特写用来表现人物肩部以上的部分或者某些物体细节的画面。特写在表现人物角色时，观众可以很清晰地看到角色的面部表情和细节动作，从而理解角色性格、内心活动和复杂的人物关系。

在表现物体时，由于特写的视距非常近，观众不得不将视觉集中，近距离仔细观察，所以这一景别可以很好地表现物体的线条、质感和色彩等特征。在叙事性短视频中，道具等物体的特写往往蕴含着重要的戏剧因素。

特写具有生活中不常见的特殊的视觉感受，因此拍摄者不能滥用这一景别，尤其是脸部特写，只有恰到好处，才能起到画龙点睛的作用。

在特写画面中，环境因素几乎可以忽略不计，因为这时观众的视觉已经完全被画面的主体所占据，观众不易观察到特写画面中人物或物体所处的环境。因此，拍摄者可以利用特写来转换场景和时空，以避免不同场景直接连接在一起产生的突兀感。

4.3.3 调节拍摄高度，从不同角度塑造主体形象

拍摄高度是指改变摄影机与被摄主体水平线的高低所选择的拍摄角度，不同的拍摄高度可产生不同的构图变化，包括平摄构图、仰摄构图和俯摄构图，这 3 种构图的变化使画面地平线位置的高低、前后景物的可见度和透视度都发生了变化。

1．平摄构图

平摄构图是指摄影机与被摄主体处于同一水平线时拍摄的画面。这种画面符合人的观察习惯，具有平视、平稳的效果，画面的真实感强，如图 4-10 所示。如果追求画面构图平稳和普通的透视效果，平摄构图就较为合适，但由于平摄构图中前后景物很容易遮挡重叠，不利于表现前后景之间的关系，且画面平淡，容易产生分割感。

需要注意的是，平摄构图要避免被水平线平均分割，除非特殊需要，如拍摄水平倒影等。

2．仰摄构图

仰摄构图是指摄影机低于被摄主体水平线向上拍摄的画面，给人抬头仰视的感觉，如图 4-11 所示。

图 4-10　平摄构图

图 4-11　仰摄构图

在这种构图中，前景升高，背景降低，甚至有时被前景遮挡而看不到背景，被摄主体的线条向上汇聚，可以增加被摄主体的高度，从而形成高大挺拔、雄伟的视觉效果，常用来表现被摄主体的庄重、伟岸，以及人物朝气蓬勃的精神面貌和英雄气概，或者表现某种仰慕心情或胜利的喜悦。

3. 俯摄构图

俯摄构图是指摄影机高于被摄主体水平线向下拍摄出的画面，给人低头俯视的感觉，如图 4-12 所示。

图 4-12 俯摄构图

俯摄构图适于表现开阔的景色和规模宏大的场面，以及景物的曲线构图，如群众集会场面、河流或道路的蜿蜒曲折等。俯摄时，前后景物都可以呈现出来，前景大，背景小，可以表现画面的纵深感和物体的立体感。

在拍摄人物时，俯摄构图往往用于表达蔑视、贬低的态度，或者表达怜悯的情感，被拍摄的人物看上去比较低微或软弱无力，容易陷入困境，或上当受骗。

顶摄构图是俯摄构图的一种特殊形式，是指摄影机近似于垂直地面，位于被摄主体上方拍摄出来的画面，也称鸟瞰角度拍摄，可以拍摄到顶部的全部线条和轮廓。由于人们很少从这个角度观察世界，所以该画面更多是为了满足观众以更多的角度观察事物的需求。

顶摄构图可以充分展现人物和景物，强调它们之间的相互关系，也可以表现有特殊布局和图案变化的场景，如团体操表演、航拍地貌等。

4.4 设计画面构图，打造精美画面造型

画面构图是表现短视频内容的重要因素，通过对画框内景物的取舍与光线的运用，对画面起到突出主体、聚焦视线和美化的作用。

4.4.1 做好短视频画面构图的基本法则

短视频拍摄并非点击“录制”按钮随意录一段视频即可，要想让观众获得良好的观看体验，就要采用让观众感觉舒服的构图形式，让画面有更好的主题表达、视觉重点和层次感。

短视频画面构图有以下基本法则。

1. 对比

对比是将拍摄对象之间的形式要素进行对照，以突出各自的特质，如胖与瘦、高与矮、白天与黑夜、深与浅、冷与热等，如图 4-13 所示。对比可以使原来的因素中已存在但不鲜明的外形和内涵变得更加突出，形成视觉中心。

图 4-13　对比

对比会对人的感官形成较大刺激，易于使感官兴奋，形成醒目的效果。巧妙的对比不仅可以增强艺术感染力，还可以更鲜明地反映和升华主题。

2. 均衡

均衡是指画面中主体与陪体之间具有形式上或心理上的对等平衡关系，使画面在总体布局上形成稳定感。均衡可以是对称布局，也可以是不对称布局，只要在内容情节和视觉心理两个方面让观众觉得均衡就可以，如图 4-14 所示。

图 4-14　均衡

均衡不是平均分配画面，平均分配的画面常常会给人以沉闷感，缺少变化，而均衡的画面绝不会在视觉上引起人们的不适。它不是通过简单图案的量化对称（两边的景物形状、数量、大小、排列一一对应）来实现平衡，而是通过画面不同的疏密留白来达到意向的和谐与平稳，是一种艺术上和心理上的平衡。

虽然对称也有很强的稳定感，可以使画面有庄严、肃穆与和谐的感觉，但在实际运用中机会较少，运用得多了就会有千篇一律的感觉。与对称相比，均衡更富有变化性、灵活性、拓展性，同样可以稳定画面的重心。

3．简洁

短视频的画面内容不可能面面俱到，因此拍摄者要对画面进行选择、提炼、抽象和概括，用简洁的画面说明主题。

4．服务拍摄主题

视频画面的构图必须为拍摄的主题服务，为了突出表现主题，有时甚至可以破坏画面构图的美感，使用不规则构图。若某个构图优美的画面与整个短视频作品的主题风格不符，甚至妨碍了主题思想的表达，则可以考虑将其剪掉。

4.4.2 提升画面视觉效果的构图方法

合理地运用画面构图方法，可以增强画面的表现力，提升画面的视觉效果，从而更好地表达画面内容，使主题鲜明，形式新颖独特。下面将介绍 7 种常见的画面构图方法。

1．水平线构图法

水平线构图法是以景物的水平线作为参考，用比较水平的线条来表现景物的宽阔和画面的和谐，常用来表现海平面、草原等辽阔的场景，如图 4-15 所示。水平线本身具有稳定特性，可以给观众一种宽阔、稳定、和谐的感觉。

图 4-15　水平线构图法

2．垂直线构图法

垂直线构图法是指画面以垂直线条为主，充分展示景物的高大和深度，给人一种平衡、稳定、雄伟的感觉，如图 4-16 所示。在采用这种构图方法时，要注意让画面的结构布局疏密有度，使画面更有新意且富有节奏。该构图方法主要适用于拍摄树木、高楼、人物等。

图 4-16　垂直线构图法

3. 九宫格构图法

九宫格构图法就是利用画面中的上、下、左、右 4 条黄金分割线将画面进行分割，将画面分成相等的 9 个方格，4 条线为画面的黄金分割线，4 条线所交的点则为画面的黄金分割点。拍摄时将被摄主体放置在黄金分割点上，或者放置在黄金分割线上，拍摄出的画面看起来更和谐，被摄主体成为视觉中心，画面趋于平衡，如图 4-17 所示。

图 4-17　九宫格构图法

4. 对角线构图法

对角线构图法是指被摄主体沿画面对角线方向排列，从而表现出很强的动感、不稳定性或生命力等感觉，拍摄出来的画面有很好的纵深效果和透视效果，可以给观众更加饱满的视觉体验，如图 4-18 所示。

5. 中心构图法

中心构图法就是将被摄主体放到画面中间进行构图，如图 4-19 所示。一般来说，画面中间是人们的视觉焦点，看到画面最先看到的会是中心点。这种构图方式的最大优点就在于被摄主体突出而明确，可以获得左右平衡的画面效果。在使用中心构图法时，拍摄者要调大被摄主体占据拍摄画面的比例，同时使用简洁或与被摄主体反差较大的画面背景，以更好地烘托被摄主体，表现其特征。

图 4-18　对角线构图法

图 4-19　中心构图法

6. 框架式构图法

框架式构图法是指利用有形的景物或者抽象的光影处理为画面设置前景，形成具有遮挡感的框架，这样有利于增强构图的空间深度，引导观众注意框架内的被摄主体，如图 4-20 所示。这种构图方法会产生一种窥视的感觉，让画面充满神秘感，刺激观众的观看兴趣。

图 4-20　框架式构图法

7. 引导线构图法

引导线构图法，就是利用线条来引导观众的目光，将画面的主体与背景元素串联起来，形成视觉焦点。这种构图方式可以加强画面的纵深感和立体感，适合拍摄大场景和远景画面。

引导线不一定是具体的线条，只要是有方向性的、连续的东西都可作为引导线使用，如道路、桥梁、河流等，如图 4-21 所示。

图 4-21　引导线构图法

4.5　巧用光线，营造画面独特意境

光是塑造物体形象的基本造型元素，影响短视频拍摄的清晰度和画面效果。光线的运用是一门艺术，布光讲究明暗、色彩和层次的对比，以完成视觉和情感的相互转换，给观众强烈的视觉震撼和艺术享受。

4.5.1　了解光线类型，把握不同光线的特点

在短视频拍摄中，照明的光线不止一种，各种不同的光线构成了画面的光影效果。为了更好地运用光线去拍摄短视频作品，拍摄者必须了解每一种光线类型，研究其性质和特点，从而灵活运用。

光线的分类有 3 种方法：按光源分类、按光线的性质分类和按光线的造型作用分类。

1. 按光源分类

生活中能发光的物体叫光源，根据自然属性，光源可分为自然光源和人工光源，所以光线可以分为自然光和人工光两类。

（1）自然光

自然光指太阳、月亮或星星等光源发射出来的光线，以及它们在地面产生的反射光。自然光以阳光为主，但阳光在不同的时间、不同的天气会有不同的呈现效果，因此拍摄者必须首先了解天气，才能更好地利用自然光进行

拍摄。

自然光的变化多、亮度强、照明范围广、光线均匀、时间性很强，早晚和夜间等特殊时段可以产生别具美感的画面。日出之前和日落之后光的色温很高，颜色冷艳迷人，但光线强度不大，散发出一种神秘的气息。日出日落时光的色温较低，光线温暖柔和，这时是拍摄太阳最好的时刻，但时间比较短，光线变化较快，亮度和色温不易掌握，一般只能拍摄一两个气氛镜头，因此被称为“效果光时刻”。图 4-22 所示为日出和日落时的照片。

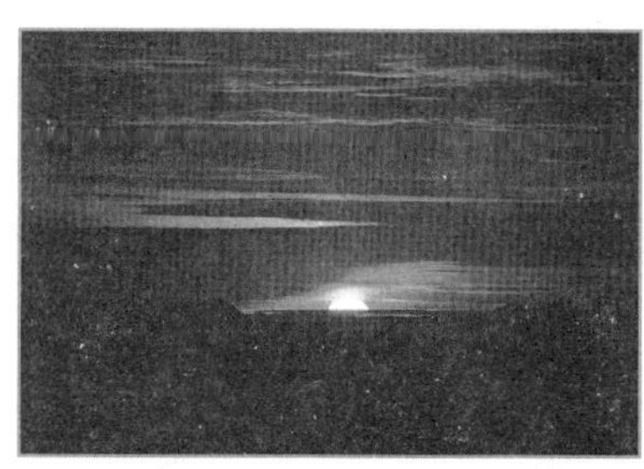

图 4-22 日出和日落时的照片

上午和下午的光线色温较高，强度大，光线变化缓慢，景物可以受到均匀照明，对人物的形象有很好的表现力，在外景拍摄中这一时期被称为主要拍摄期或正常照明时刻。

中午，太阳光线近似垂直地照射地面，被摄主体的水平面较亮，垂直面较暗，因此被摄主体的垂直面与天空形成强烈的反差。此时人物处于顶光照明，很容易歪曲形象，所以不适宜拍摄人物近景镜头。如果想拍摄全景镜头，拍摄者就要选择合适的景物，画面层次感要好，并选择逆光拍摄。

（2）人工光

一切由人加工制造的光源均为人工光，在外景拍摄中，人工光主要作为辅助光来使用，当自然光不能满足拍摄需求时，人工光可以为拍摄助力。

与自然光相比，人工光的亮度较弱、强度较低、可覆盖范围小、变化少，且照明效果受距离限制，但其优点也不少，例如拍摄者可以主动对照明亮度、照射角度和光源色温进行人工控制和调节，不受季节、时间、气候、地理等自然条件的限制，可以长时间连续保持同一个光照效果，随心所欲地模拟和设计各种光照场景，根据自己的艺术构想塑造出各种人物形象，打造不同的光线效果和丰富多彩的画面影调。

2. 按光线的性质分类

光线从性质上可分为软光和硬光，这主要与光源的聚散、强弱和光源的投射距离相关。

（1）硬光

硬光是指强烈的直射光，如阳光、聚光灯照射的灯光等，其光照充足、方向性强、立体感好，会在光滑的表面产生反光和耀斑，被摄主体在光线的照射下有受光面、背光面和影子，可以形成明暗对比鲜明的造型效果，适合表现被摄主体粗糙表面的质感，使被摄主体形成清晰的轮廓形态。不过，如果亮度间距过大，那么被摄主体的亮部和暗部细节会有所损失。

（2）软光

软光由散射光（如阴天或多云时的太阳光线、柔光灯照射的灯光）构成，其光照柔和均匀，方向性较弱，被摄主体没有明显的受光面、背光面和投影，明暗部位的反差小，质感均得到细腻的展现，影调层次丰富。

软光的缺点在于被摄主体的立体感表现不足，且画面色彩比较灰暗。在实际拍摄过程中，拍摄者可以在画面中制造一些亮调或者颜色鲜艳的视觉兴趣点，以使画面效果更加生动。

3．按光线的造型作用分类

按光线的造型作用分类，光线可以分为主光、副光、轮廓光、修饰光、效果光和环境光等。

（1）主光

主光，也称塑型光，在确定拍摄对象的造型时起到关键作用，是刻画人物和塑造环境的主要光线。不管主光从哪个方向照射过来，都应是画面中最引人注目的光线。主光是拍摄者在处理照明光线时首先要考虑的光线，当确定主光以后，也就决定了画面光效和气氛。主光与不同亮度的副光配合使用，可以在画面中创造不同的软硬调、光线气氛和效果。

一般来说，主光以从顺侧位照射的直射光居多，例如太阳光和灯光，拍摄对象与摄影机之间的连线约在 45° 角到 90° 角之间的范围内。在室外拍摄时，除夜景、黄昏、黎明等场景外，拍摄者一般以阳光作为主光，根据自己的造型任务选择阳光的位置。

在拍摄人物时，主光最完美的角度是位于 45° 角并以略微高于人物的高度俯射人物，在人物脸部鼻子侧面与眼下形成一块明显的三角形阴影，使人物的脸部非常具有立体感。

（2）副光

副光，也称辅助光，一般是无阴影的软光，用于补充主光照明，提高暗部的亮度，减弱拍摄对象的明暗反差，从而产生细腻、丰富的中间层次和质感。副光的强弱变化能够改变画面的反差，形成不同的气氛。

副光一般放在摄影机左、右两侧，亮度低于主光，从正面辅助照射拍摄

对象。如果副光的亮度超过主光，就破坏了主光在画面中的光效，导致拍摄对象的表面出现双影，或者缺乏立体感。

在保证副光亮度不高于主光的前提下，确定主光亮度之后，副光亮度的强弱、与主光形成的明暗对比变化能够改变画面的反差，调整画面的软硬调，形成不同的光线气氛。主光与副光之间的亮度比值也称光比，通常设置为 2∶1、4∶1 等。

（3）轮廓光

轮廓光一般采用硬朗的直射光，从侧逆光或逆光方向照射拍摄对象，形成明亮的边缘和轮廓形状。当拍摄对象和背影影调重叠时（例如拍摄对象较暗，背景也较暗），轮廓光起到分离拍摄对象和背景的作用，增强画面的层次和纵深感。轮廓光一般是画面中最亮的光，但要防止照射到镜头上出现眩光，降低画面的质量。

另外，在拍摄人物时，如果想要突出人物的面部特征，那么正面也要适当补光，以免画面太昏暗。

（4）修饰光

修饰光也称装饰光，用来对拍摄对象某些局部细节（如眼睛、头发、面部、服装、道具、布景等）进行加工和润色，提高画面亮度的反差，使造型、影调层次和色彩变得更加完美。

修饰光一般使用小灯，位置灵活多变，但在使用时要注意分寸，与整体环境协调吻合，不能影响主光的光效，破坏画面的整体气氛。

（5）效果光

效果光是指可以造成某种特殊光效的光线。一个具体的环境中往往同时存在多种光源，除主光外，其他光源都属于效果光范畴，如烛光、手电筒光、闪电光、车灯光、火光或水面反射光等。自然界特定时空中也存在效果光，如特殊的时间光效（夜景、日出、日落和黄昏等）、特定空间的光效（昏暗的山洞、阴暗的地下室等）等。合理使用这些效果光，可以创造更生动、自然和真实的画面造型，增强造型的表现力，创造特定的艺术气氛。

（6）环境光

环境光是指照亮拍摄对象周围环境和背景的光线，包括背景、前景和周围大型陈设的照明。环境光可以消除拍摄对象在环境背景下的投影，营造环境气氛和背景深度，在一定程度上融合各种光线，形成统一的画面基调。

环境光的亮度决定了画面的基调倾向，暗背景让画面显得肃穆、沉静和阴郁，亮背景让画面显得平和、明朗和轻松。

4.5.2 调整光位，展现景物不同状态

光位，即光线位置，就是指光源相对于被摄主体的位置，也就是光线的方向与角度。光线具有明显的方向性，当被摄主体和摄影机的位置确定之后，随着光源水平位置的移动，会形成不同的光位。根据光线的投射方向与被摄主体之间所形成的角度，光位可分为顺光、前侧光、侧光、侧逆光和逆光；根据光源在垂直高度所处的位置，光位可分为脚光、高位光和顶光。

1. 顺光

顺光，也称正面光或前光，光源在被摄主体的正前方。采用顺光拍摄时，被摄主体朝向摄影机的一面受到均匀照明，投影在背后，画面中几乎没有阴影，阴暗反差程度很小，如图 4-23 所示。

顺光可以使画面充满均匀的光亮，影调柔和，真实再现被摄主体的色彩，所以适合拍摄明快、清雅的画面，但其不足之处在于被摄主体的立体感和空间感不强，不利于拍摄多层景物和大气透视效果，画面显得平淡，没有起伏。

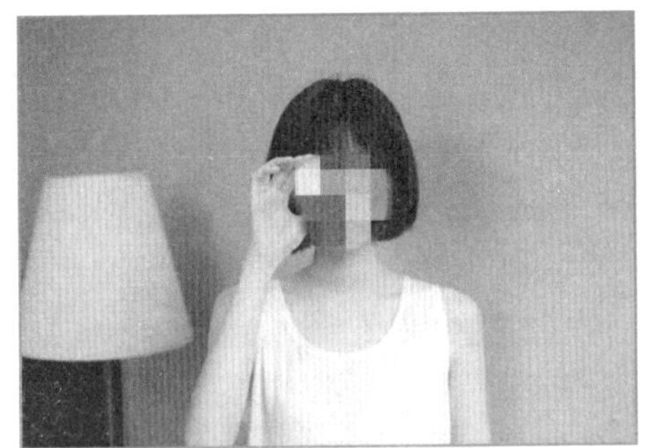

图 4-23 顺光

2. 前侧光

前侧光是指从摄影机左、右两侧投射、与被摄主体成大约 45° 角的照明光线，也称侧顺光、斜侧光。在前侧光照射下，被摄主体会有较大的受光面和较小的背光面，能够产生明暗过渡的影调层次，可以较好地展现被摄主体的立体感、轮廓形态和质感细节。

3. 侧光

当光线的投射方向与拍摄方向成 90° 角时，即为侧光，如图 4-24 所示。在侧光照明下，被摄主体的受光面和背光面各占一半，投影在另一侧。尽管我们不能看清被摄主体的全貌，但其亮面、次亮面、暗面、次暗面和明暗交界线等 5 种影调成分显著，使画面有很强的立体感。拍摄人物时，运用侧光

能够表现人物情绪，在拍摄特写画面时通常将光线打在人物的侧脸上。

不过，由于侧光明暗反差大，易产生粗糙和生硬感。

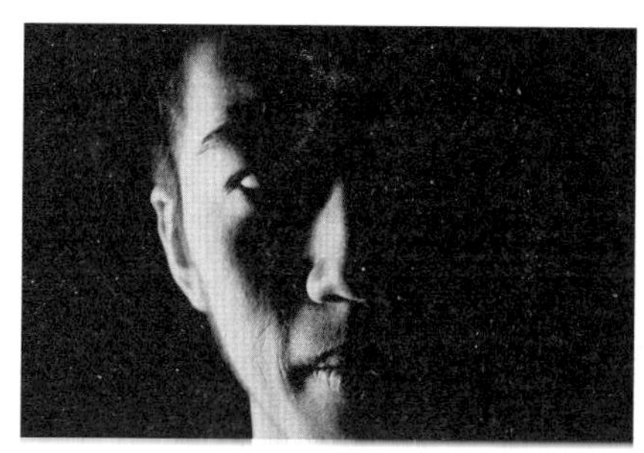

图 4-24 侧光

4. 侧逆光

侧逆光是指从被摄主体背后两侧照射的光线。在侧逆光照明下，被摄主体正面的大部分处于阴影中，色彩和层次细节并不明显，但画面的空间感强，可以表现被摄主体的轮廓，区别被摄主体与背景，是拍摄剪影、半剪影作品的理想光线。

5. 逆光

逆光，也称背光、轮廓光或隔离光，其光源在被摄主体的后方，有时摄影机、被摄主体、光源三者几乎在一条直线上，如图 4-25 所示。

在逆光照明中，人们只能看到被摄主体的背光面，看不到受光面，被摄主体缺乏立体感和质感，但有明亮的轮廓光或剪影效果，可以勾勒出被摄主体的轮廓，使其从背景中分离出来，从而显得更加突出、醒目。

图 4-25 逆光

6. 脚光

脚光，也称底光，是指从被摄主体下方向被摄主体照射的光线，它可以填补其他光线在被摄主体下部形成的阴影，或者表现特定的光源特征、环境特点，通常用于烘托恐怖、神秘、古怪的气氛。

7．高位光

高位光是指从高于视平线 45° 角的角度向下照明的光线，类似于上午、下午阳光照射的效果，所以符合人们正常的视觉感受。在高位光照明下，被摄主体的大部分区域可以接收光照，并有明显的亮暗过渡，被摄主体的轮廓分明，有很强的立体感。高位光的投影大小正常，色彩再现出色，是日常拍摄中最常用的照明光源。

8．顶光

顶光是指来自被摄主体顶部的光线，在室外拍摄时，最常见的顶光是正午的太阳光线。在室内拍摄时，在顶光照明的条件下，被摄主体的水平面受光明亮，垂直面和凹进部位较暗，可以很好地勾勒人和物的轮廓，但缺少明暗过渡的中间层次，造成硬调效果。

顶光强烈的阴暗对比可以反映出人物特殊的精神面貌和特定的环境、时间特征，营造一种压抑、恐怖、紧张的气氛。因此，若没有特定的人物造型要求，一般要避免使用顶光拍摄人物。

4.6 写作脚本，制定短视频拍摄大纲

短视频脚本是拍摄短视频的依据，一切参与短视频拍摄和剪辑的人员，如摄影师、演员、剪辑师等，其一切行为和动作都要服从于短视频脚本。短视频脚本的最大作用就是提前统筹安排好每一名人员每一步要做的事情，提升短视频拍摄的效率和质量。

4.6.1 短视频脚本的 3 种类型

短视频脚本可分为 3 种类型，即拍摄提纲、文学脚本和分镜头脚本。

1．拍摄提纲

拍摄提纲是指短视频的拍摄要点，只对拍摄内容起到提示作用，适用于一些不易掌握和预测的内容，例如新闻纪录片和某些故事片。在拍摄新闻纪录片时，由于采访、录制的过程中存在很多不确定性因素，编导就需要提前将预期拍摄的要点一一列举出来。在某些故事片中，有的场景无法预先进行分镜头处理，编导就要抓住拍摄要点制作拍摄提纲，在拍摄现场进行灵活处理。

由于拍摄提纲的限制较小，摄像师可以发挥的空间比较大，但对后期剪

辑的指导效果不大，因此，只要短视频没有太多的不确定因素，编导就尽量不要采用这种形式。

拍摄提纲的写作主要分为以下几步。

（1）明确作品的选题、立意和创作方向，确定创作目标。

（2）呈现选题的角度和切入点。

（3）阐述不同体裁的表现技巧和创作手法。

（4）阐述作品的构图、光线和节奏。

（5）呈现场景的转换、结构、视角和主题。

（6）完善细节，补充剪辑、音乐、解说、配音等内容。

2．文学脚本

在短视频拍摄中，脚本是即将形成的作品框架，主导着未来作品的主题思想、人物故事和整体结构等。文学脚本是专门为拍摄视频而写作的“母本”，以文字形式讲述视频内容、人物形象，其注重造型和动作，注重画面和声音的有机结合。

一个好的文学脚本，尤其是剧情类的文学脚本，要符合以下要求：时间和空间集中，矛盾冲突尖锐，人物性格典型，结构紧凑。

编导在创作文学脚本时，要遵循以下原则。

（1）在故事结构上要根据人物的矛盾冲突安排发生、发展、高潮和结尾的进程变化，在高潮部分要安排最吸引人、最重要的内容。

（2）每一幕每一场都要明确，日景、夜景，室内、室外要合理分配。

（3）通过短视频中人物的对话、独白等语言或台词，以及人物的表情、动作和有关时间、地点、服装、道具、布景等细节，塑造鲜明的人物性格和形象。

3．分镜头脚本

分镜头是指把文学脚本的内容或生活场景按照蒙太奇思维分切成一系列可以单独拍摄的镜头画面。蒙太奇是音译的外来语，原为建筑学术语，意为构成、装配，后来被引申到电影中，发展成为镜头组合的理论，即当不同的镜头组接在一起时，往往会产生各个镜头单独存在时所不具有的特殊意义。

编导在对文学脚本理解和构思的基础上，对未来短视频中准备塑造的声画结合的叙事内容以分镜头的形式诉诸图像或文字，分解为一个个的镜头画面，最终形成分镜头脚本。

分镜头脚本是对短视频的总体设计和拍摄蓝图，编导不仅要对短视频所有镜头的变化和连接进行设计，还要对每一个镜头的声音、时间等所有构成要素做出精准的设定。分镜头脚本创作起来比较耗时耗力，对于画面要求比较高，故事性很强，剧情类的短视频可以使用这种脚本类型。

分镜头脚本主要包括镜号、分镜头长度、画面内容、景别、摄法技巧、音效、台词等内容，具体内容要根据情节而定。表 4-1 所示为分镜头脚本。

表 4-1　分镜头脚本

<table>
<tr><th>镜号</th><th>技巧</th><th>景别</th><th>长度</th><th>画面内容</th><th>台词</th><th>音乐音响</th></tr>
<tr><td>1</td><td>固定镜头</td><td>中景</td><td>1 秒</td><td>两个中年男人（甲和乙）进入一家小餐馆，选择靠墙的座位坐了下来</td><td></td><td>餐馆的嘈杂声</td></tr>
<tr><td>2</td><td>仰拍</td><td>特写</td><td>0.5 秒</td><td>墙上的菜谱有一个菜——火山飘雪</td><td></td><td rowspan="4">嘈杂声弱化</td></tr>
<tr><td rowspan="2">3</td><td rowspan="2">俯拍</td><td rowspan="2">近景</td><td rowspan="2">4 秒</td><td>甲笑着看菜谱</td><td>这名字有意境，看看是什么菜</td></tr>
<tr><td>甲转过身</td><td>老板，来一盘“火山飘雪”</td></tr>
<tr><td>4</td><td>摇镜头</td><td>中景</td><td>1 秒</td><td>厨房门口有门帘挡住</td><td>（画外音）好嘞，稍等，马上</td></tr>
<tr><td>5</td><td rowspan="4">固定镜头</td><td>特写</td><td>0.5 秒</td><td>一双手把一盘凉拌西红柿放在桌子上</td><td>（服务员的画外音）请慢用</td><td>盘底在桌子上轻碰的声响</td></tr>
<tr><td rowspan="3">6</td><td rowspan="3">近景</td><td rowspan="3">6 秒</td><td>甲神情不满</td><td>什么？一盘凉拌西红柿就敢叫“火山飘雪”</td><td rowspan="4"></td></tr>
<tr><td>乙笑着说</td><td>行了，赶紧吃吧</td></tr>
<tr><td>甲生气，伸出手阻止乙说话</td><td>那哪儿行？（问服务员）那雪呢</td></tr>
<tr><td>7</td><td>摇镜头</td><td>中景</td><td>1 秒</td><td>服务员指着白砂糖</td><td>这白色的不就是雪吗？</td></tr>
</table>

续表

镜号	技巧	景别	长度	画面内容	台词	音乐音响
8	固定镜头	近景	1秒	甲一愣，又不服气地说	那火呢	搭配搞怪的表示惊讶的音效
9	摇镜头	中景	2秒	服务员指着西红柿	这红色不就代表火吗	
10		近景	1秒	甲再问	那山呢	
11	固定镜头	中景	0.5秒	服务员神情平静	稍等	
12		特写	2秒	服务员动手把西红柿摞成了堆		
13		近景	3秒	乙在一旁忍着笑，甲龇牙咧嘴	嘿——那也不行，白雪也没飘啊	
14		近景	4秒	服务员不紧不慢地用勺子舀了一勺白糖，撒在西红柿上	火山飘雪，这次真飘了	用搞怪音效再播一遍“这次真飘了”

4.6.2 写作短视频脚本的基本逻辑

要想写出优秀的短视频脚本，编导要遵循以下写作逻辑。

1. 做好前期准备

前期准备包括以下方面。

（1）搭建框架：拍摄主题、故事线索、人物关系、场景选择等。

（2）主题定位：故事背后有何深意？想反映什么主题？运用哪种内容形式？

（3）人物设置：出镜人数有多少？他们分别扮演什么角色？

（4）场景设置：确定拍摄地点，室内还是室外？咖啡馆、餐厅、客厅还是公园？

（5）故事线索：怎样安排剧情的发展脉络？

（6）影调运用：根据所要表现的情绪配合相应的影调。

（7）背景音乐：选择符合主题气氛的背景音乐。

2. 确定整体架构

在写短视频脚本时，编导一般要先拟定一个整体架构，以“总分总”结构居多，让短视频有头有尾。

（1）总——表明主题

短视频的时长一般在 15~60 秒，要想在这么短的时间内讲清楚一件事，就要在开头 3~5 秒内表明主题。如果观众在 5 秒之内还不知道短视频的主题，很有可能会选择离开，影响短视频的完播率。

（2）分——详细叙事

将剧情详细铺开，通过丰富的内容来传播正能量和价值，一般是在故事的发展和高潮阶段。

（3）总——总结主题

这一部分作为结尾，一般要重申主题，以引发观众的思考和回味。

3. 填充细节

人们常说“细节决定成败”，对短视频来说也是如此。一个好的短视频和一个差的短视频可能有相似的故事梗概，整体架构也相差无几，但由于对细节处理不同，最后的短视频作品给人的印象完全不同。

细节可以加强观众的代入感，调动观众的情绪，人物形象也会变得更加丰满、立体。例如，在人物设定方面，人物的台词要简单明了，能够体现人物性格和情节发展即可，如果台词过长，就会让观众听起来非常吃力。除了台词，相应的动作和表情也会帮助观众体会人物的状态和心理。在场景设定方面，场景一定要与剧情相吻合，且不能使用过多场景，达到渲染故事情节和主题的目的即可。

第 5 章

短视频拍摄：轻松拍出炫酷短视频

合适的拍摄设备、正确的拍摄方法是拍好短视频的基础，否则再好的创意也无法完美地进行呈现。本章将介绍拍摄短视频所需的设备，以及如何使用手机和单反相机进行短视频的拍摄。

5.1 设备准备，为拍摄提供必要的硬件支持

在拍摄短视频时，我们可以选择的设备有很多，最常用的设备包括智能手机、单反相机、摄像机、航拍无人机，以及一些辅助设备等。

5.1.1 常用的拍摄设备

目前，常用的视频拍摄设备有智能手机、单反相机、摄像机及航拍无人机等。在选择拍摄设备时，可以根据器材功能或者要拍摄的视频题材进行选择。

1. 智能手机

随着智能手机的广泛普及和短视频投放平台的日趋完善，短视频创作者直接用手机就能拍摄短视频，并上传至短视频平台，而且很多短视频平台都内置短视频拍摄、剪辑等功能，大大降低了短视频制作的门槛。

用智能手机拍摄短视频主要有 3 个优点：轻便、方便携带；操作简单，新手也能很快学会；直接分享，便于形成互动。

当然，用手机拍摄短视频也存在一些缺点，例如摄像头清晰度不足，简单的人像拍摄还说得过去，但对于复杂的场景就可能拍得不够清晰。又如，手机中的防抖功能稍差，甚至很多手机没有该功能，以致在拍摄短视频时出现画面抖动。

2. 单反相机

单反相机，即数码单镜反光相机（DSLR），是一种专业级别的拍摄设备，如图 5-1 所示。其主要特征为单镜头，可以更换；具有可动的反光板结构；有五棱镜；通过光学取景器取景。

使用单反相机拍短视频的常见模式包括快门优先（S）、光圈优先（A）和全手动模式（M），这 3 种模式都需要由拍摄者来操控，适用于有摄影基础的人员及专业摄影人员，拍摄出来的照片或视频都属于专业水平。

图 5-1 单反相机

3. 摄像机

在拍摄电视节目时都会用到摄像机，这是因为用摄像机拍摄的短视频在视频效果上很出色。如果需要制作精良的短视频，就必须使用摄像机，如图 5-2 所示。需要注意的是，这里所说的摄像机是指业务级摄像机，而不是家用 DV 摄像机。在使用摄像机拍摄短视频时，需要用到的配件也很多，如摄像机电源、摄像机电缆、摄影灯、彩色监视器和三脚架等。

4. 航拍无人机

出于拍摄的需要，在某些场景中需要使用航拍无人机进行拍摄。从高空俯拍一些广阔的场景就需要用到航拍无人机，如图 5-3 所示。

图 5-2 摄像机

图 5-3 航拍无人机

5.1.2 常用的拍摄辅助设备

要想拍摄出具有专业水准的短视频作品，还需要借助一些辅助设备来实现拍摄目的。常用的短视频拍摄辅助设备包括稳定设备、录音设备、照明设备、摄影棚等。

1. 稳定设备

在拍摄短视频时，首先要解决画面稳定的问题，这就需要用到稳定设备，主要有三脚架、轨道车、手持稳定器等。

（1）三脚架

在进行短视频拍摄时，最好选用摄像机三脚架，如图 5-4 所示。摄像机三脚架和摄影三脚架是有差别的，其材质更轻，在使用时会更稳，配合摄像机云台，可以完成一些诸如推、拉、升、降镜头的动作，从而提升视频画质，更好地完成拍摄任务。

拍摄者可以根据不同的拍摄场景来选择三脚架，若为街拍，则可以选用重量轻、体积小、收缩长度较短的三脚架；若拍摄场景是室内或影棚，则要把三脚架的稳定性放在第一位；在风景旅游拍摄场景中，应选择重量适中的三脚架，因为三脚架过重不易于携带，过轻则容易产生摇晃。对于不同的题材、不同的拍摄需求，需要选择的三脚架类型和搭配的配件也不同。

（2）轨道车

在拍摄外景与动态场景时，经常会用到轨道车。轨道车的种类有很多，如非载人电动轨道车（见图 5-5）、便携式载人轨道车、匀速电动轨道车及脚踏电动轨道车等。

图 5-4　摄像机三脚架

图 5-5　轨道车

（3）手持稳定器

手持稳定器不仅可以防止手抖带来的画面抖动，还具有精准的目标跟踪拍摄功能，能够跟踪锁定人脸及其他目标拍摄对象，让动态画面的每一个镜头都流畅、清晰。另外，手持稳定器还支持全景拍摄和延时拍摄等，能够满足拍摄者对视频拍摄的专业需求，如图 5-6 所示。

手持稳定器适用于很多拍摄场景，如动感的运动拍摄、唯美的 MV 拍摄以及日常的旅拍等。正确地使用稳定器不仅能让稳定器的优势发挥到最大，还可以让用户从中掌握视频拍摄镜头的运用，让短视频的拍摄质量上升一个档次。

2. 录音设备

除非计划后期要进行消声、配音或者重新制作音轨，否则在拍摄短视频时现场的收声是很重要的，因为声音也是视频的重要组成部分。无论是用手机拍摄，还是用单反相机拍摄，要想提高收声质量，最简单的办法就是添加指向性麦克风，如图 5-7 所示。这种麦克风只会收录麦克风所指方向的声音，会在一定程度上削弱环境音的收录效果，从而提高人声的收声质量。

图 5-6 手持稳定器

图 5-7 指向性麦克风

3. 照明设备

如果在室内拍摄短视频，为了保证拍摄效果，就需要配备必要的灯光照明设备进行补光，如图 5-8 所示。常用的灯具包括冷光灯、LED 灯、散光灯等，其中散光灯常用作顶灯、正面照射或者打亮背景。在使用照明设备时，还需要配备一些相应的照明附件，如柔光板、柔光箱、反光板、方格栅、长嘴灯罩、滤镜、旗板、调光器和色板等。

图 5-8 补光灯

室外视频拍摄一般利用自然光进行拍摄，或者采用“自然光+补光”的方式进行拍摄。利用自然光拍摄，可以使拍摄出来的视频效果更加真实，看起来会更加自然。

4. 摄影棚

摄影棚的搭建是短视频前期拍摄准备中成本支出最高的一部分，它对于专业的短视频拍摄团队是必不可少的，如图 5-9 所示。

要想搭建一个摄影棚，首先需要较大的工作室，面积 20~30 平方米，高度最好 3 米左右。这个面积是为了可以对一个 3 米宽的标准背景布进行各方位补光，并且给摄像师足够的空间后退到足够远的地方进行拍摄。

如果需要同期录音，那么摄影棚还要满足一定的隔音要求，棚内噪声必须低于 35 分贝。同时还要求混响时间较短，以提高语言录音的清晰度，并使其有可能再现室外的音响效果。

为了排除棚内照明等设备产生的热量和拍摄中使用烟雾时所产生的烟气，摄影棚还要设有通风排气设备，通风管道内应配有消声器，以减少来自通风机房的噪声。

图 5-9　摄影棚

摄影棚内的装修设计必须依照视频的拍摄主题来进行，最大限度地利用有限的场地。道具的安排也要紧凑，以避免空间上的浪费。由于拍摄场景不是一成不变的，这就要求摄影棚在场景设计上一定要灵活，以保证在视频拍摄过程中可以随时改变场景。

5.2　轻松上手，用手机也能拍出高质量短视频

现在智能手机的拍摄功能已经十分强大，使用手机也能轻松地拍摄出精彩的短视频作品。下面将分别介绍如何使用苹果手机和安卓手机拍摄高质量的短视频。

5.2.1 手机拍摄短视频的七大要点

使用手机拍摄短视频时，要想获得比较理想的拍摄效果，在进行拍摄时需要注意以下七大要点。

1. 良好的光线

由于智能手机具有较小的图像传感器和镜头，光线对使用手机拍短视频来讲非常重要。在用手机拍摄短视频时，尽可能在明亮的区域进行拍摄，这样有助于避免视频画面中不必要的阴影和噪点。注意：不要将手机镜头直接对准明亮的光源，否则会导致无法曝光或曝光过度及镜头眩光的情况出现。此外，使用照明设备补光时，尽量保证光线的持续和稳定。

2. 画面稳定

如果不希望拍摄的短视频因抖动而导致画面变形、模糊及产生其他影响等，最好的办法就是在拍摄过程中保持手机的稳定。在拍摄短视频时，尽可能用双手将手机靠近身体，或者借助其他方法使手机保持稳定，例如，借助三脚架或稳定器进行拍摄，或者将手机放在其他物理支架（如桌子、椅子、架子等）上。

3. 合理构图

镜头画面的美感是判断短视频作品是否优质的关键。一个好的镜头画面既要有景，也要有物，还要富有层次感，通过对视频画面进行合理的构图可以将它们更好地融入一个镜头画面中。

短视频拍摄的构图规则与静态摄影的构图规则十分类似，不仅要突出被摄主体的位置，还要讲究整体画面的协调性，强调画面中各种物体之间的内在联系。拍摄短视频常用的构图方式包括黄金分割构图、三角形构图、框架构图、S 形构图等。

4. 多景别/角度拍摄

在拍摄短视频时，景别和角度不宜过于单一，同一事件、同一人物、同一场景一定要进行多角度、多景别的拍摄，才可以使视频呈现更加动人，在后期编辑的时候，才会有更丰富的镜头，不会让观众有视觉疲劳。

5. 运镜与转场的结合

转场效果对短视频画面的切换很关键，恰当的转场会让视频看起来非常自然，让观看者感觉到舒适，要在不经意间让画面自然而然地转场，而不是在后期刻意地添加转场特效。通过一些前期的手机拍摄运镜技巧，可以制作出流畅的衔接转场效果，如前景遮挡转场、同方向转场、上下翻动镜头转场、甩动镜头转场、旋转镜头转场等。

6. 尽可能接近拍摄主体

大多数的智能手机使用数码变焦而非光学变焦，所以保持更近的物理距离可以确保更好的成像质量、更少的数字噪点，以及更好的视频对焦。如果需要对拍摄主体进行微距特写拍摄，那么可以为手机配置夹式的微距镜头。

7. 充分的拍前准备

在开始拍摄短视频之前，要确保准备好所有的装备、道具、剧本、演员、拍摄脚本，以及作为演员的排练和场地联络等。此外，也要确保手机处于良好的状态，及时清理内存和缓存，保证有足够的可用空间来存储素材，充足的电源也是不可缺少的装备。

5.2.2 使用苹果手机拍摄短视频

苹果手机的视频录制功能采用优秀的处理器算法，不仅可以录制 4K 高清视频，还可以录制 240 fps 的慢动作视频，还可以很方便地拍摄延时摄影视频。下面将介绍使用苹果手机拍摄短视频的方法。

1. 设置相机并录制视频

在使用苹果手机拍摄短视频之前，需要先对“相机”应用进行录制设置，具体操作方法如下。

Step01 在手机屏幕上点击“设置”按钮，进入“设置”界面，点击“相机”选项，如图 5-10 所示。

Step02 进入“相机”界面，打开“网格”选项，这样可以在拍摄界面中显示九宫格来辅助构图，然后点击“录制视频”选项，如图 5-11 所示。

Step03 在打开的界面中选择所需的帧速率和视频分辨率，如图 5-12 所示。在“相机”界面中点击“录制慢动作视频”选项，还可以设置录制慢动作的帧速率。

2. 调整曝光

对于曝光值的调整，苹果手机相机提供了非常便捷的调试方式，具体操作方法如下。

Step01 打开手机相机，左右滑动拍摄界面，切换到“视频”选项。在拍摄画面中点击拍摄主体，相机会自动测光，并自动调整对焦和曝光，如图 5-13 所示。

Step02 在复杂的拍摄环境下，手机相机的自动识别功能会受到拍摄环境的影响而造成画面不稳定，可能出现反复识别、实焦虚焦连续变换、不同主体连续曝光的情况，此时需要将焦点和曝光锁定进行拍摄。在拍摄界面中轻点想要聚焦到的对象或区域，然后触碰并按住对焦框，直到矩形跳动，显示“自动曝光/自动对焦锁定”字样，如图 5-14 所示。

Step03 拖动对焦框旁边的☀图标，手动调整曝光，如图 5-15 所示。点击“录制”按钮◉，开始录制视频。在录制过程中，点击白色快门按钮◎，可以快速拍摄静态照片。在屏幕上两指捏合或拉伸，可以对拍摄画面进行缩放。

图 5-10 点击“相机”选项

图 5-11 点击“录制视频”选项

图 5-12 设置录制参数

图 5-13 自动测光

图 5-14 锁定自动曝光和对焦

图 5-15 调整曝光

3. 慢动作拍摄

慢动作拍摄通常用于拍摄速度正常或者速度很快的动作，目的是把这些动作变慢，呈现出平时肉眼看不到的效果。下面将介绍如何使用苹果手机拍摄慢动作视频，具体操作方法如下。

Step 01 打开手机相机拍摄界面，在下方选择“慢动作”选项，锁定曝光和对焦，如图 5-16 所示。点击下方的“录制”按钮，开始进行录制。

Step 02 录制完成后，在手机相册中打开短视频，可以看到其以慢动作的方式进行播放，然后点击右上方的“编辑”，如图 5-17 所示。

Step 03 进入视频编辑界面，拖动视频条两端的滑块可以修剪视频，如图 5-18 所示。

图 5-16 选择“慢动作”选项并开始录制

图 5-17 点击“编辑”

图 5-18 修剪视频

Step 04 在下方可以看到密集排列的小竖线，密集的区域为正常速度，稀疏的区域为慢动作的范围。拖动慢动作范围两侧的滑块，调整慢动作范围，如图 5-19 所示。

Step 05 在下方点击按钮，在打开的选项中可以对视频进行曝光、高光、阴影、对比度、亮度、黑点、饱和度、自然饱和度、色温、锐度、清晰度等参数的调整。点击“自动”按钮，可以自动改善视频的曝光、对比度和饱和度等，拖动下方的滑块可以调整强度，如图 5-20 所示。

Step 06 点击“锐度”按钮，拖动下方的滑块对锐度强度进行调整，如图 5-21 所示。轻点效果按钮，可以查看应用该效果前后的画面变化；在视频画面中点击，则可以对比原片效果。

图 5-19 调整慢动作范围

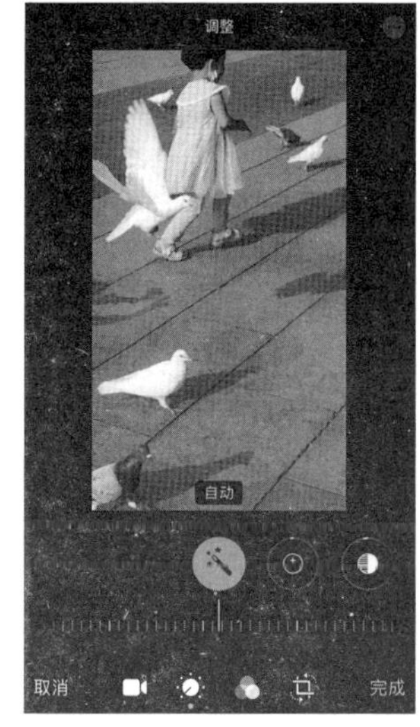

图 5-20 自动调整视频画质

图 5-21 调整锐度强度

Step07 在下方点击“滤镜”按钮，选择要应用的滤镜效果，拖动下方的滑块可以调整强度，如图 5-22 所示。

Step08 在下方点击“裁剪”按钮，点击右上方的按钮，在打开的选项中可以将视频裁剪为标准的预设比例，如图 5-23 所示。在进行裁剪操作时，可以双指拉伸、捏合画面或拖动画面调整要裁剪的位置。

Step09 视频剪辑完成后，点击右下方的“完成”按钮，在弹出的选项中点击“将视频存储为新剪辑”选项，如图 5-24 所示。

图 5-22 应用滤镜

图 5-23 裁剪视频

图 5-24 保存视频

4. 延时摄影拍摄

延时摄影，又称缩时摄影、缩时录影，是一种将时间压缩的拍摄技术，拍摄的是一组照片或视频，在后期通过照片串联或视频抽帧，把几分钟、几小时甚至几天、几年的画面压缩在一个较短的时间内以视频的方式播放。

现在的智能手机一般都有延时摄影功能。使用手机进行延时摄影拍摄时，需要进行以下准备。

（1）为了保证拍摄画面的稳定，需要使用三脚架固定手机。

（2）因为延时摄影需要较长时间的拍摄，所以要保证手机电量和存储空间充足。

（3）打开手机的飞行模式和勿扰模式，防止来电和消息干扰，如图 5-25 所示。

（4）打开手机相机，在下方选择“延时摄影”选项，在拍摄画面中锁定曝光和对焦，如图 5-26 所示。

图 5-25　开启飞行模式和勿扰模式

图 5-26　锁定曝光和对焦

（5）选择动静结合的拍摄场景，如人来车往、云彩走动、云开雾散、光影变化、日出日落、花朵开放等，一切变化的场景都可以用延时摄影的形式拍摄。准备就绪后，点击“拍摄”按钮■，即可进行拍摄。

5.2.3　使用安卓手机拍摄短视频

安卓手机的主流品牌是华为、OPPO、vivo 和小米等，每个品牌的手机相机功能各有不同。下面以华为手机为例，介绍如何使用安卓手机拍摄短视频。

1. 使用相机录制视频

使用华为手机相机进行视频录制的具体操作方法如下。

Step01 打开手机相机，进入拍摄界面，在下方选择“录像”选项，切换到录像模式。在屏幕上点击拍摄主体，即可进行自动对焦和曝光，然后点击“美颜”按钮，如图 5-27 所示。

Step02 拖动滑块调整美颜级别为“0”，然后点击右上方的“设置”按钮，如图 5-28 所示。

Step03 进入相机设置界面，打开“参考线”选项，点击“分辨率”选项，如图 5-29 所示。

图 5-27 自动对焦和曝光

图 5-28 关闭美颜

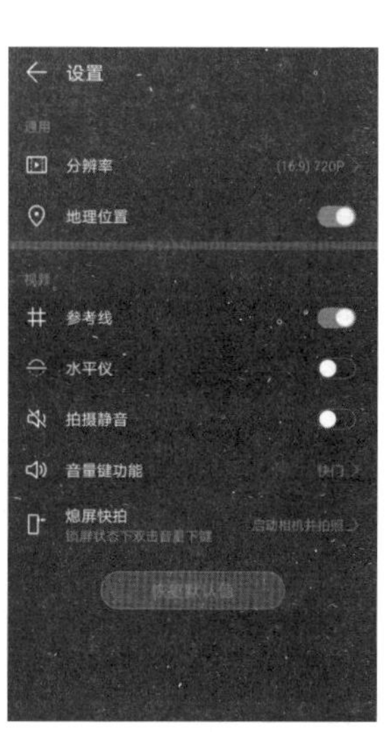

图 5-29 点击“分辨率”选项

Step04 在打开的界面中选择所需的视频分辨率，然后点击左上方的“返回”按钮，如图 5-30 所示。

Step05 返回拍摄界面，点击拍摄主体并长按对焦框，锁定曝光和对焦，如图 5-31 所示。点击下方的“录制”按钮，开始录制视频。

Step06 在拍摄界面上方点击“滤镜”按钮，然后选择所需的滤镜，为拍摄的视频应用滤镜效果，如图 5-32 所示。

2. 使用大光圈模式录制视频

使用大光圈模式录制视频，可以虚化背景，突出拍摄主体，具体操作方法如下。

Step 01 打开手机相机，在下方选择“大光圈”选项，切换到“大光圈”拍摄模式，在下方点击“录像”按钮，如图 5-33 所示。

Step 02 切换到录像模式，点击“光圈”按钮，拖动滑块调整光圈值，光圈越小，背景就越模糊，如图 5-34 所示。

Step 03 光圈调整完成后，点击下方的“录制”按钮，开始录制视频，如图 5-35 所示。在录制过程中，可以点击屏幕重新对焦被摄对象。

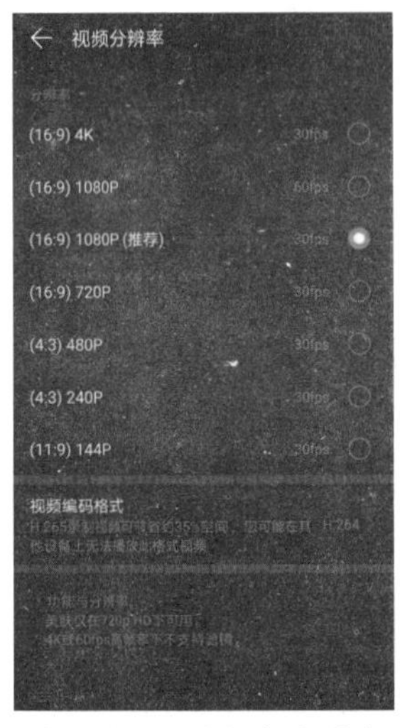

图 5-30 设置视频分辨率

图 5-31 锁定曝光和对焦

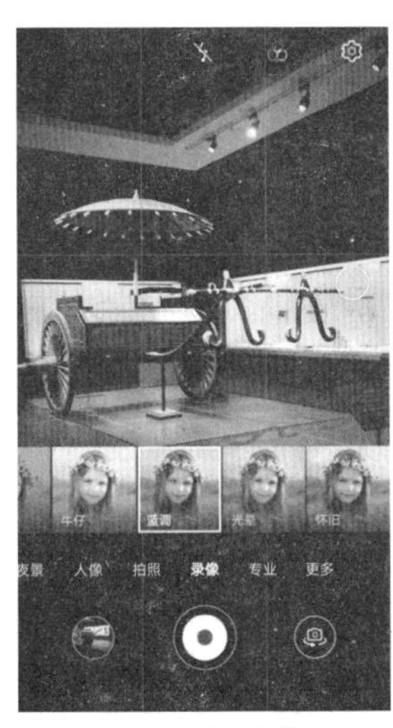

图 5-32 选择滤镜效果

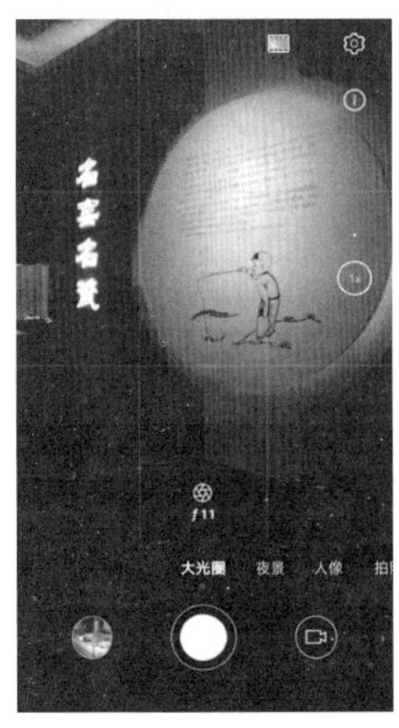

图 5-33 点击“录像”按钮

图 5-34 调整光圈大小

图 5-35 录制视频

3. 使用专业模式

使用华为手机相机的专业模式录像，可以手动设置测光、ISO、曝光补偿、对焦方式、白平衡等参数，具体操作方法如下。

Step01 打开手机相机，在下方选择“专业”选项，切换到专业模式。点击“录像”按钮，切换到录像模式。点击“测光方式”按钮，在打开的选项中可以选择矩阵、中央重点和点测光方式，如图 5-36 所示。

Step02 点击 ISO 按钮，在打开的选项中拖动滑块调整感光度，如图 5-37 所示。

Step03 点击“曝光补偿”按钮，在打开的选项中拖动滑块增加或减少曝光，如图 5-38 所示。调整完成后，长按“曝光补偿”按钮可以锁定曝光。

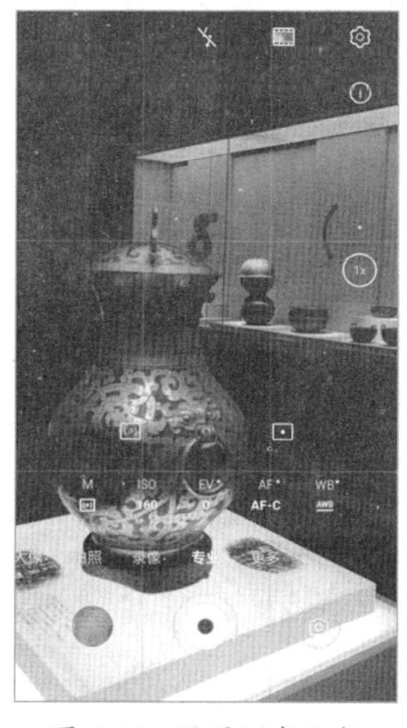

图 5-36 设置测光方式

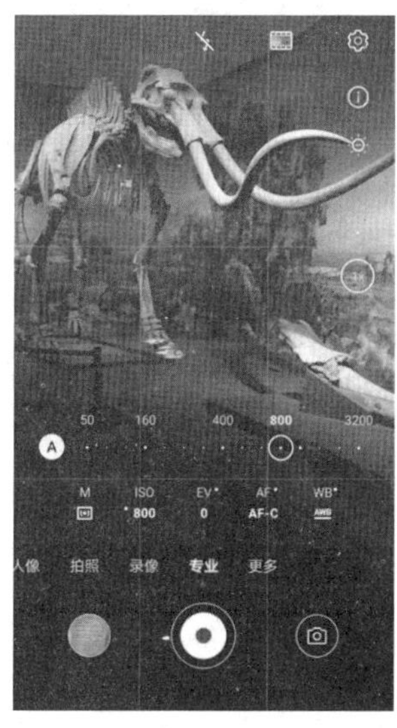

图 5-37 调整感光度

图 5-38 调整曝光补偿

Step04 点击“对焦方式”按钮，在打开的选项中可以选择单次自动对焦（AF-S）、连续自动对焦（AF-C）和手动对焦方式（MF），长按按钮可以锁定焦点，如图 5-39 所示。

Step05 点击“白平衡”按钮，在打开的选项中选择白平衡模式，如图 5-40 所示。

Step06 选择模式，拖动滑块手动调整色温 K 值，如图 5-41 所示。设置完成后，点击“录制”按钮，开始录制视频。

4. 慢动作拍摄

使用华为手机拍摄慢动作视频的具体操作方法如下。

Step01 打开手机相机，在下方选择“更多”选项，在打开的界面中点击“慢动作”按钮，如图 5-42 所示。

Step02 点击右侧的按钮，选择慢动作帧率，在此选择 4 倍慢动作帧率，如图 5-43 所示。

Step03 将运动的物体置于拍摄画面中，然后点击下方的“录制”按钮，开始录制慢动作视频，如图 5-44 所示。

图 5-39　设置对焦方式

图 5-40　设置白平衡

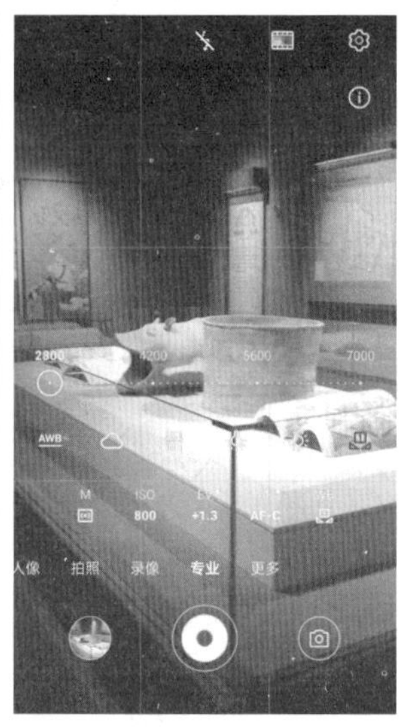

图 5-41　手动调整色温

图 5-42　点击“慢动作”按钮

图 5-43　选择慢动作帧率

图 5-44　查看慢动作视频

Step04 录制完成后，打开手机相册，找到录制的视频，然后点击播放按钮，如图 5-45 所示。

Step05 开始播放慢动作视频，在视频条上拖动慢动作范围两侧的调整柄，调整慢动作的时间范围，然后点击右上方的按钮，如图 5-46 所示。

Step 06 在打开的界面中选择“慢动作另存”选项，即可保存慢动作视频，如图 5-47 所示。

图 5-45　点击播放按钮

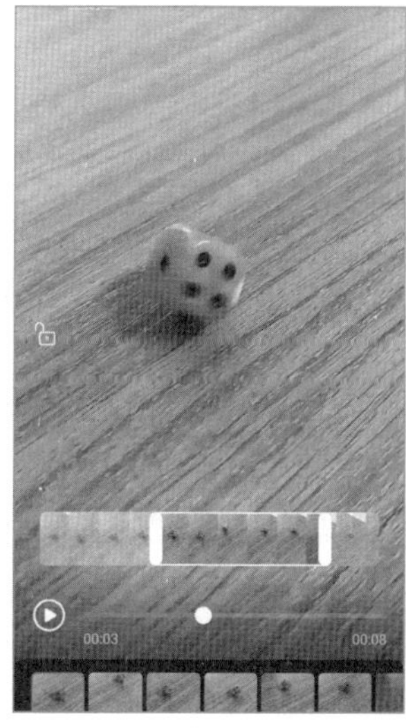

图 5-46　调整慢动作时间范围

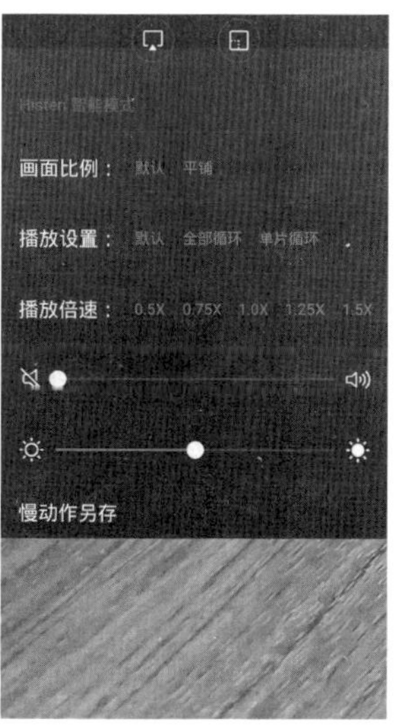

图 5-47　点击“慢动作另存”

5.3　专业技法，用单反相机拍摄高质感短视频

随着短视频越来越火爆，使用手机拍摄短视频已经无法满足很多专业创作人员的需求，使用单反相机拍摄短视频逐渐成为一种趋势。下面将介绍用单反相机拍摄短视频的优势与基础设置。

5.3.1　使用单反相机拍摄短视频的优势

单反相机不仅可以用来摄影，其视频拍摄功能也是很强大的。与手机相比，在拍摄短视频方面单反相机有着不可低估的优势。

（1）感光元件大。目前主流的数码单反和微单的感光元件要比手机的感光元件大很多，更大的感光元件意味着更高的像素采样，更广的动态范围，以及更好的感光能力。感光元件决定着画面的质量，这是单反相机在成像上的一个主要优势。使用单反相机能够拍摄出更生动、更细腻的视频画面，高光下和背光处的细节都能如实地反映出来，使画面更加具有观赏性。

（2）丰富的镜头群。相对于使用手机拍短视频，使用单反相机拍摄短视频的另一个优势就是镜头可拆卸、可更换，选择不同焦段的镜头可以拍摄出不同的画面景别、景深及透视关系。例如，使用长焦镜头能够拍摄更远的画面，而使用广角镜头则能拍摄更广的画面。还有一些微距镜头和远摄镜头，能够带给人们不同的视觉感受。丰富的镜头群能够为短视频拍摄带来丰富的镜头画面。图 5-48 所示为佳能单反相机的镜头群。

图 5-48　佳能单反相机的镜头群

（3）背景虚化效果强。单反相机的镜头光圈可以给画面带来不同的景深效果，也就是背景虚化。光圈越大，背景虚化效果就越强，拍摄主体也就越突出。虽然目前很多手机也提供了一些大光圈的摄像头来实现背景虚化效果，但其虚化效果与专业的单反镜头相比还有很大的差距。

（4）色彩表现力强。与使用手机拍摄短视频相比，单反相机在色彩控制上表现得更为优秀，使用单反相机拍摄短视频不仅画面细腻，而且色彩逼真。

但是，使用单反相机拍摄短视频也存在一些短板。例如，不如手机携带方便，自动追焦不是很理想，无法长时间连续拍摄短视频等。

5.3.2　使用单反相机拍摄短视频的基础设置

使用单反相机拍摄短视频其实很简单，用自动挡配合出色的自动对焦系统，就可以拍摄出不俗的短视频作品。但是，要想拍摄出更加专业的视频效果，还需要掌握一些关键要点，有时还需要为单反相机配置一些额外的附件。

1. 视频格式与尺寸设置

这一步设置对用单反相机拍摄短视频十分重要，有很多没有经验的新手经常一拿起相机就开始拍摄，拍完以后才发现拍摄出的视频尺寸不对，然而可能已经没有重新拍摄的机会了，这会给后期处理造成很多不必要的麻烦和问题。

不同的单反相机支持拍摄短视频的质量是有所差别的，这主要体现在视频的尺寸上，也就是我们常说的清晰度。就目前而言，佳能旗下所有支持视频拍摄的单反相机均支持拍摄 1920×1080、30 fps 的全高清视频（NTSC 制式），而其他品牌的单反相机大部分支持拍摄 1280×720、30 fps 的高清视频。在没有特殊要求的情况下，一般选择录制 1920×1080、25 fps MOV 格式的高清视频，如图 5-49 所示。

2. 手动曝光模式设置

使用单反相机拍摄短视频时，建议选择手动模式进行拍摄，也就是使用相机拨轮上的 M 挡，如图 5-50 所示。通过使用手动曝光模式，可以准确地设定相机的拍摄参数，无论是快门、光圈，还是 ISO，都能直接通过相机的参数进行设定，从而精确地控制画面的曝光成像。

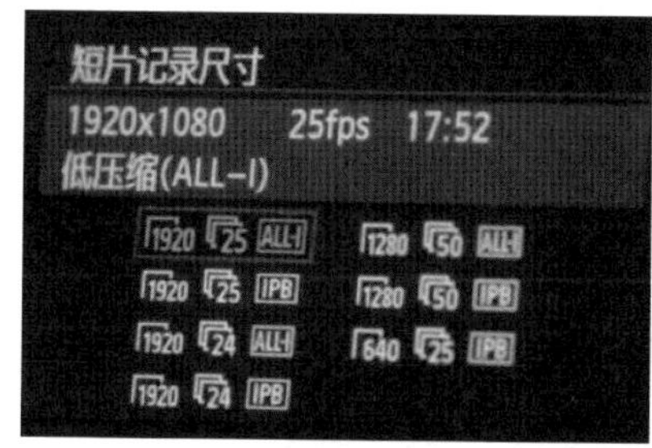

图 5-49 视频格式和尺寸设置

图 5-50 把相机拨轮调到 M 挡

3. 感光度设置

感光度 ISO 是可以协助控制画面亮度的一个变量，在光线充足的情况下，感光度设置得越低越好，如图 5-51 所示。即使在比较暗的光线环境下，感光度也不要设置得太高，因为过高的感光度会导致画面中产生噪点，以致影响画质。特别是当感光度大于 2 000 以后，在相机屏幕上会看到很多噪点，会严重影响视频画质。

4. 快门速度设置

用单反相机拍摄短视频需要将快门速度设置为某个恒定的值，以拍摄每秒 25 帧的视频为例，设置的安全快门速度就是 1/50，如图 5-52 所示。设置的规则是，快门速度是视频帧数两倍的倒数。若使用 1/25 的快门速度，则拍摄的运动视频画面就会有拖影；若使用 1/100 的快门速度，则拍摄的每一帧画面都是定格清晰的，没有适当的动态模糊。

图 5-51　感光度设置

图 5-52　快门速度设置

5. 光圈大小设置

使用单反相机拍摄照片时，光圈越大，景深越小，背景虚化效果越强；光圈越小，景深越大，背景虚化效果越弱。在拍摄短视频时，同样如此，通过调节光圈的参数，能够使短视频画面达到不同的景深效果，如图 5-53 所示。

此外，光圈的大小还会影响拍摄画面的亮度。当光圈过小时会使画面变得很暗，这时就需要与 ISO 感光度配合使用。需要注意的是，光圈值是用倒数表示的，数值越大，光圈越小。例如，f2 是大光圈，f22 是小光圈。

图 5-53　虚化背景效果

6. 使用手动对焦

单反相机在自动对焦方面的性能相对较弱，尤其是在拍摄反差较小的场景时，可能会出现对不上焦的情况。如果拍摄的主体后方有一块反差很大的地方，使用相机的自动对焦功能就会对焦到反差大的地方，或者出现反复对焦的情况，这样对拍摄短视频来说会带来不必要的麻烦。因此，可以将相机镜头的对焦模式切换到手动对焦模式，如图 5-54 所示。

7. 白平衡设置

在不同的环境光源下，色温是不一样的，而色温会影响环境光源下物体的颜色。例如，把一张白色的卡纸放置在烛光下，它会变为黄色；在蓝色的光源下，卡纸会呈现为浅蓝色。而要想将卡纸还原为其本来的颜色，就需要调节白平衡，即在任何光源下都能将卡纸还原为白色。

若拍摄短视频的环境有较多的变化，则使用单反相机的自动白平衡功能会导致所拍摄的各个视频片段画面颜色不一。因此，在使用单反相机拍摄短视频时，需要手动调节色温值（K 值），如图 5-55 所示。

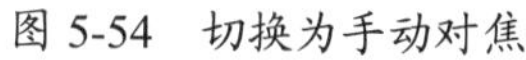
图 5-54　切换为手动对焦

图 5-55　白平衡设置

色温控制着画面的色调冷暖，色温值越高，画面颜色越偏黄色；色温值越低，画面颜色越偏蓝色。在调节白平衡时，应向与环境色温相反的方向调节，而不是调节为环境的色温。由于黄色和蓝色为对立色，若环境色温偏蓝，则单反相机的白平衡就加黄色；若环境色温偏黄，则单反相机的白平衡就加蓝色。假如环境中的色温为 2 600K，那么单反相机白平衡就要调节到 7 400K 左右，这样才能使物体原有的颜色表现出来。

8．保持画面稳定

使用单反相机拍摄短视频一般需要借助三脚架或者手持稳定云台来获得清晰、稳定的画面效果。在使用稳定器时，通过稳定器的跟焦、变焦功能可以精准地捕捉拍摄主体的焦点。通过对稳定器进行调平设置，可以使拍摄画面保持水平。

如果想手持单反相机拍摄短视频，那么应尽量选择支持 IS 光学防抖的镜头搭配使用，并且建议使用广角镜头来拍摄，因为小的抖动对广角镜头来说不会太明显。此外，在进行移动拍摄时，拍摄者的上半身要保持笔直，并保证持相机的双手紧贴身体，腿部弯曲做半蹲状态，然后缓慢移动，避免身体上下起伏、左右摇晃。

第 6 章

后期制作：精心剪辑瞬间提升短视频格调

在短视频创作中，前期拍摄的视频素材只有经过后期编辑，并添加音乐、文字、特效等，才能成为优质的短视频作品。本章将详细介绍短视频剪辑语法，并使用剪映 App 和“爱剪辑”软件剪辑短视频。

6.1 遵循剪辑语法，合理组合镜头进行场面构建

在对拍摄的短视频进行后期编辑时，需要创作者根据镜头组接规律和画面转场技巧对镜头进行合理的组合，构建流畅的视频画面。

6.1.1 合理流畅，符合镜头组接规律

镜头组接，就是将一个个镜头画面组合连接起来，成为一个整体。要想使镜头组接合理、流畅，应当遵循以下组接方法。

1. 确定剪接点

剪接点就是两个镜头之间的转换点，根据不同的剪辑依据，可以将剪接点分为以下几类。

- 叙事剪接点：以看清画面内容所需的时间长度为依据确定剪接点，确保叙事的完整与流畅。
- 动作剪接点：以画面的运动过程（包括人物动作、摄像机动作、景物活动等）为依据，结合实际生活规律来连接镜头，使内容和主体动作的衔接自然、流畅。
- 情绪剪接点：以心理活动和内在的情绪变化为依据，使思想或情绪的演变顺畅、自然，并进一步激发观众的共鸣。
- 节奏剪接点：根据运动、情绪、事物发展过程的节奏，结合镜头的造型特征，通过镜头连接点的处理来体现快、慢、动、静的对比。
- 声音剪接点：指利用音乐、音响、解说词、对白等与画面的配合来处理镜头的衔接。例如，利用解说词承上启下、贯穿上下镜头的意义，利用声音过渡的和谐性自然转换到下一画面。

2. 景别的衔接

景别常用的变化方式包括逐步式和跳跃式。

- 逐步式：采用递进形式的景别变化方式，又分为远离式和接近式两种。远离式是从特写到近景，然后到中景，再到全景，最后到远景。接近式是从远景到全景，然后到中景，再到近景，最后到特写。
- 跳跃式：分为小跳跃和大跳跃。小跳跃是从远景到中景，再到特写。大跳跃是直接从远景到近景。

在设计景别衔接时，同一主体（或相似主体）在角度变化不大的情况下，

前后景别若变化太小或太大会产生强烈的跳跃感，通过插入其他镜头，或者改变角度、景别，可以弱化这种结果，避免同一主体前后镜头的相似景别连接或者景别差别过大。

3. 运动镜头的组接

根据画面主体的运动状态组接镜头的规律如下。

（1）静接静。注意通过画面的空间关系、逻辑关系、造型特征等连接镜头。

（2）动接动。上一个镜头的落幅与下一个镜头的起幅相接，使画面组接平稳、流畅。运动方向相似或一致时，可以去掉落幅和起幅，给人一种动作连贯流程的感觉。在表现两个镜头之间的对应、呼应、环境杂乱等内容时，可以把两个运动方向相反的镜头组接在一起。

（3）运动主体接静止主体。以前一镜头中主体运动中的停顿处为剪接点，或者某一动作全部完成后，再与静止的主体连接。

（4）静止主体接运动主体。选择后一镜头中主体动作即将开始的瞬间为剪接点。

根据摄影机的运动组接镜头的规律如下。

（1）固定镜头接固定镜头。

（2）运动镜头接运动镜头。

- 前后两个镜头的运动方向一致或相近：直接在运动过程中切换镜头。
- 前后两个镜头的运动方向相反：将上一个镜头的落幅与下一个镜头的起幅连接。
- 表现混乱的环境或两个主体间的对立、呼应、面对面奔跑等关系：运用交叉运动的组接方法，将两个运动方向相反的镜头组接在一起。

（3）运动镜头与固定镜头相接。

“静接动”和“动接静”大多用于情绪节奏有较大变化的地方，只有利用主体运动的动势和情绪节奏的作用，才能使镜头保持流畅、统一。

4. 遵循轴线规律

在人物活动有多种方向或人物进行来回运动时，要有一个轴线主导，以保证主体方向和位置的统一匹配。这里所说的轴线是指拍摄对象的视线方向、运动方向，以及不同对象之间的关系所形成的一条假想的直线或曲线。

拍摄短视频时，不论拍摄多少镜头，摄像机的机位和角度如何变化，镜头运动如何复杂，都要遵循这一规律，否则就是越轴，越轴很容易让人产生空间错乱的感觉。剪辑短视频时，也要遵循轴线规律，这样才符合人们的视觉感受。

例如，在进行两个人对话镜头的剪辑组合时，画面左侧的人物在另一个镜头中也应该出现在左侧。同样，画面右侧的人物在下一个镜头中也应该出现在右侧。如果想安排越轴镜头，就需要插入过渡镜头，如通过移动镜头，机位“移过”轴线；利用拍摄对象动作路线的改变，在同一镜头内引起的轴线变化，形成越轴过渡；利用中性镜头或插入两个越轴镜头，缓和给观众造成的视觉上的跳跃等。

6.1.2 巧用转场，让画面衔接更流畅

转场是影视术语，“转”代表转换，“场”代表场景，所以转场就是指场景转换或时空转换。在短视频创作中，利用合理的转场手法和技巧，既能满足观众的视觉心理，保证视觉的连贯性，又能达到使视频具有明确的段落变化和层次分明的效果的目的。

短视频上、下镜头之间的转场主要有以下几种。

1. 淡入淡出转场

淡入就是从黑场慢慢叠化出画面，淡出则是从画面慢慢叠化到黑场。这两种效果大多应用在短视频的开始和结尾处，淡入是为即将到来的短视频内容做准备，淡出则是为了给观众喘息的空间来吸收短视频前面所表现的情感。

淡出与淡入画面的长度，一般各为 2 秒，但实际编辑操作时，应根据短视频的情节、情绪和节奏的要求来决定。有些短视频中淡出与淡入之间还有一段黑场，给人一种间歇感，起到中断观看者思路，让观看者陷入思考的作用。

2. 叠化转场

叠化效果是一种很常用的视频转场效果，就是从上一个镜头渐渐叠化淡入下一个镜头。在叠化转场时，前后两个镜头会有几秒的重叠，这几秒的重叠能够呈现柔和、舒缓的表现效果。快速叠化可以迅速地将观众带入下一个场景，而慢速叠化可以带给观众强烈的时间流逝感。

此外，当镜头质量不佳时，还可以借助叠化转场来掩盖镜头的缺陷，消除过渡的突兀感。

3. 相同主体转场

相同主体转场主要分为以下 3 类。

第一类是上、下两个相接镜头中的主体相同，通过主体的运动、主体的出画入画，或者摄像机跟随主体移动，从一个场合进入另一个场合，从而完成空间的转换。

第二类是上、下两个镜头之间的主体是同一类物体，但并不是同一个。假如上一个镜头主体是一只玻璃杯，下一个镜头的主体是一只另外一个主人公手里的保温杯，那么这两个镜头相接，可以实现时间或者空间的转换，也可以同时实现时空的转换。

第三类是利用上、下镜头中主体在外形上的相似完成转场的任务。例如，前一个镜头画面落在一轮月亮上，后一个镜头画面落在一个圆镜上，完成相似主体的转场。

4. 相似场景转场

相似场景转场是指镜头运动方向大体一致，镜头拍摄主体利用相似场景实现画面的自由衔接。例如表现时间流逝的画面，有些类似于延时摄影的效果，可以实现日夜画面的自然转换。

5. 遮挡转场

所谓遮挡镜头，就是镜头被画面内的某个形象暂时挡住。依据遮挡方式的不同，可以分为以下两类情形。

一类是主体迎面而来遮挡镜头，形成暂时的黑画面。主体挡黑通常能够在视觉上给人以较强的冲击，同时制造了视觉悬念，而且由于省略了过场戏，所以加快了画面的叙事节奏。

另一类是画面内的前景暂时挡住画面内的其他形象，成为覆盖画面的唯一形象，当画面形象被挡黑甚至被完全遮挡时，一般是镜头切换点，通常表示时间和地点的变化。

6. 运动转场

所谓运动转场，就是借助人物、动物或其他一些交通工具作为场景或时空转换的手段。这种转场方式大多强调前后段落的内在关联性，既可以通过摄像机的运动来完成地点的转换，也可以利用前后镜头中人物、交通工具等人或物的动势的可衔接性及动作的相似性作为场景或时空转换的手段。例如，前一镜头中人物走出家门，下一个镜头他已在大街上了。

7. 特写转场

特写转场指不论上一个镜头拍摄的是什么，下一个镜头都由特写开始。由于特写能集中人的注意力，因此即使上、下两个镜头的内容不相称，场面突然转换，观众也不至于感觉到太大的视觉跳动。

8. 景物镜头转场

景物镜头转场就是利用景物镜头作为两个大段落的间隔。景物镜头主要包括两类：一类是以景为主、物为陪衬，如群山、山村全景、田野、天空等，用这类镜头转场既可以展示不同的地理环境、景物风貌，又能表现时间和季节的变化。景物镜头又是借景抒情的重要手段，它可以弥补叙述性素材本身在情绪表达上的不足，为情绪抒发提供空间，同时又使高潮情绪得以缓和、平息，从而转入下一段落。

另一类是以物为主、景为陪衬的镜头。例如，在镜头前飞驰而过的火车、街道上的汽车以及诸如室内陈设、建筑雕塑等各种静物。

一般情况下，常以这些景物镜头挡住画面或特写状态作为转场时机。例如，前一个段落是一个刚毕业的大学生要去求职，正在准备他的简历，下一个段落他正在接受面试。之间的转场镜头可以是公交车在大街上驶过，他坐公交车去面试的地点，也可以是面试公司的大楼外景，接着是面试官向他提问问题等。

9．特效转场

除了前期的镜头拍摄转场，通过后期视频编辑软件的处理，可以在视频画面中以缩放、旋转、模糊、划像等特效实现转场。后期的转场处理会给画面带来一种神奇的魔幻效果。

10．定格转场

定格又称静帧，是对前一段落的结尾画面作静态处理，产生瞬间的视觉停顿，接着出现下一段落的画面，比较适合不同主题段落的转换。由于定格具有强调画面意义和能够给人带来视觉冲击的作用，因此其经常用于强化画面意义、制造悬念、表达主观感受、强调视觉冲击效果等。

11．多画屏分割转场

在屏幕上同时出现多幅同一影像或不同影像，构成多画屏，产生多空间并列、对比的艺术效果。它可以使发生在不同地点的相关事物同时出现，然后各自表述。多画屏大大丰富了画面内容，压缩了时间。例如，在打电话场景中，屏幕画面一分为二，将打电话两边的人都显示出来，同时展示两个人打电话时的状态。

12．闪格转场

闪格就是在两个镜头之间插入一个黑场或白场画面，时间非常短，以至于观众可能不会注意到闪格，但一定能够感受其对画面的冲击。闪格多数情况下用于消除画面直接跳切的突兀以及空间上的转变，如人物采访和剧情跳转等场景。

6.2 轻而易剪，使用剪映 App 制作短视频

剪映是由抖音官方推出的一款手机视频编辑工具，可用于手机短视频的剪辑制作和发布。剪映具有全面的剪辑功能，支持字幕识别、文本朗读、美颜、变速等，并提供了多种滤镜效果，以及丰富的曲库和贴纸资源。下面将通过实例介绍如何使用剪映 App 制作短视频。

6.2.1 制作音乐卡点视频

音乐卡点视频由多段视频或照片配合动感的背景音乐踩点展现，颇具时尚大片感。利用剪映 App 可以轻松地制作出这种音乐卡点视频。

1. 修整视频素材并添加音乐

在制作音乐卡点视频时，首先要将手机中的视频素材导入剪映 App，添加背景音乐，并根据背景音乐修剪视频素材，然后对视频素材进行调整，如裁剪视频、添加视频定格、应用滤镜等，具体操作方法如下。

Step 01 打开剪映 App，登录抖音账号，在下方点击“剪辑”按钮，然后点击“开始创作”按钮，如图 6-1 所示。

Step 02 在打开的界面中选择视频素材，然后在下方点击“添加到项目”按钮，如图 6-2 所示。

Step 03 进入视频编辑界面，点击“关闭原声”按钮，然后在下方点击“音乐”按钮，如图 6-3 所示。

图 6-1 点击按钮

图 6-2 添加视频素材

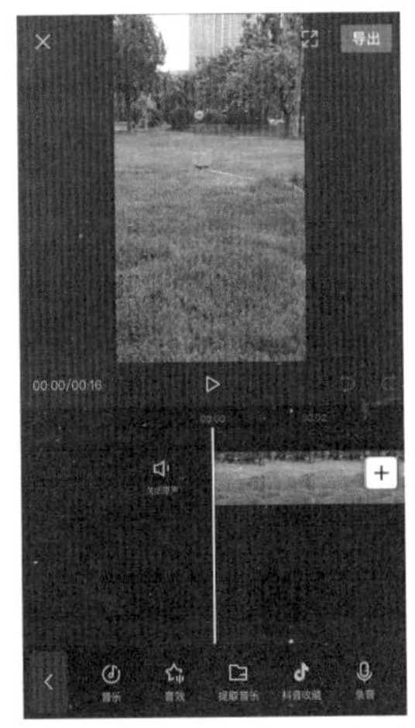

图 6-3 点击“音乐”按钮

Step04 在打开的界面中选择“抖音收藏”选项卡，选择在抖音 App 中收藏的音乐，然后点击“使用”按钮，如图 6-4 所示。

Step05 在使用抖音收藏音乐前，需要先打开抖音 App，搜索应用了该音乐的短视频，点击右下方的音乐碟片图标，如图 6-5 所示。

Step06 在打开的界面上方点击“收藏”按钮，即可收藏该音乐，如图 6-6 所示。

图 6-4 选择在抖音 APP 中收藏的音乐

图 6-5 点击音乐碟片图标

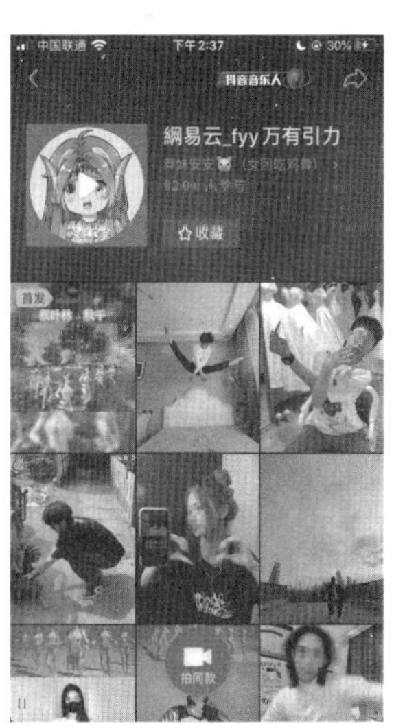

图 6-6 收藏音乐

Step07 在剪映 App 中选择添加的音乐，然后在下方点击“踩点”按钮，如图 6-7 所示。

Step08 点击播放按钮播放音乐，在音乐节奏点的位置点击“添加点”按钮，然后点击右下方的按钮，如图 6-8 所示。

Step09 拖动时间轴，将时间线定位到节奏点的位置。点击视频素材将其选中，然后在下方点击“分割”按钮，如图 6-9 所示。

Step10 选择分割后右侧的视频素材，在下方点击“删除”按钮将其删除，如图 6-10 所示。

Step11 将时间线定位到视频素材的最右侧，在下方点击“定格”按钮，如图 6-11 所示。

Step12 此时，即可在时间线右侧添加一段视频定格画面。拖动素材右侧的修剪按钮，将其修剪为 0.6 秒，如图 6-12 所示。

Step13 选中定格素材，在下方点击“滤镜”按钮，在打开的界面中选择所需的滤镜效果，然后拖动滑块调整滤镜强度，点击右下方的按钮，如图 6-13 所示。

Step 14 在剪映界面视频层右侧点击按钮，添加视频素材。选中视频素材，然后点击下方的“变速”按钮，如图 6-14 所示。

Step 15 在打开的界面中点击“常规变速”按钮，如图 6-15 所示。

图 6-7 点击“踩点”按钮

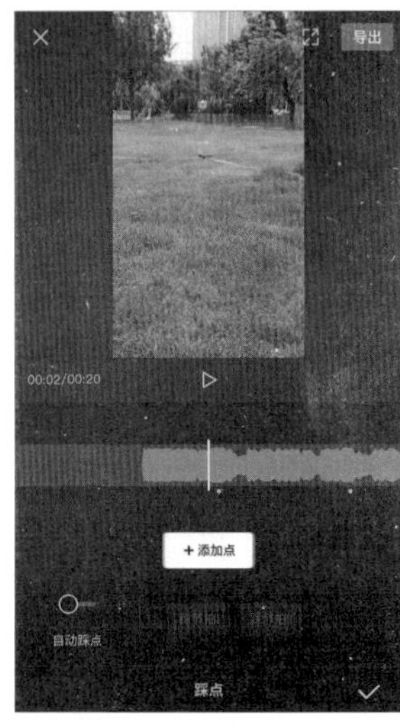

图 6-8 添加点

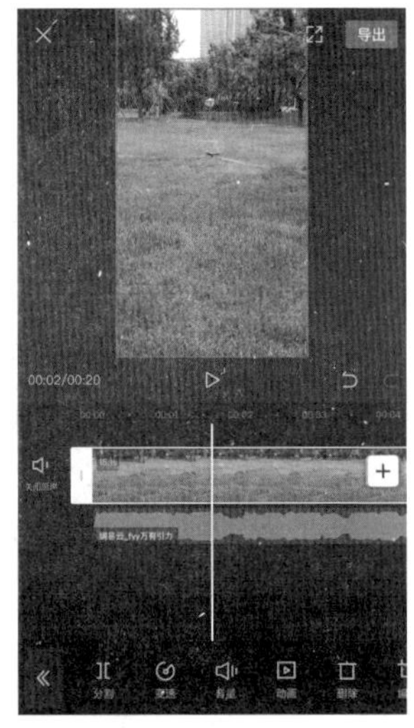

图 6-9 分割素材

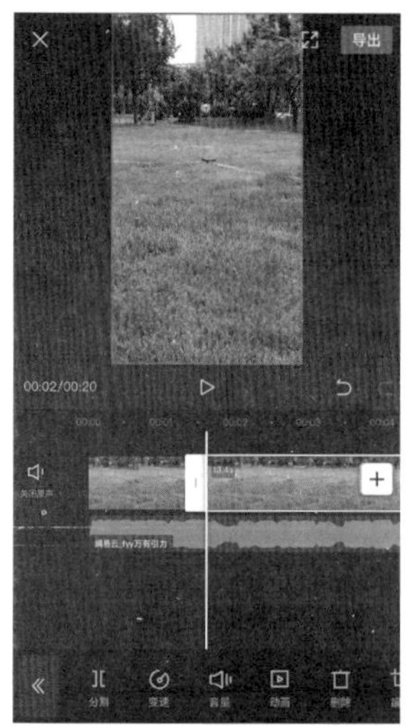

图 6-10 删除素材

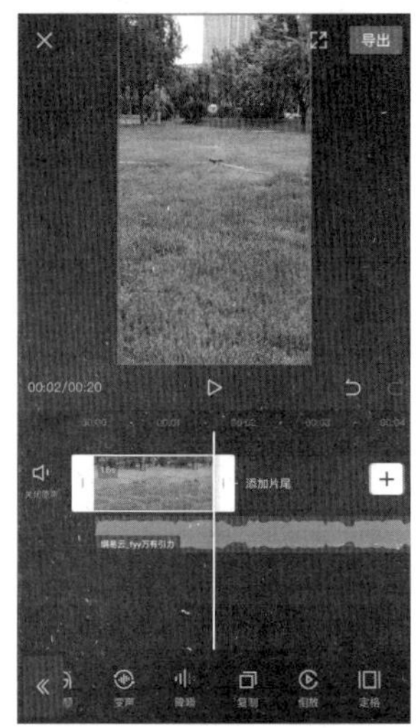

图 6-11 点击“定格”按钮

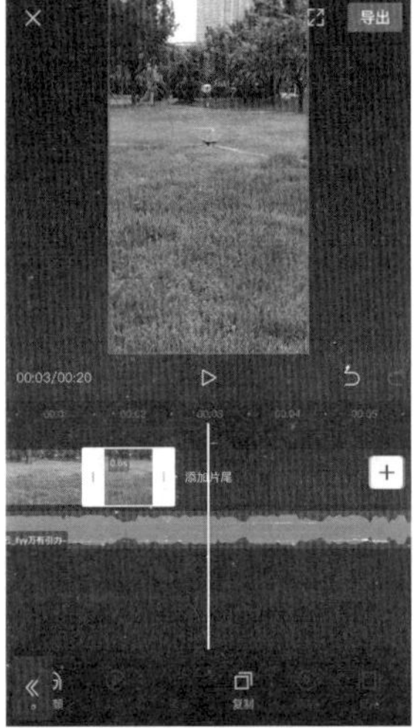

图 6-12 修剪定格素材

Step 16 在打开的界面中拖动滑块调节视频播放速度，然后点击右下方的按钮，如图 6-16 所示。采用相同的方法，继续添加所需的视频素材，定格视频画面并应用滤镜。

Step 17 若要对已有的视频素材在时长不变的情况下进行重新修剪，则可以选中素材后在下方点击“替换”按钮，如图 6-17 所示。

Step 18 在打开的界面中重新选择该素材，如图 6-18 所示。

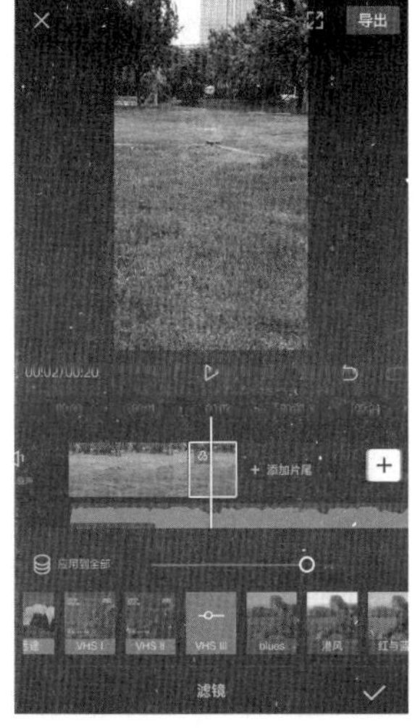
图 6-13 应用滤镜

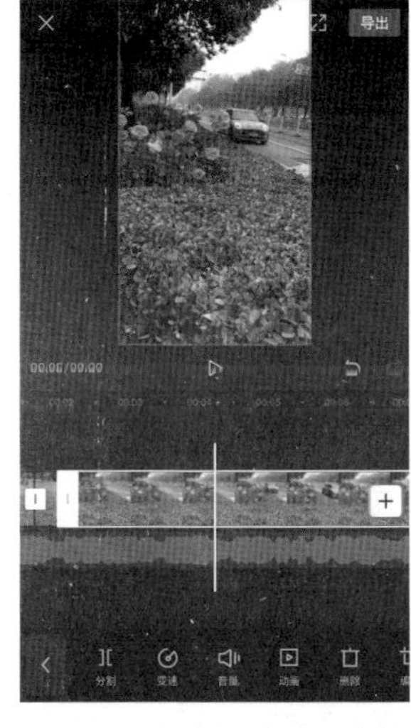
图 6-14 点击“变速”按钮

图 6-15 点击“常规变速”按钮

图 6-16 调节视频播放速度

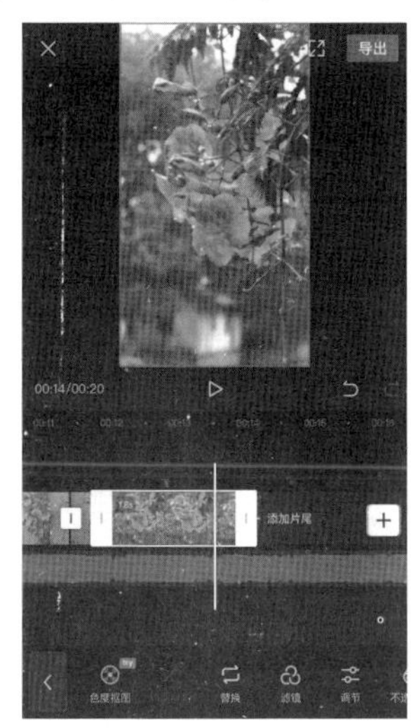
图 6-17 点击“替换”按钮

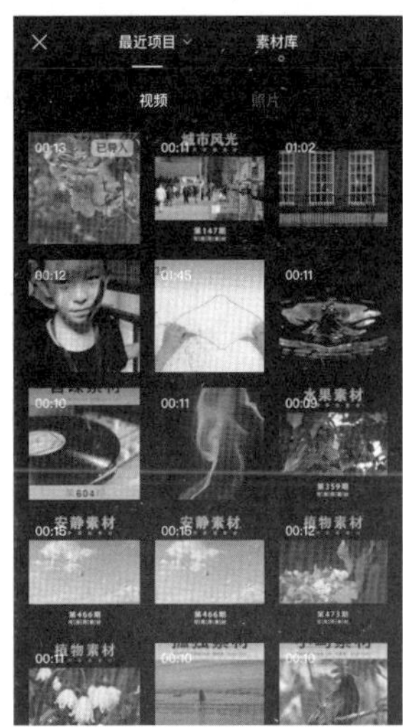

图 6-18 重新选择素材

Step 19 拖动视频条选择修剪范围，然后点击右下方的“确认”按钮，如图 6-19 所示。

Step 20 选中视频素材，在下方点击“编辑”按钮，在打开的界面中点击“裁剪”按钮，如图 6-20 所示。

Step 21 在视频画面中双指拉伸调大视频尺寸，然后拖动视频调整其位置，对视频画面进行重新构图，然后点击右下方的☑按钮，如图 6-21 所示。在界面下方的标尺上拖动可以旋转视频，点击所需要的裁剪比例按钮，可以快速将视频裁剪为标准大小。

图 6-19　选择修剪范围

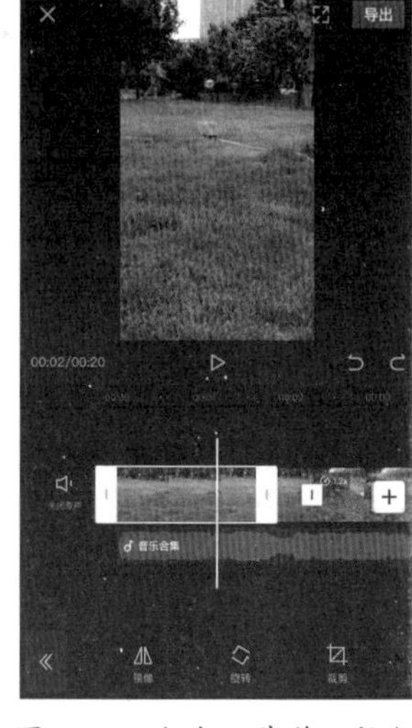

图 6-20　点击“裁剪”按钮

图 6-21　裁剪视频

Step 22 将时间线定位到视频层的最右侧，对背景音乐素材进行修剪，然后在下方点击“淡化”按钮▥，如图 6-22 所示。

Step 23 在打开的界面中拖动滑块调整淡出时长，然后点击右下方的☑按钮，如图 6-23 所示。

图 6-22　点击“淡化”按钮

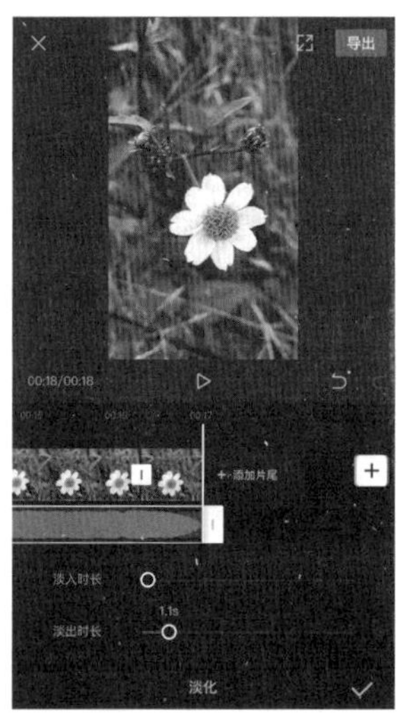

图 6-23　调整淡出时长

2. 通过录音添加字幕

当需要在短视频中添加歌词、解说等字幕时，若手动逐一添加则会比较麻烦。在剪映 App 中可以通过为视频录制画外音，并将录制的声音转换为文字的方法来快速添加字幕，具体操作方法如下。

Step 01 将时间线定位到最左侧，在下方点击“音频”按钮，在打开的界面中点击“录音”按钮，如图 6-24 所示。

Step 02 打开录音界面，长按按钮即可使用手机进行录音，松开手指停止录音，如图 6-25 所示。

Step 03 录音完成后，在时间轴上可以看到录制的音频，如图 6-26 所示。

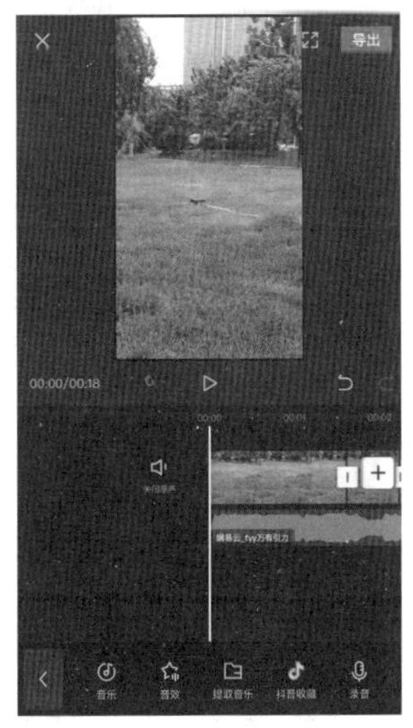

图 6-24 点击“录音”按钮

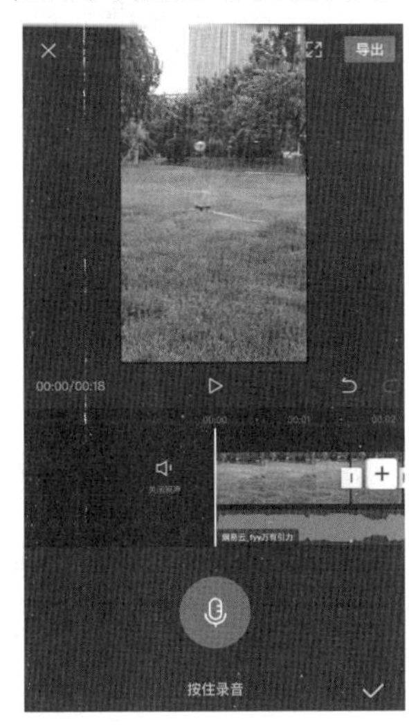

图 6-25 录制音频

图 6-26 录音完成

Step 04 在左下方点击按钮返回一级菜单，然后在下方点击“文本”按钮，如图 6-27 所示。

Step 05 在打开的界面下方点击“识别字幕”按钮，在弹出的界面中点击“开始识别”按钮，如图 6-28 所示。

Step 06 此时，即可将录音识别为字幕。对识别错误的文字进行修改，在视频上拖动文字调整位置，拖动字幕右下方的按钮可以缩放或旋转文字。要设置文字样式，则点击“样式”按钮，如图 6-29 所示。字幕识别完成后，删除录制的音频即可。

Step 07 在打开的界面中设置文本样式为“抖音体”，在下方选择阴影选项，并设置阴影颜色为黑色，如图 6-30 所示。

Step 08 对字幕文字分别进行修剪，使其入点与音乐中每句歌词的开始位置对齐，然后点击右上方的“导出”按钮，如图 6-31 所示。

Step 09 在打开的界面中设置视频分辨率和帧率，然后点击“确认导出”按钮，如图 6-32 所示。

图 6-27 点击“文本”按钮

图 6-28 点击“开始识别”按钮

图 6-29 调整文字

图 6-30 设置字幕样式

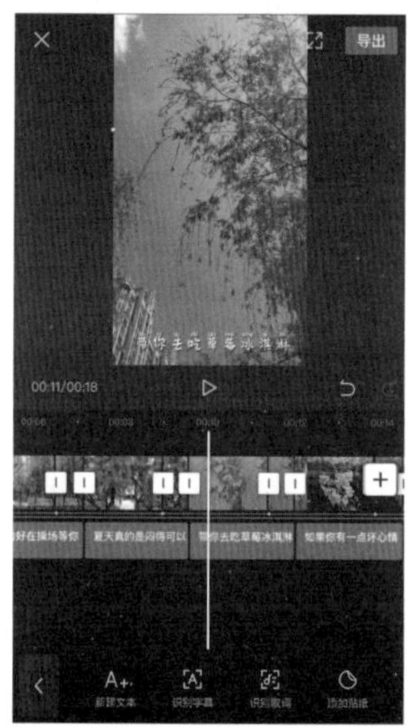

图 6-31 修剪字幕

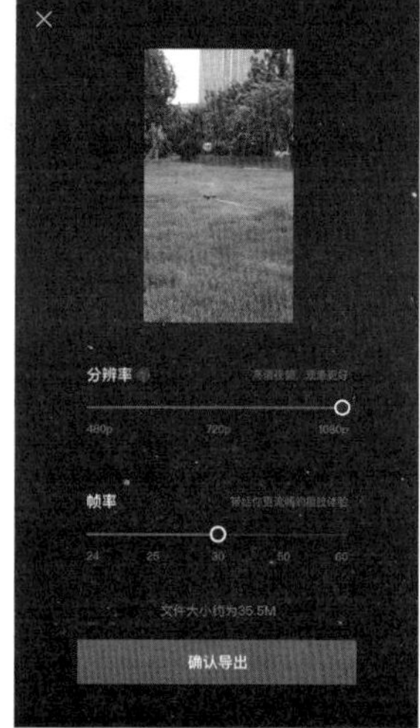

图 6-32 设置视频分辨率和帧率

6.2.2 制作生活小妙招短视频

生活小妙招类的短视频很受大众欢迎，可以帮助创作者快速引流。下面将介绍如何使用剪映 App 制作生活小妙招短视频。

1. 编辑视频

下面将介绍如何在剪映中对导入的视频素材进行编辑，包括设置视频比例、设置画布样式、添加剪映素材、添加音效、提取视频音乐等，具体操作方法如下。

Step 01 打开剪映 App，添加视频素材，然后在下方点击“比例”按钮，如图 6-33 所示。

Step 02 在打开的界面中选择 9：16 视频比例，双指捏合视频画面调小画面尺寸，然后点击左下方的返回按钮，如图 6-34 所示。

Step 03 在打开的界面下方点击“背景”按钮，在打开的界面中点击“画布样式”按钮，如图 6-35 所示。

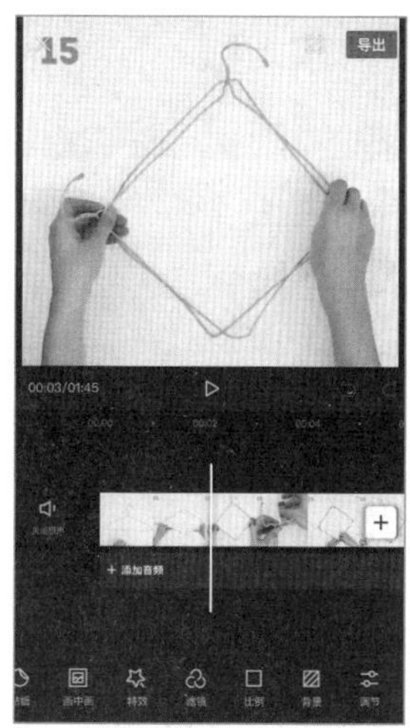

图 6-33 点击“比例”按钮

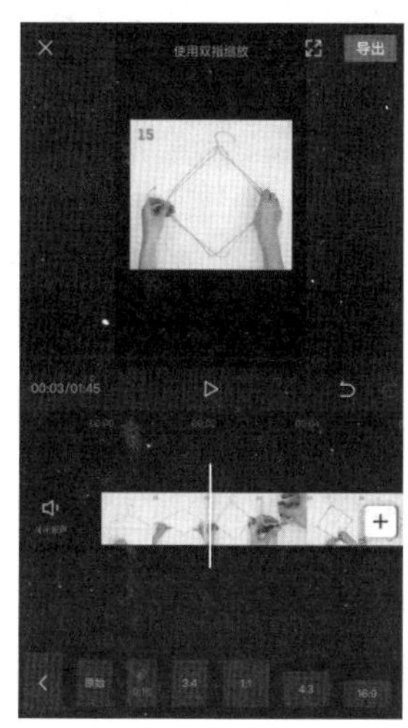

图 6-34 选择视频比例

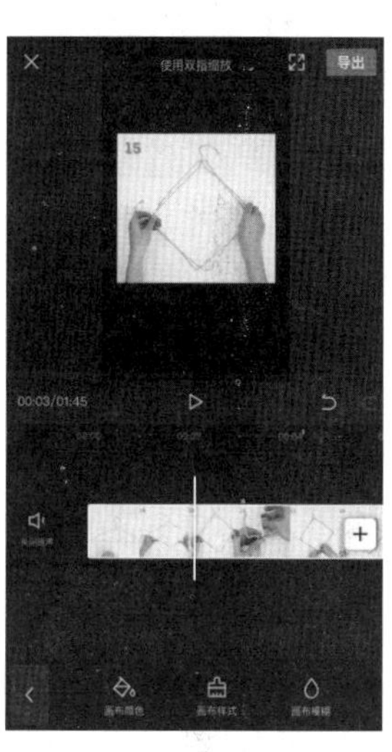

图 6-35 点击“画布样式”按钮

Step 04 选择所需的画布样式，然后点击右下方的按钮，如图 6-36 所示。

Step 05 在视频素材条右侧点击按钮添加素材，在上方选择“素材库”选项，选择所需的素材，然后点击“添加到项目”按钮，如图 6-37 所示。

Step 06 在打开的界面下方长按视频素材并拖动，调整先后顺序，如图 6-38 所示。

Step 07 对添加的素材进行修剪，然后点击两段素材剪接处的按钮，如图 6-39 所示。

Step 08 在打开的界面中选择“基础转场”下的“下移”转场效果，拖动滑块调整转场时长，然后点击右下方的按钮，如图 6-40 所示。

Step 09 将时间线定位到视频最左侧，选择视频素材，然后在下方点击

“定格”按钮▣，如图 6-41 所示。

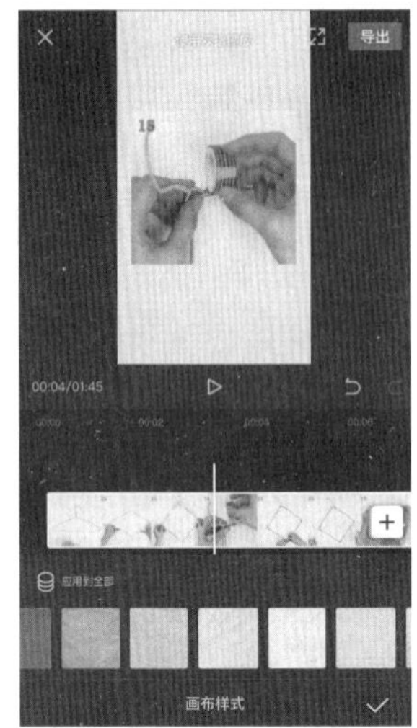
图 6-36　选择画布样式

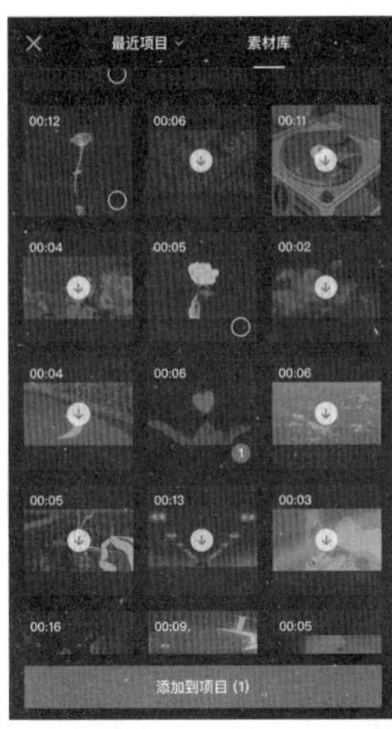
图 6-37　添加素材

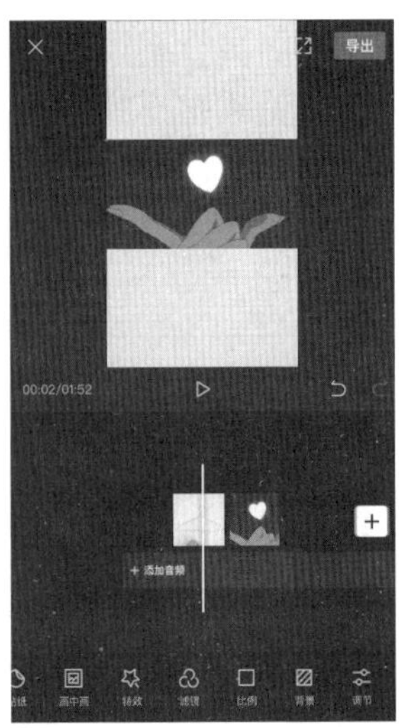
图 6-38　调整视频素材顺序

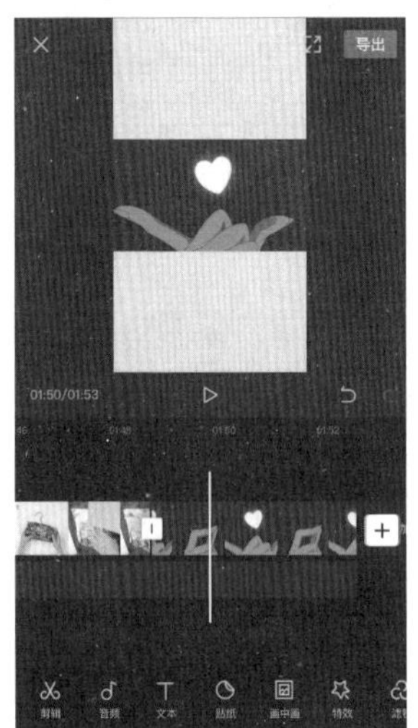
图 6-39　修剪素材

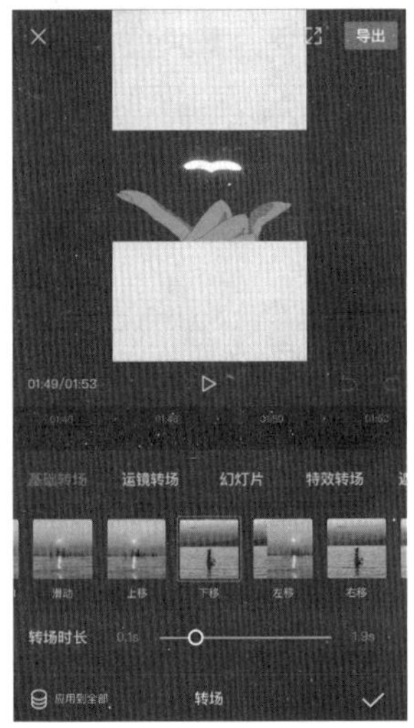
图 6-40　选择转场效果

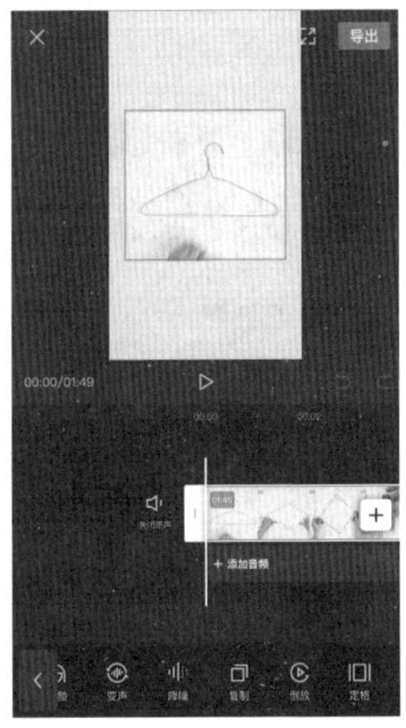
图 6-41　点击“定格”按钮

Step 10 修剪定格素材的时长为 4 秒，如图 6-42 所示。

Step 11 将时间线定位到视频素材的左侧，在下方点击“音频”按钮♪，在打开的界面中点击“提取音乐”按钮▣，如图 6-43 所示。

Step 12 在打开的界面中选择带有背景音乐的视频素材，然后点击下方的“仅导入视频的声音”按钮，如图 6-44 所示。

Step 13 此时，即可导入音频素材，可以看到音频素材的长度短于视频时长。在下方点击“复制”按钮▣，复制音频素材，如图 6-45 所示。

Step 14 对复制的音频素材进行修剪，并进行淡化处理，如图 6-46 所示。

Step 15 将时间线定位到要添加音效的位置，然后在下方点击“音效”按钮，如图 6-47 所示。

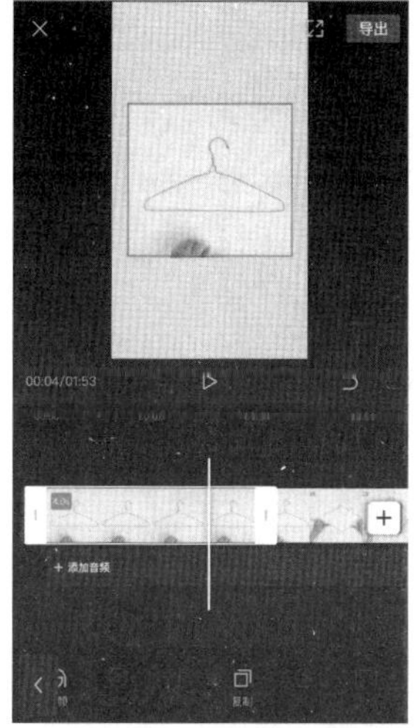

图 6-42 修剪定格素材

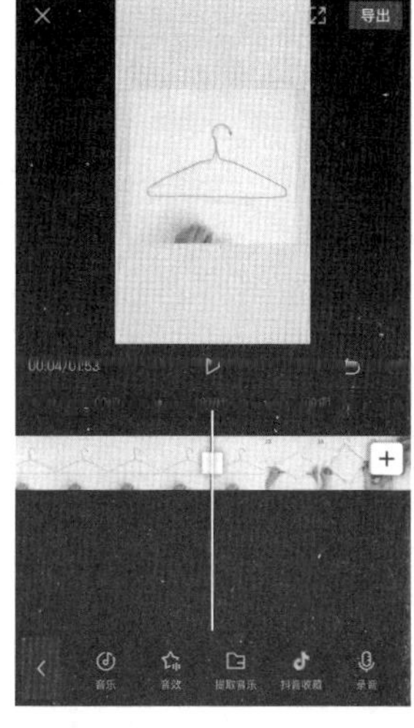

图 6-43 点击“提取音乐”按钮

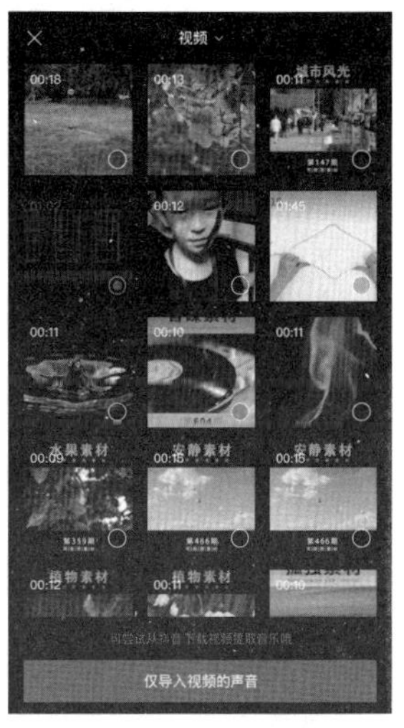

图 6-44 导入视频中的声音

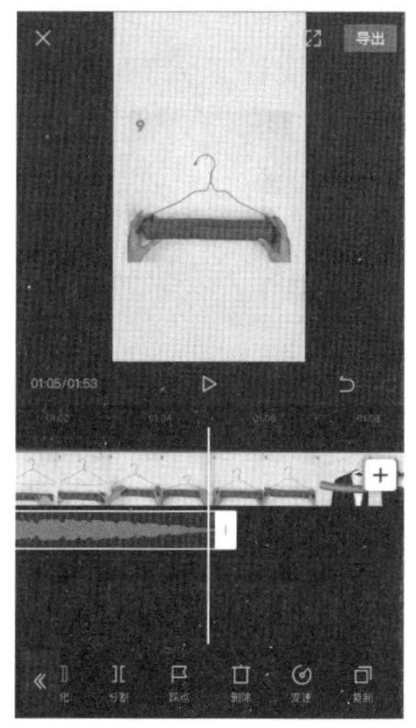

图 6-45 复制音频素材

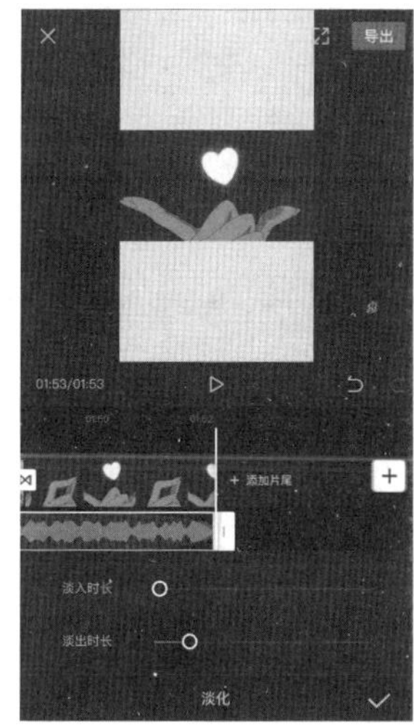

图 6-46 淡化音频素材

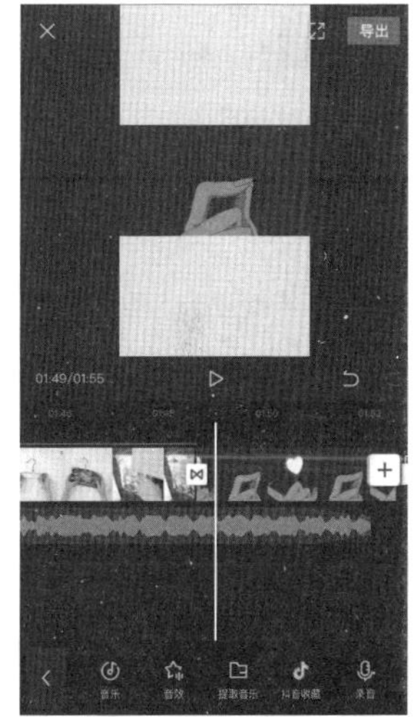

图 6-47 点击“音效”按钮

Step 16 在打开的界面中选择“综艺”分类，选择“叮声”音效，然后点击右侧的“使用”按钮，如图 6-48 所示。

Step 17 修剪音效素材的长度，然后选中音效素材，在下方点击“复制”按钮复制音效素材，长按素材调整其在时间轴上的位置，如图 6-49 所示。

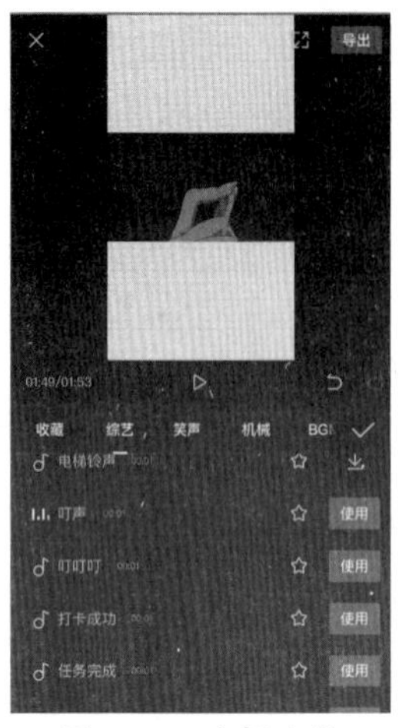
图 6-48 选择音效

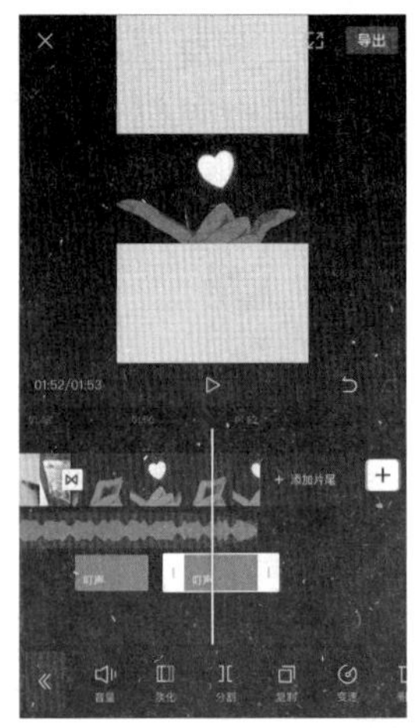
图 6-49 复制音效

2．添加文字与贴纸

下面使用剪映 App 在短视频中添加文字，并对文字进行样式、花字、气泡、动画等设置，然后添加贴纸对视频画面进行修饰，具体操作方法如下。

Step01 将时间线定位到最左侧，在下方点击“文本”按钮新建文本，输入文字，并设置字体样式，如图 6-50 所示。

Step02 在下方点击“字间距”选项，拖动滑块调整文字的字间距，如图 6-51 所示。

Step03 选择“花字”选项，在列表中选择所需的花字样式，如图 6-52 所示。

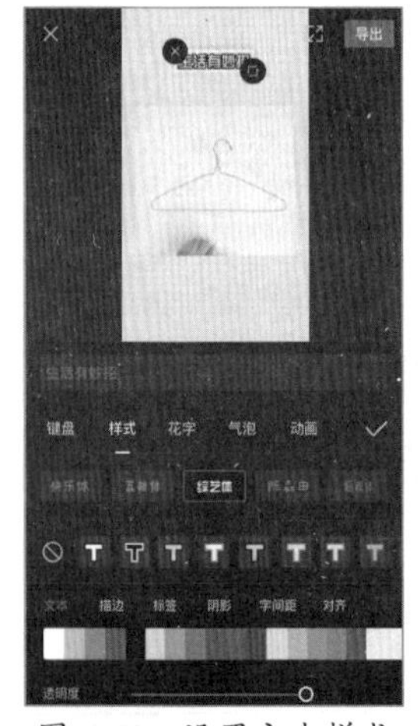
图 6-50 设置文本样式

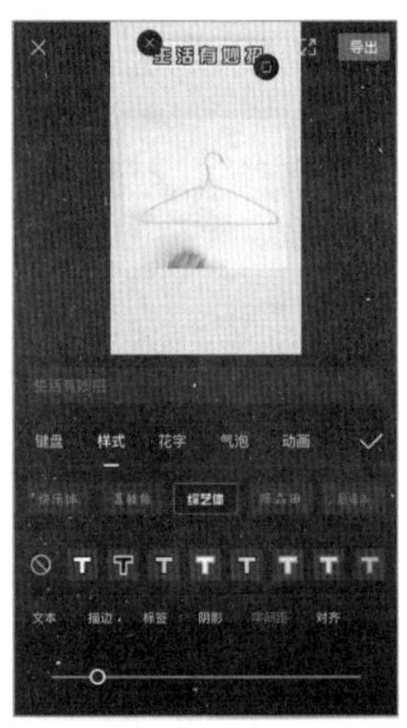
图 6-51 调整字间距

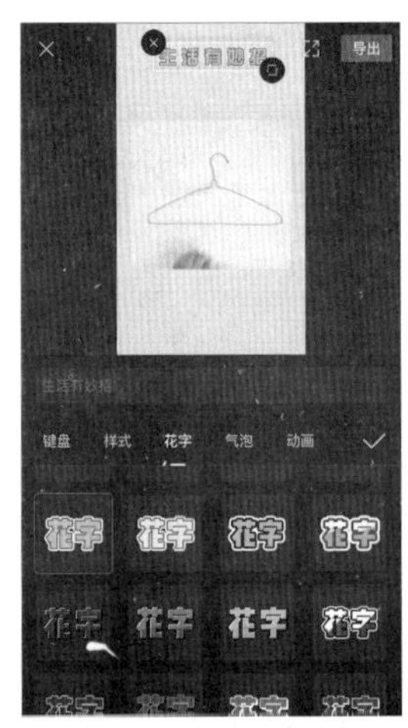

图 6-52 选择花字样式

Step04 选择“气泡”选项，在列表中选择所需的气泡样式，如图 6-53 所示。

Step 05 选择“动画”选项，在“入场动画”下选择“螺旋上升”动画样式，拖动滑块调整动画持续时间，然后点击右侧的☑按钮，如图 6-54 所示。

Step 06 选中文字，在下方点击“文本朗读”按钮▣，即可自动添加该文本的朗读音频素材，如图 6-55 所示。

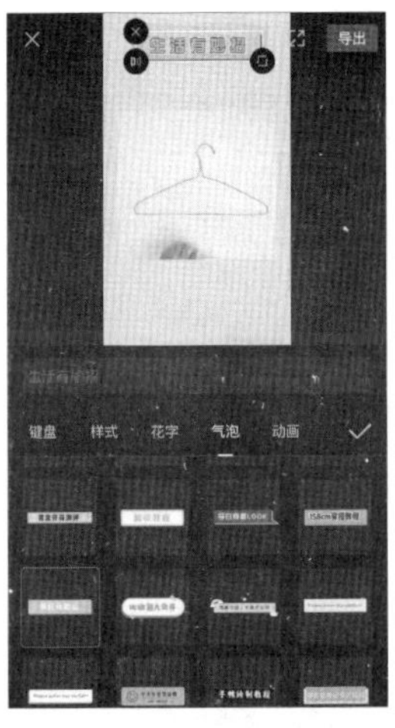

图 6-53 选择气泡样式

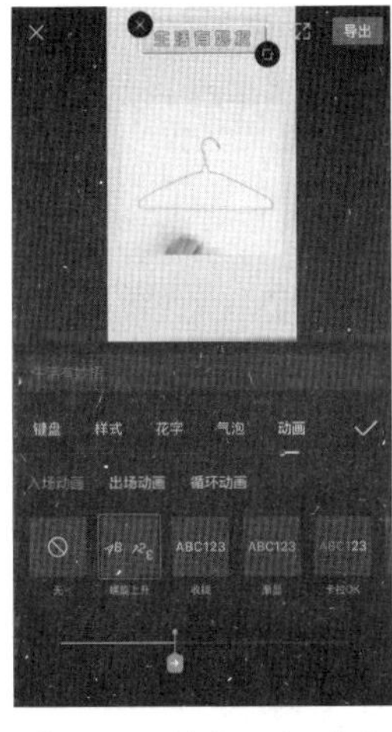

图 6-54 添加入场动画

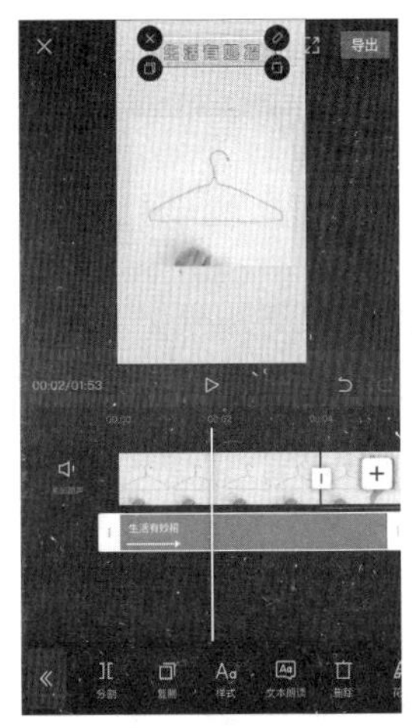

图 6-55 点击“文本朗读”按钮

Step 07 采用同样的方法，继续添加其他文本，然后在下方点击“添加贴纸”按钮◙，如图 6-56 所示。

Step 08 在打开的贴纸列表中选择动物贴纸，在视频界面中调整贴纸大小，如图 6-57 所示。

Step 09 修剪文本和贴纸素材的长度，在第二段视频素材中继续添加所需的文本和贴纸，如图 6-58 所示。

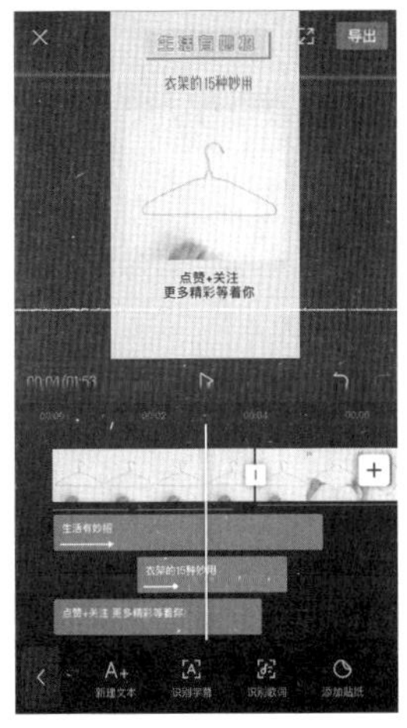

图 6-56 点击“添加贴纸”按钮

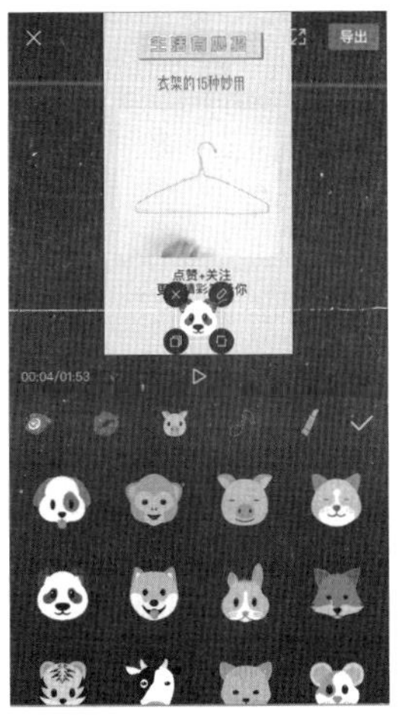

图 6-57 调整贴纸大小

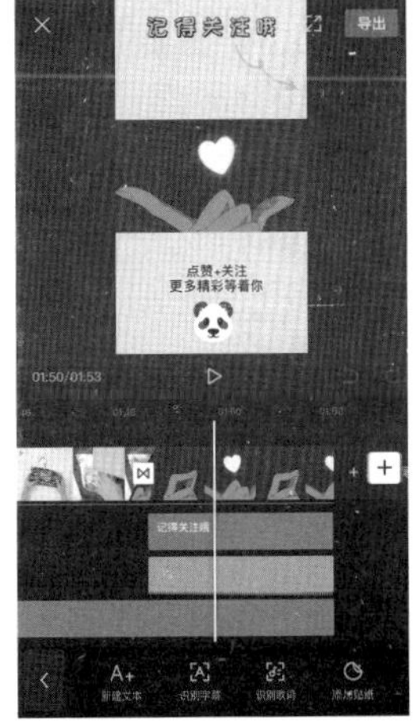

图 6-58 添加文字和贴纸

6.2.3 将照片制作为炫酷短视频

下面使用剪映 App 将两张照片制作为一个炫酷的短视频，具体操作方法如下。

Step 01 打开抖音 App，收藏要使用的音乐，如图 6-59 所示。

Step 02 打开剪映 App，在上方选择“照片”选项，选择两个图片素材，然后在下方点击“添加到项目”按钮，如图 6-60 所示。

Step 03 进入编辑界面，在下方点击“比例”按钮■，如图 6-61 所示。

图 6-59　收藏抖音音乐

图 6-60　添加图片素材

图 6-61　点击“比例”按钮

Step 04 在打开的界面中选择 9：16 比例选项，然后点击左下方的返回按钮■，如图 6-62 所示。

Step 05 点击“背景”按钮■，在打开的界面中点击“画布模糊”按钮■，如图 6-63 所示。

Step 06 在打开的界面下方选择所需的画布模糊程度，然后点击右下方的■按钮，如图 6-64 所示。

Step 07 选择第二张图片素材，在图片上双指拉伸放大图片，如图 6-65 所示。

Step 08 在下方点击“音乐”按钮■，在打开的界面中选择“抖音收藏”选项卡，选择在抖音中收藏的音乐，然后点击“使用”按钮，如图 6-66 所示。

Step 09 选中添加的音乐，然后在下方点击“踩点”按钮■，如图 6-67 所示。

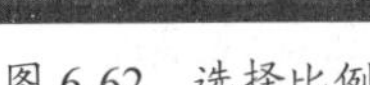

图 6-62 选择比例

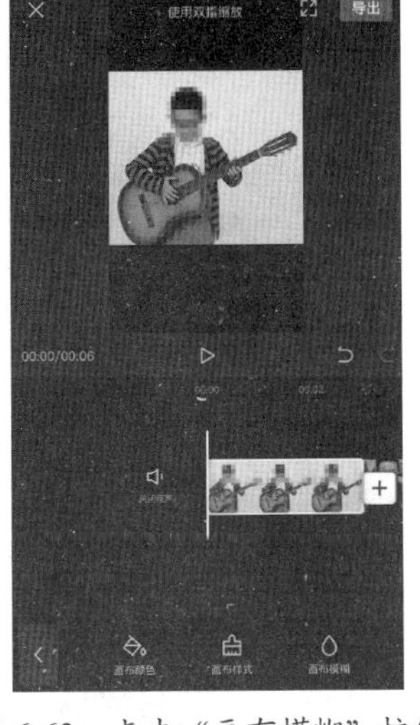

图 6-63 点击“画布模糊”按钮

图 6-64 选择模糊程度

图 6-65 放大图片

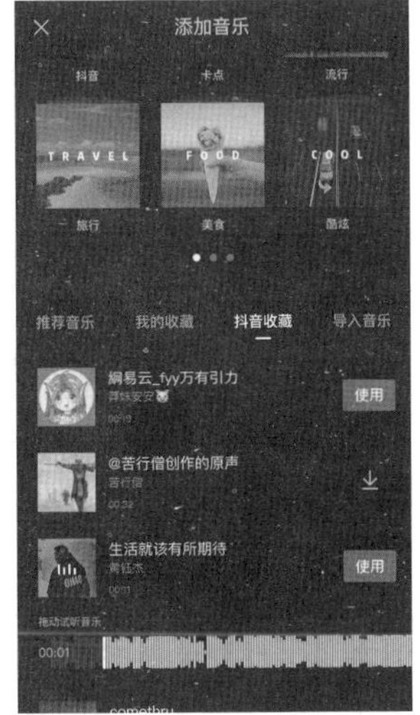

图 6-66 添加抖音收藏音乐

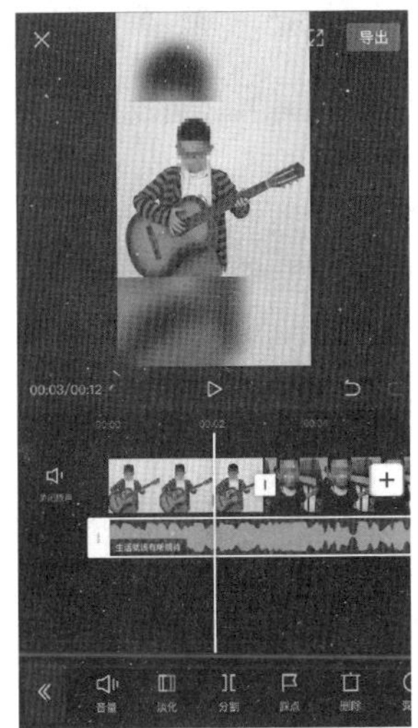

图 6-67 点击“踩点”按钮

Step 10 点击播放按钮▶播放音乐，在音乐中人声位置和音乐转场位置点击“添加点”按钮，然后点击右下方的☑按钮，如图 6-68 所示。

Step 11 选中音乐，在下方点击“淡化”按钮▥，如图 6-69 所示。

Step 12 在打开的界面中调整淡出时长，然后点击右下方的☑按钮，如图 6-70 所示。

Step 13 点击两个图片素材剪接处的转场按钮 |，在打开的界面中选择“运镜转场”下的“拉远”效果，拖动滑块调整转场时长，然后点击右下方的☑按钮，如图 6-71 所示。

Step 14 选择第二个图片素材，在下方点击“动画”按钮，如图 6-72 所示。

Step 15 在打开的界面中点击“入场动画”按钮，如图 6-73 所示。

图 6-68　添加点

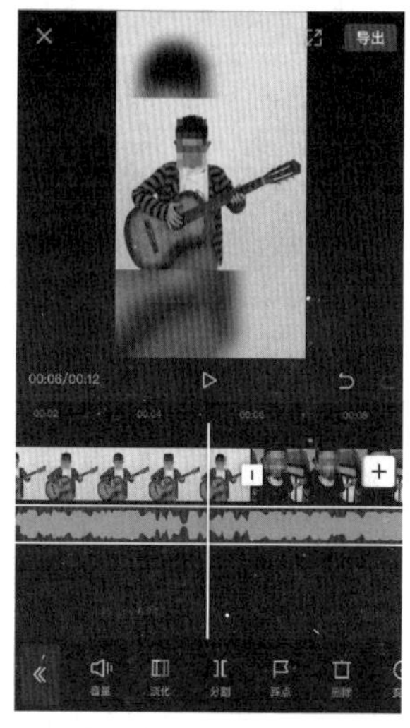

图 6-69　点击“淡化”按钮

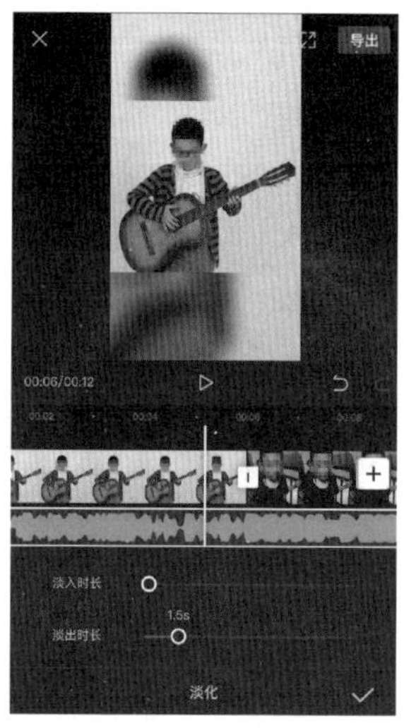

图 6-70　调整淡出时长

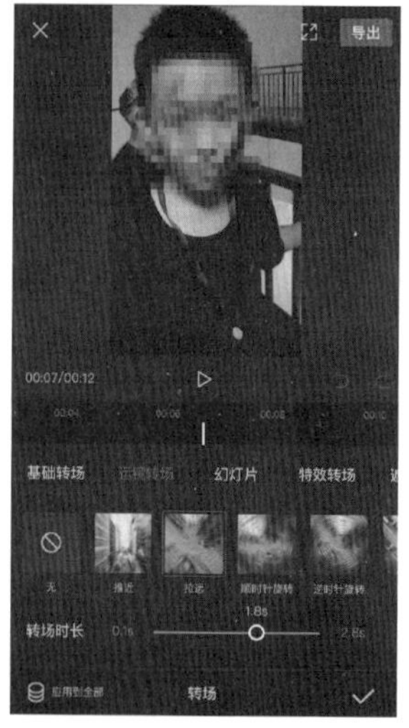

图 6-71　添加转场效果

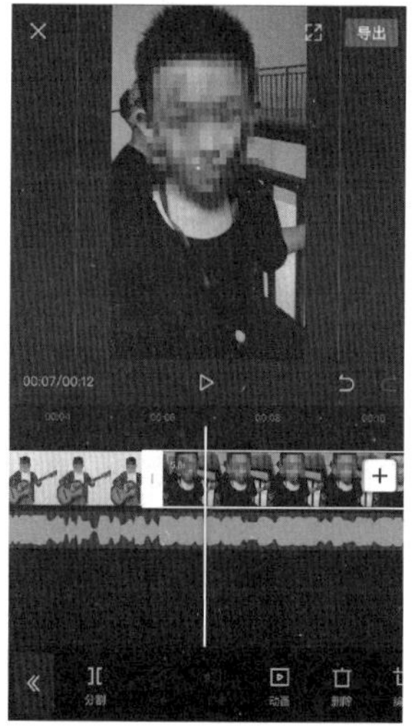

图 6-72　点击“动画”按钮

图 6-73　点击“入场动画”按钮

Step 16 在打开的界面中选择“左右抖动”动画效果，调整动画时长，然后点击按钮，如图 6-74 所示。

Step 17 将时间线定位到音频的第一个节点位置（人声出现的位置），然后在下方点击“文本”按钮，如图 6-75 所示。

Step 18 添加文本，并添加入场动画。选中文本，在下方点击“复制”按钮▣，如图 6-76 所示。

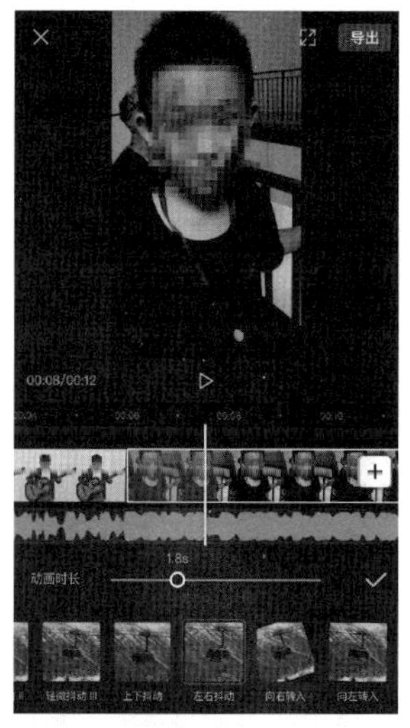

图 6-74　选择入场动画

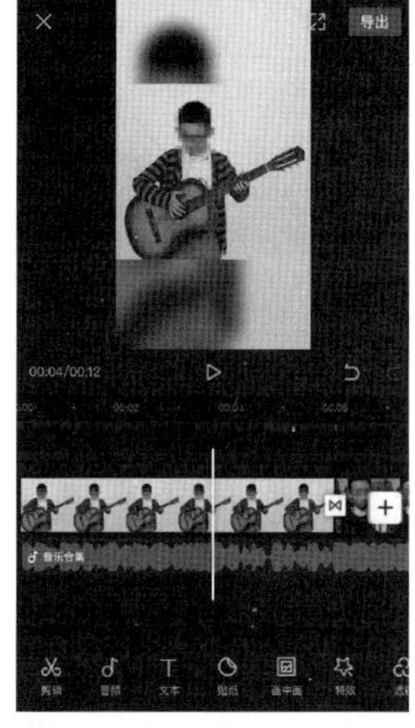

图 6-75　点击“文本”按钮

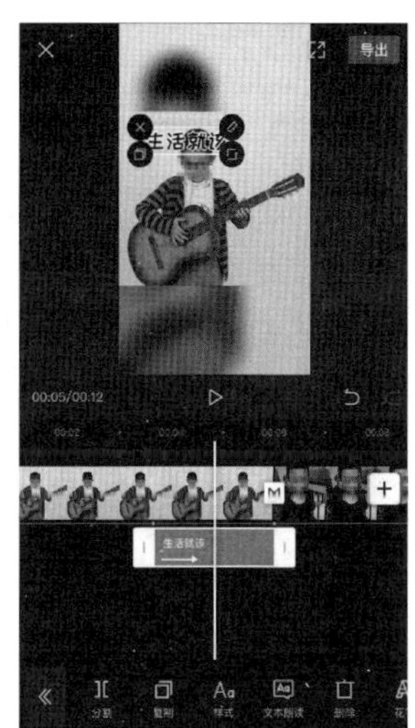

图 6-76　点击“复制”按钮

Step 19 修剪复制的文本，并修改文字，如图 6-77 所示。

Step 20 在第二个图片素材下方添加所需的贴纸，如图 6-78 所示。

Step 21 将时间线定位到最左侧，在下方点击“特效”按钮☆，如图 6-79 所示。

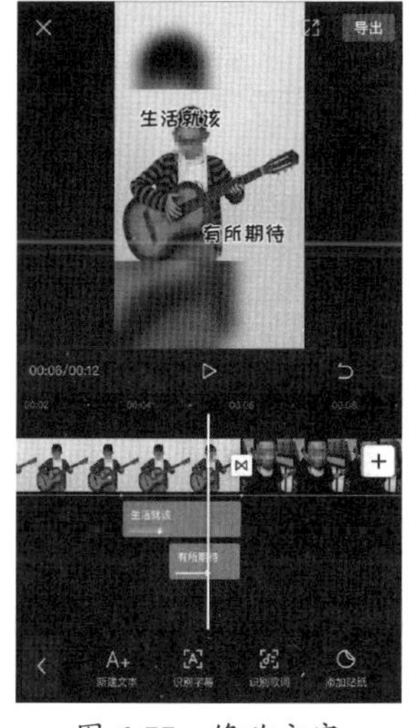

图 6-77　修改文字

图 6-78　添加贴纸

图 6-79　点击“特效”按钮

Step 22 在打开的界面中选择“基础”选项卡，在列表中选择“变清晰”特效，然后点击☑按钮，如图 6-80 所示。

Step23 定位时间线的位置，在下方点击“新增特效”按钮，如图 6-81 所示。

Step24 在打开的界面中选择“动感”选项，在列表中选择“心跳”特效，然后点击按钮，如图 6-82 所示。

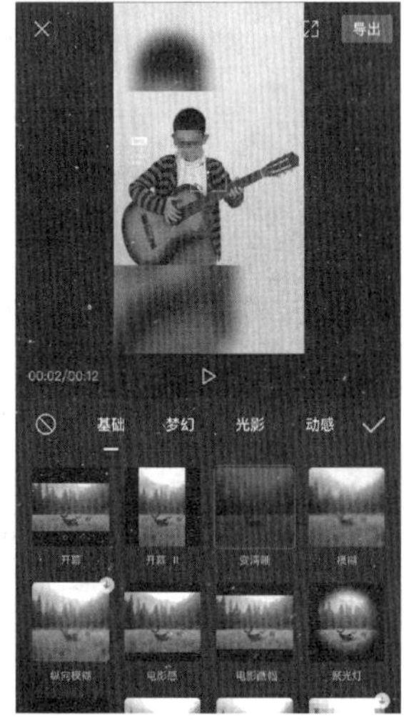

图 6-80 选择“变清晰”特效

图 6-81 点击“新增特效”按钮

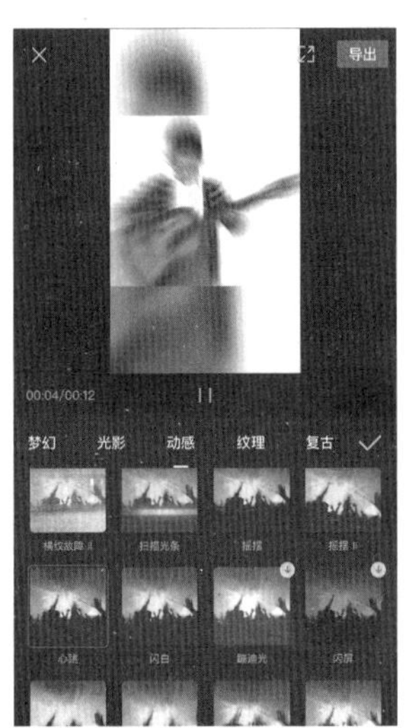

图 6-82 选择“心跳”特效

Step25 采用同样的方法，在第一个图片素材下方继续添加“梦幻”选项下的“关月亮”特效，如图 6-83 所示。

Step26 在第二个图片素材下方分别添加“窗格光”和“冲刺”特效，如图 6-84 所示。制作完成后，点击右上方的“导出”按钮，导出视频。

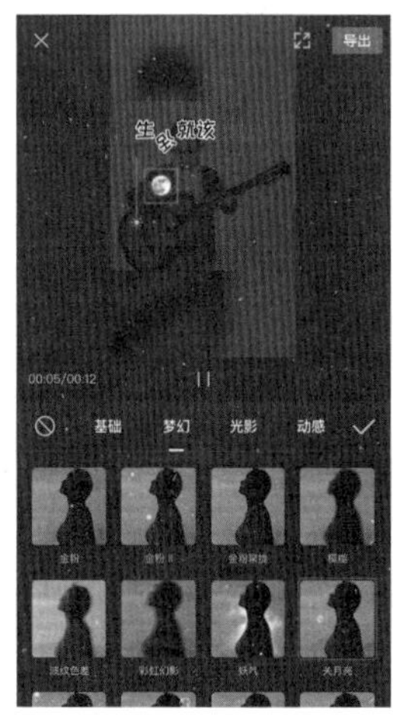

图 6-83 添加“关月亮”特效

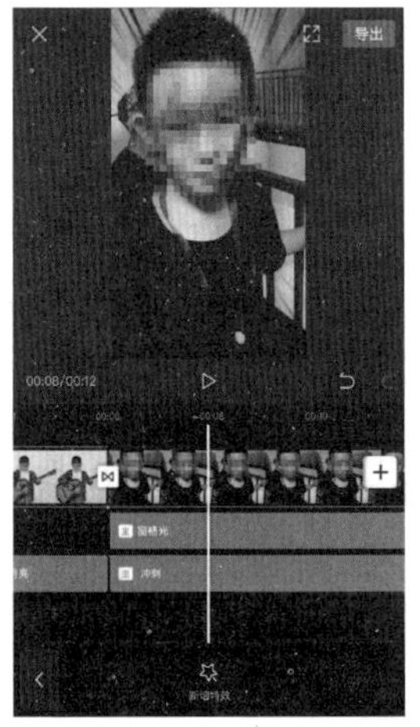

图 6-84 为第二个图片素材添加特效

6.3　炫酷特效，使用“爱剪辑”剪辑短视频

“爱剪辑”是一款简单实用、功能强大的 PC 端视频剪辑软件，其创新的人性化界面是根据国人的使用习惯、功能需求与审美特点而设计的，很多创新功能都颇具独创性。下面将介绍如何使用“爱剪辑”进行短视频剪辑。

6.3.1　修剪视频

使用“爱剪辑”可以导入与修剪视频，并设置视频倒放、快进等效果，具体操作方法如下。

Step 01 在电脑上安装并启动“爱剪辑”程序，注册“爱剪辑”账号并登录，如图 6-85 所示。

Step 02 弹出“新建”对话框，设置视频大小，然后单击“确定”按钮，如图 6-86 所示。

图 6-85　登录“爱剪辑”账号

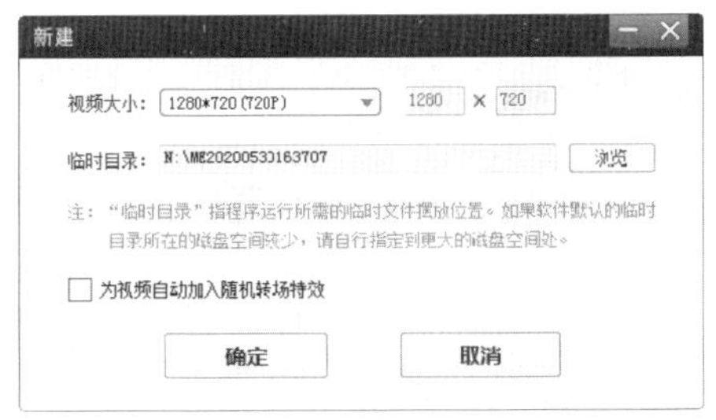

图 6-86　“新建”对话框

Step 03 在上方选择“视频”选项卡，单击“添加视频”按钮，如图 6-87 所示。

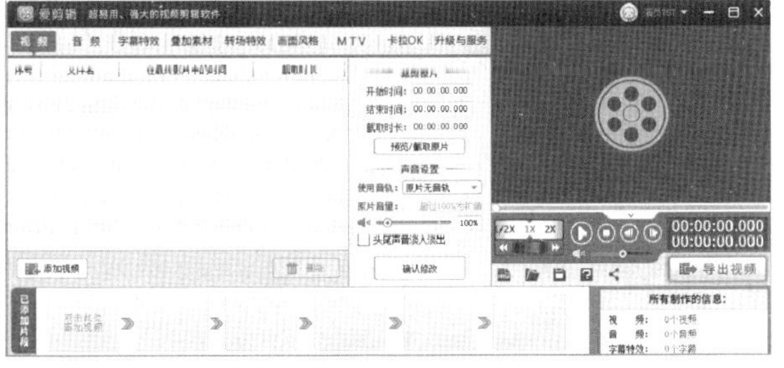

图 6-87　单击“添加视频”按钮

Step04 在弹出的对话框中选择视频素材，在右侧可以预览素材，然后单击“打开”按钮，如图 6-88 所示。

Step05 弹出“预览/截取”对话框，单击“确定”按钮，即可添加视频素材，如图 6-89 所示。

图 6-88 选择视频素材

图 6-89 “预览/截取”对话框

Step06 按【Ctrl+S】组合键，在弹出的对话框中选择保存位置，输入文件名，然后单击“保存”按钮，如图 6-90 所示。

Step07 在右上方的视频预览框进度条下单击向下箭头按钮⌄，或者直接按【Ctrl+E】组合键，如图 6-91 所示。

图 6-90 保存工程文件

图 6-91 单击向下箭头按钮

Step08 调出时间轴面板，拖动滑块到要分割的画面附近，通过按【↑】【↓】方向键逐帧选择要分割的视频画面，单击“在当前时间点将视频剪开”按钮或按【Ctrl+Q】组合键，如图 6-92 所示。

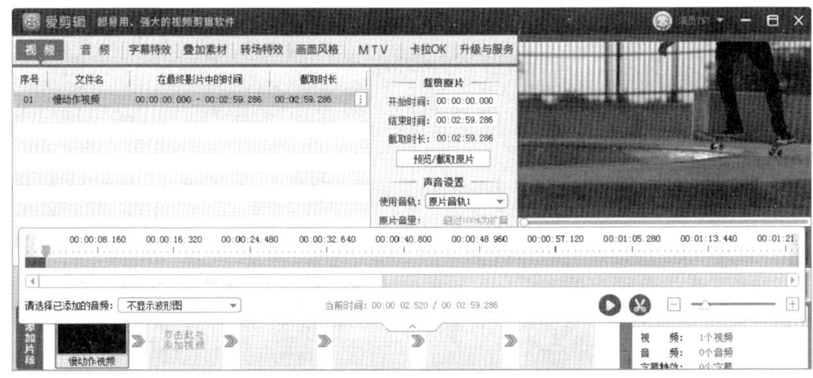

图 6-92 分割视频

Step 09 此时，即可分割视频，在下方“已添加片段”列表中会显示分割出的视频片段。采用同样的方法继续分割视频，将视频中所有的滑板动作单独分割出来，如图 6-93 所示。

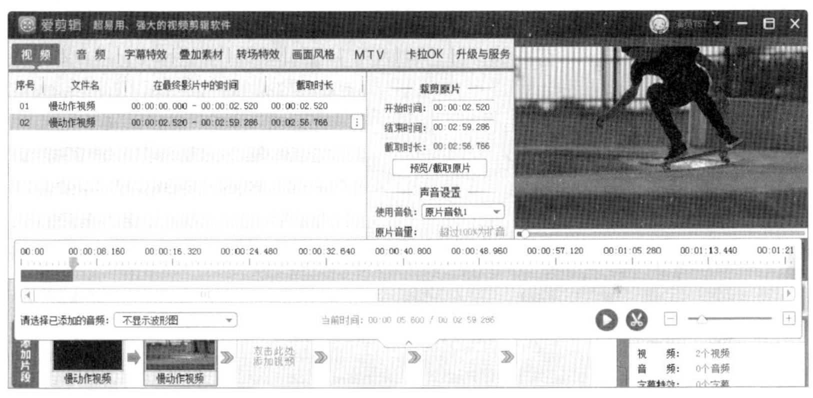

图 6-93 继续分割视频

Step 10 在下方“已添加片段”列表中单击视频片段右上方的删除按钮⊗，删除不需要的片段，如图 6-94 所示。

图 6-94 删除视频片段

Step 11 若视频片段的截取位置有误，则双击视频片段，在弹出的对话框中重新定位裁剪时间，然后单击“开始时间”或“结束时间”右侧带有箭头的拾取按钮，快速拾取当前画面的开始时间和结束时间，设置完成后单击“确定”按钮，如图 6-95 所示。

Step 12 在“已添加片段”列表中选择视频片段，在参数设置区域中单击按钮设置声音为静音，然后单击“确认修改”按钮，如图 6-96 所示。

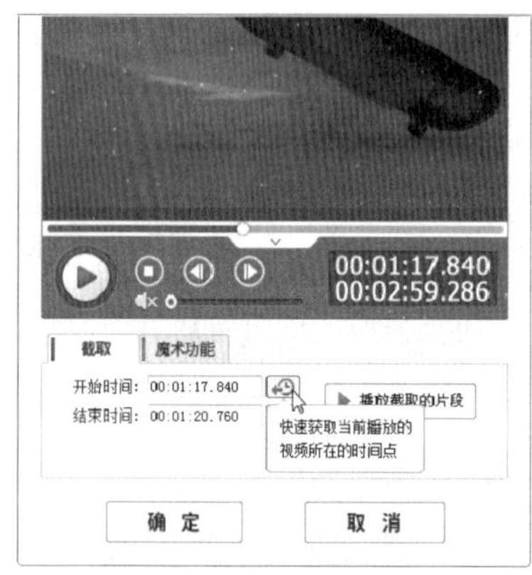

图 6-95 重新截取视频

图 6-96 设置声音为静音

Step 13 在“已添加片段”列表中拖动视频片段，调整播放顺序，如图 6-97 所示。

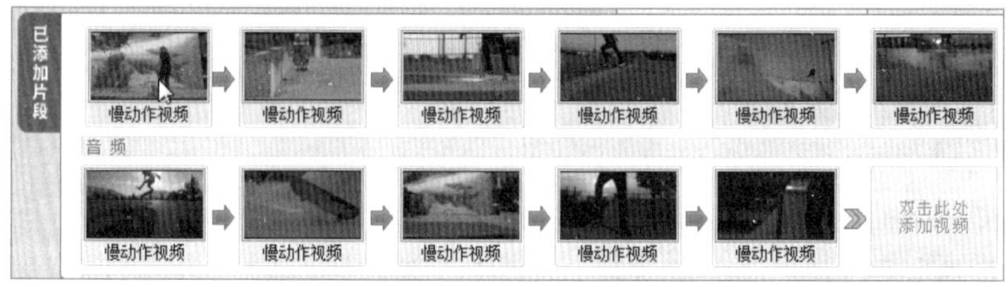

图 6-97 调整视频片段播放顺序

Step 14 在“已添加片段”列表中选择要设置倒放的视频，按【Ctrl+E】组合键调出时间轴，拖动滑块到要分割的视频画面，单击剪刀按钮分割视频片段，如图 6-98 所示。

Step 15 右击分割后的第一段视频片段，在弹出的快捷菜单中选择“复制多一份”命令，生成一个视频片段副本，如图 6-99 所示。采用同样的方法，再复制一份。

Step 16 选择第一个视频片段副本并右击，在弹出的快捷菜单中选择“生成倒放副本”命令，如图 6-100 所示。

图 6-98　分割视频片段

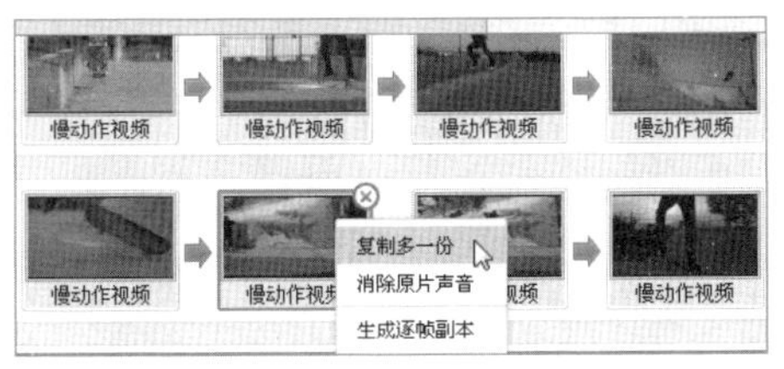

图 6-99　选择“复制多一份”命令

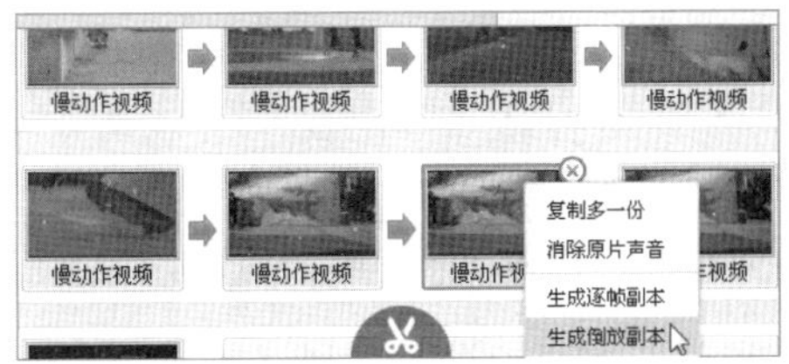

图 6-100　选择“生成倒放副本”命令

Step 17 在弹出的对话框中选择保存位置，输入文件名，然后单击“保存”按钮，即可将其转换为倒放视频，如图 6-101 所示。

Step 18 双击第二个视频片段副本，如图 6-102 所示。

图 6-101　保存倒放副本

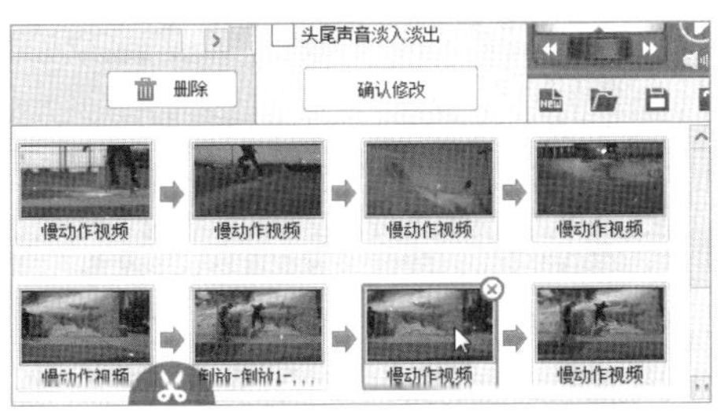

图 6-102　双击视频片段副本

Step 19 在弹出的对话框中选择“魔术功能”选项卡，在“对视频施加的功能”下拉列表框中选择“快进效果”选项，调整“加速速率”为 3，然后单击“确定”按钮，如图 6-103 所示。采用同样的方法，为其右侧的视频片段设置快进效果。

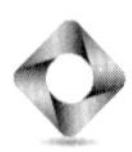

Step 20 按【Ctrl+S】组合键保存文件，在按住【Shift】键的同时单击视频预览框下方的“保存所有设置”按钮，在弹出的对话框中设置保存文件选项，然后单击“保存”按钮，如图 6-104 所示。

图 6-103 设置快进效果

图 6-104 保存文件

6.3.2 添加画面风格

“爱剪辑”的画面风格很多，巧妙地应用画面风格可以使视频更有视觉冲击力。为视频添加画面风格的具体操作方法如下。

Step 01 在“已添加片段”列表中选择最后一个视频片段，然后在上方选择“画面风格”选项卡，在左侧栏选择“画面”选项，选择“自由缩放（画面裁剪）”效果，在下方单击“添加风格效果”按钮，在弹出的列表中选择“为当前片段添加风格”选项，如图 6-105 所示。

Step 02 在参数设置区域取消选择“柔和过渡”复选框，设置“缩放”“中心点 X 坐标”“中心点 Y 坐标”等参数，然后单击“确认修改”按钮，如图 6-106 所示。

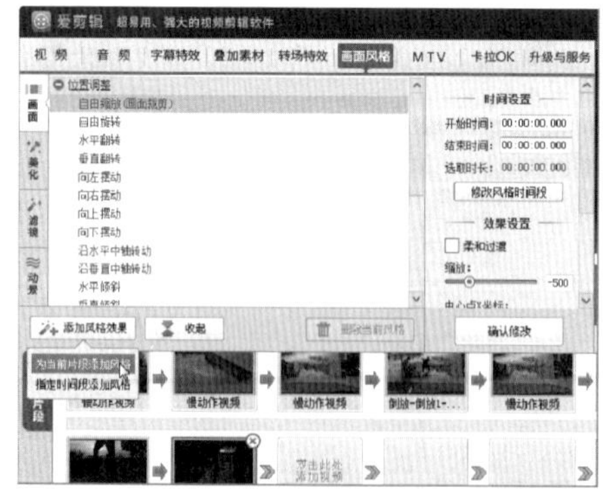

图 6-105 为当前片段添加风格

图 6-106 设置“自由缩放”效果

Step 03 在视频预览区查看视频画面缩放效果，如图 6-107 所示。

Step 04 在“已添加片段”列表中选择第四个视频片段，为其添加“改善光线”效果，并设置各项参数，然后单击“确认修改”按钮，如图 6-108 所示。

图 6-107 查看视频效果

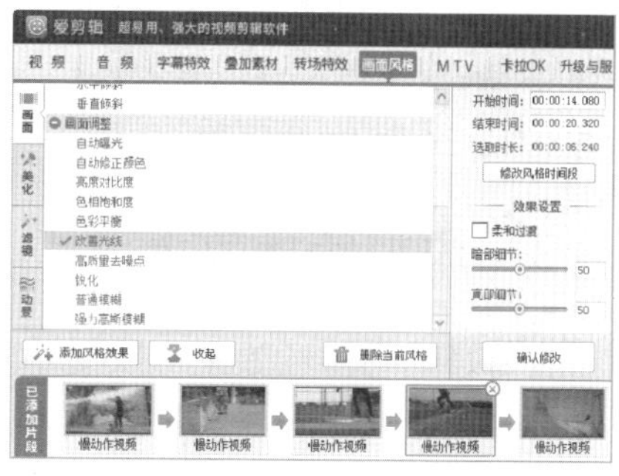

图 6-108 添加“改善光线”效果

Step 05 在“已添加片段”列表中选择第一个视频片段，在左侧栏选择“美化”选项，为其添加“一键电影专业调色”效果，在参数设置区域选择所需的色彩风格，然后单击“确认修改”按钮，如图 6-109 所示。

Step 06 在“已添加片段”列表中选择第四个视频片段，在左侧栏选择“滤镜”选项，为其添加“水中倒影”效果，在参数设置区域取消选择“动态”复选框，然后单击“确认修改”按钮，如图 6-110 所示。

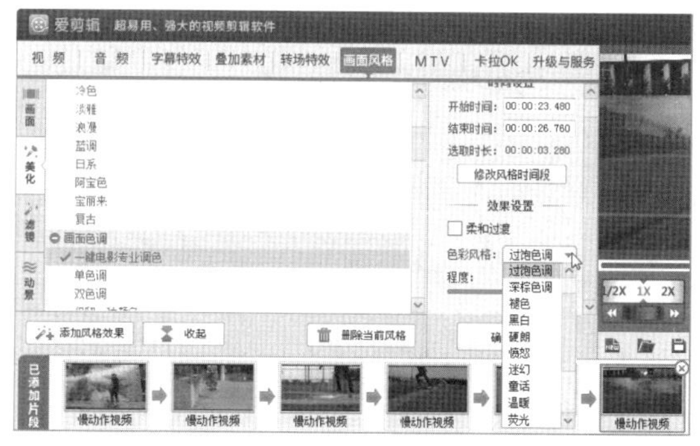

图 6-109 添加“一键电影专业调色”效果

图 6-110 添加“水中倒影”效果

Step 07 在视频预览区查看“水中倒影”效果，如图 6-111 所示。

Step 08 在主界面右下方可以看到已添加的所有画面风格，单击某一种画面风格即可跳转到相应的选项进行设置，如图 6-112 所示。

图 6-111 查看“水中倒影”效果

图 6-112 设置画面风格

6.3.3 添加转场效果

恰到好处的转场效果可以使不同场景之间的视频片段过渡得更加自然，并能实现一些特殊的视觉效果。“爱剪辑”提供了数百种转场特效，使创意发挥更加自由、简单。为视频添加转场效果的具体操作方法如下。

Step 01 在上方选择“视频”选项卡，添加“黑幕视频”视频素材，在弹出的对话框中设置“结束时间”为 4 秒左右，然后单击“确定”按钮，如图 6-113 所示。

Step 02 在“已添加片段”列表中将黑幕视频拖至第一位，选择第二个视频素材，在上方选择“转场特效”选项卡，选择“上下开门”转场效果，在参数设置区域设置转场特效时长，然后单击“应用/修改”按钮，如图 6-114 所示。

图 6-113 截取“黑幕视频”视频

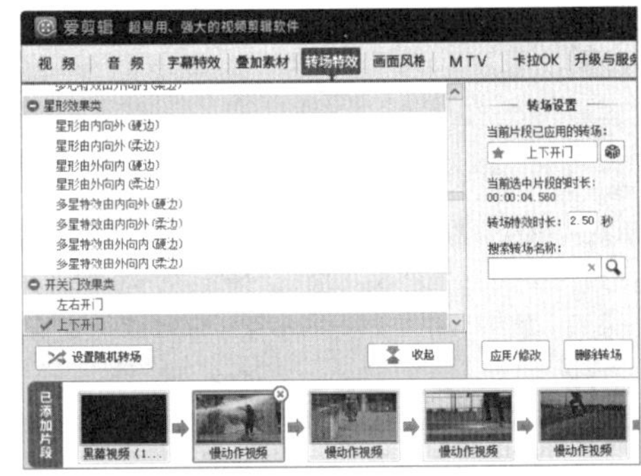

图 6-114 添加“上下开门”转场效果

Step 03 在视频预览区查看“上下开门”转场效果，如图 6-115 所示。

Step 04 复制黑幕视频，并将其移到倒数第二位，为黑幕视频添加“变暗式淡入淡出”转场效果，如图 6-116 所示。采用同样的方法，为最后的视频片段也添加该转场效果。

图 6-115 查看“上下开门”转场效果　　图 6-116 添加“变暗式淡入淡出”转场效果

Step 05 在“已添加片段”列表中选择第六个视频片段，为其添加“透明式淡入淡出”转场特效，如图 6-117 所示。采用同样的方法，为第 12 个视频片段也添加该转场效果。

图 6-117 添加“透明式淡入淡出”转场效果

6.3.4 添加字幕

视频修剪完成后，我们可以在时间进度条的指定位置为视频添加字幕，具体操作方法如下。

Step 01 在视频预览区拖动滑块，定位到要添加字幕的位置，然后双击视频画面，如图 6-118 所示。

Step 02 弹出“输入文字”对话框，输入所需的字幕文字，然后单击“确定”按钮，如图 6-119 所示。

图 6-118　双击视频画面

图 6-119　输入字幕文字

Step03 在参数设置区域选择“字体设置”选项卡，设置字体、大小、对齐和颜色等格式，如图 6-120 所示。

Step04 选择“模糊效果”出现特效，然后选择“特效参数”选项卡，设置出现、停留和消失时的时长，如图 6-121 所示。若要更改字幕出现的时间，则可以选中文字后按【Ctrl+X】组合键进行剪切，然后定位到要出现的位置，按【Ctrl+V】组合键粘贴字幕。

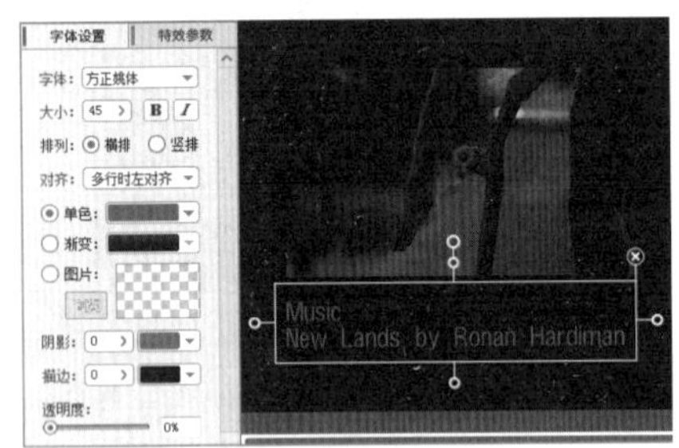

图 6-120　设置字体格式

图 6-121　设置特效参数

Step05 采用同样的方法继续添加字幕，并为其添加“炫酷动感放大”出现特效，并在参数设置区域进行字体和特效设置，如图 6-122 所示。

图 6-122　继续添加字幕

6.3.5 添加视频配乐并导出

在“爱剪辑”中可以为视频添加音频配乐，裁剪音频，并导出最终的视频文件，具体操作方法如下。

Step 01 在上方选择“音频”选项卡，单击“添加音频”按钮，在弹出的列表中选择“添加背景音乐”选项，如图 6-123 所示。

Step 02 在弹出的对话框中选择音乐文件，然后单击“打开”按钮，如图 6-124 所示。

图 6-123 选择“添加背景音乐”选项

图 6-124 选择音乐文件

Step 03 在弹出的对话框中设置“结束时间”为视频的结束时间（可以在视频预览区看到结束时间），然后单击“确定”按钮，如图 6-125 所示。

Step 04 在参数设置区域选中“头尾声音淡入淡出”复选框，然后单击“确认修改”按钮，如图 6-126 所示。

图 6-125 截取音频素材

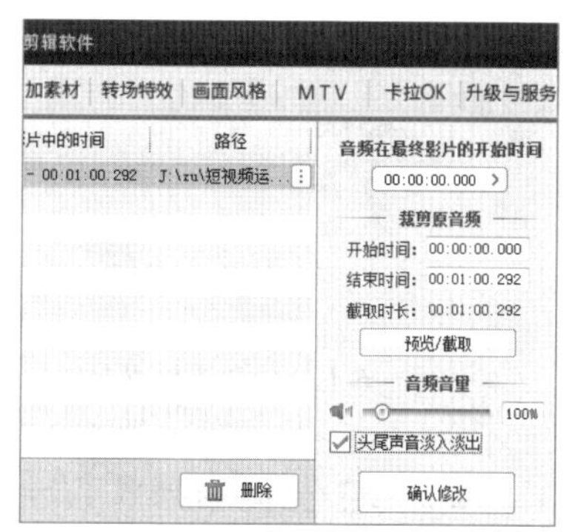

图 6-126 设置头尾声音淡入淡出

Step 05 在视频预览区右下方单击“导出视频”按钮，如图 6-127 所示。

Step 06 弹出“导出设置”对话框，选择“无片头特效”选项，输入创作信息，然后单击“下一步”按钮，如图 6-128 所示。

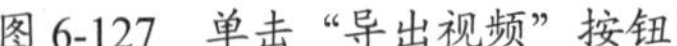
图 6-127 单击“导出视频”按钮

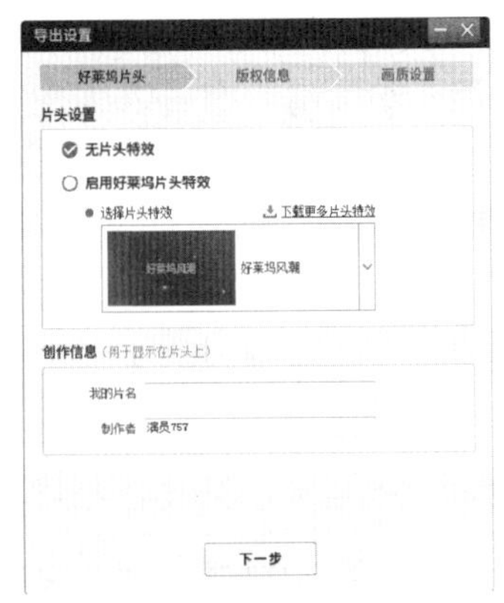

图 6-128 设置无片头特效

Step07 选择所需的版权信息特效，并设置版权 Logo，然后单击“下一步”按钮，如图 6-129 所示。

Step08 进行视频导出设置和参数设置，然后单击“导出视频”按钮，即可导出最终的视频文件，如图 6-130 所示。

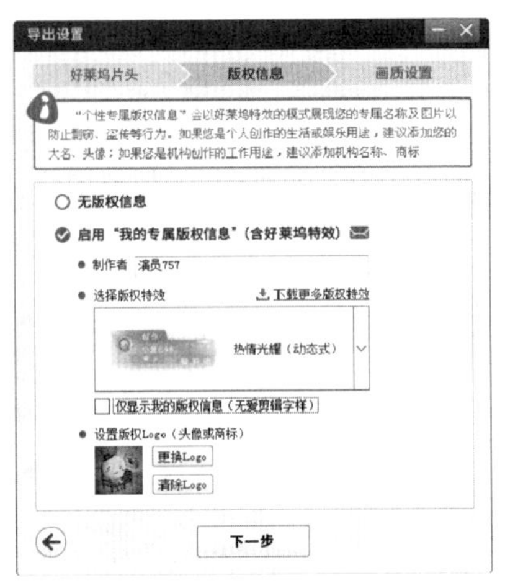

图 6-129 设置版权信息

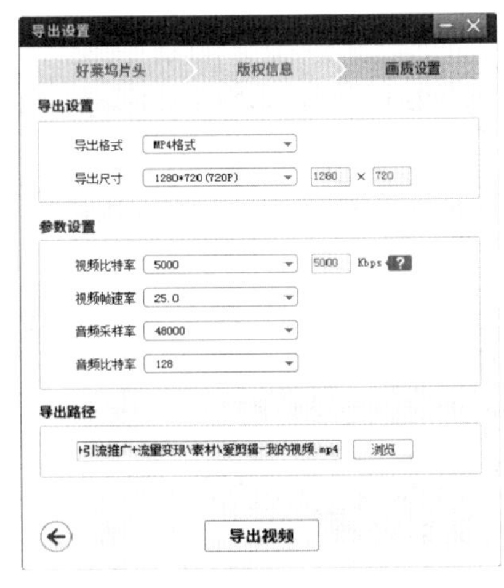

图 6-130 设置导出选项

6.3.6 为视频添加 MTV 字幕特效

利用“爱剪辑”可以将视频背景音乐的歌词快速同步到视频中，根据背景音乐动态显示歌词字幕。为视频背景音乐添加 MTV 字幕特效的具体操作方法如下。

Step01 新建工程文件，添加视频素材和音频素材。在上方选择 MTV 选项卡，单击“导入 LRC 歌词”按钮，在弹出的列表中选择“导入 LRC 歌词文件”选项，如图 6-131 所示。

Step02 在弹出的对话框中选择与音频素材对应的歌词文件，然后单击“打开”按钮，如图 6-132 所示。

图 6-131 选择“导入 LRC 歌词文件”选项

图 6-132 选择歌词文件

Step03 单击“编辑歌词”按钮，如图 6-133 所示。若无须编辑歌词，则可以单击“直接应用”按钮。

Step04 对歌词字幕进行所需的文字编辑，编辑完成后单击“下一步”按钮，如图 6-134 所示。

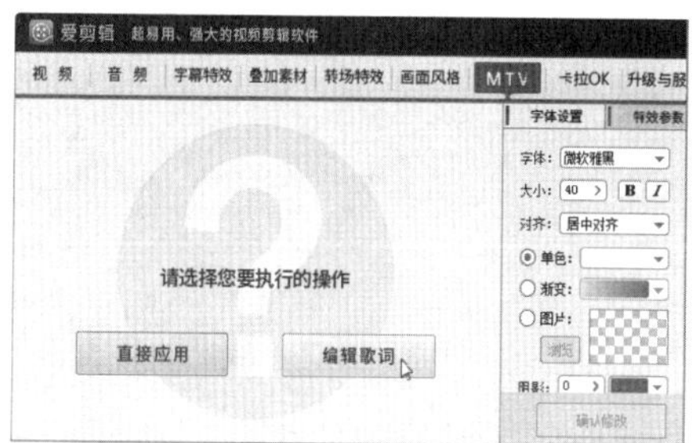

图 6-133 单击“编辑歌词”按钮

图 6-134 编辑歌词

Step05 单击“直接应用”按钮，即可为视频添加 MTV 字幕，如图 6-135 所示。

Step06 在参数设置区域选择“字体设置”选项卡，设置字体格式、大小、颜色和阴影等参数，然后单击“确认修改”按钮，如图 6-136 所示。

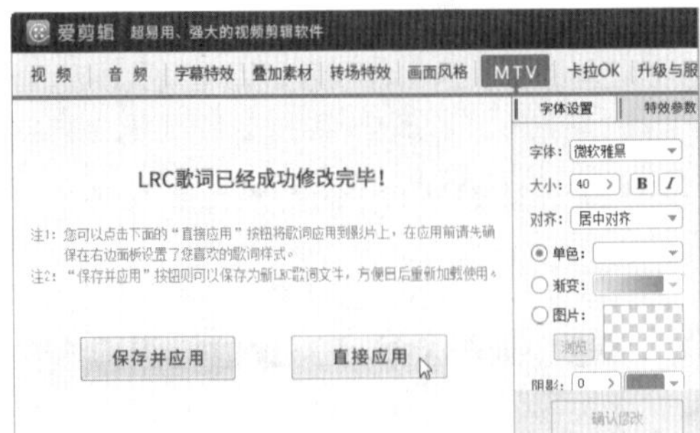

图 6-135 单击“直接应用”按钮

图 6-136 设置歌词字体

Step 07 选择“特效参数”选项卡，选择“整行淡入”歌词特效，单击“确认修改”按钮，如图 6-137 所示。MTV 字幕制作完成后导出视频即可。

Step 08 要下载歌曲的 LRC 歌词文件，可以在音乐播放器中设置下载选项，以“QQ 音乐”为例，在“设置”界面中选择“下载与缓存”选项卡，选中“同时下载歌词”复选框，当下载歌曲时，歌词会被同时下载到设备中，如图 6-138 所示。还可以使用百度搜索“歌词下载”，在相应的网站上搜索并下载歌曲的 LRC 歌词文件。

图 6-137 设置歌词特效

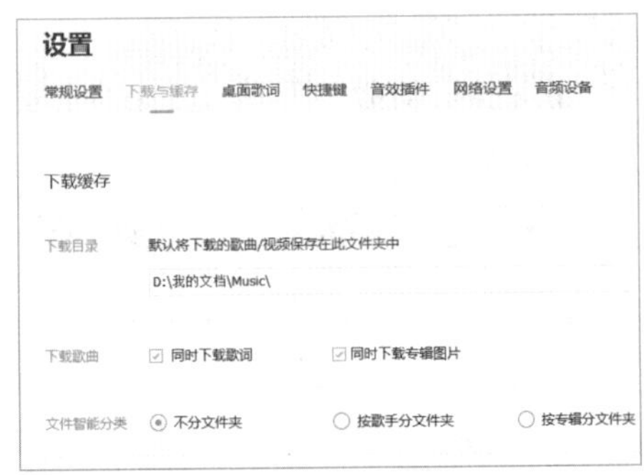

图 6-138 设置下载歌词

第7章

品牌营销：新式广告提升品牌影响力

短视频凭借代入感、传播力更强的特性，以及庞大且持续增长的年轻用户，正逐渐取代传统营销方式成为市场中不容忽视的营销工具，成为品牌塑造自身形象、推广产品、提升自身影响力的重要方式。品牌借助短视频开展营销推广活动，要从短视频的特性出发，打造符合短视频用户需求的新式广告，这样才能获得更好的营销效果。

7.1 营销新风向，短视频营销的四大优势

在视频移动化、资讯视频化、视频社交化的趋势下，短视频已经成为各大品牌十分青睐的重要营销方式。这是因为与传统的营销方式相比，短视频营销具有不可替代的优势。

7.1.1 信息碎片化，迎合用户诉求

随着移动互联网的不断发展，人们越来越习惯使用移动终端利用碎片化的时间来浏览和分享信息，通过朋友圈、微博、新闻网站、短视频等渠道，人们在乘坐公交车、地铁，或者排队等餐的间隙就能了解到各种信息，或者将自己了解的信息分享给其他人。人们的阅读习惯和信息传播方式呈现出的明显的碎片化特征，表明了信息碎片化时代的到来。

在信息碎片化时代到来之前，企业在开展营销推广时会先将自身产品的优势和特色整合成一个极具吸引力的核心诉求点，然后利用广告向目标受众重复地宣传这个核心诉求点。而到了信息碎片化时代，这种营销方式产生的效果将会大打折扣。

在信息碎片化时代，人们每天能够通过各种渠道接触到各类品牌的营销信息，信息量的增多和获取信息的便利性，使人们的注意力越来越分散，很多人没有耐心看完那些内容过长或过于复杂的信息。因此，企业在开展营销推广时，必须要从信息碎片化时代的特征出发，采取新的营销思维和方式，而短视频就是一种不错的营销手段。

短视频的时长一般在 15 秒到 5 分钟之间，在有限的时间里它所展示出来的内容往往都是精华，符合用户碎片化的阅读习惯，降低了人们观看视频的时间成本，让用户在零碎的时间就可以获得丰富多样的产品信息。

7.1.2 生动形象，更容易打动人心

在内容营销时代，企业更注重用带有故事性和情感的营销方式来开展营销推广，此时短视频的优势就凸显了出来。与传统的图文形式的营销方式相比，短视频能给用户带来更好的视觉体验，其表达方式更加生动形象。

短视频虽然简短，但是其所能承载的内容却是非常丰富的。借助短视频，企业可以打造更具故事性的营销广告。在短视频中，企业可以将自己想要传递的信息演绎成一个个带有故事情节的短片，让广告变得更加生动，给用户

造成新的视觉冲击。

在内容营销时代，情感营销发挥着重要作用。在短视频中，如果企业能够将情感融入其中，借助故事情节输出某种情怀，就有利于让用户更真切地感受到品牌传递的情感共鸣。

7.1.3 营销方式多样化，品牌曝光度高

为了让企业更好地开展营销推广，提升品牌曝光度，各个短视频平台也纷纷为企业开启了多样化的营销推广渠道。以抖音平台为例，企业不仅可以采取直接与抖音平台进行合作的方式开展营销推广活动，也可以通过与抖音平台上的短视频达人进行合作的方式开展营销推广活动。

1. 直接与抖音平台进行合作

企业直接与抖音平台进行合作，就是企业通过在抖音平台上投放开屏广告、信息流广告以及发起定制挑战赛和认证企业“蓝 V”的方式来进行营销推广。

（1）开屏广告

开屏广告是指在抖音 App 启动时进行展示的广告，如图 7-1 所示，它是用户进入抖音 App 时看到的第一条信息，此时用户的注意力非常集中，能够对广告产生较深的印象。

（2）信息流广告

信息流广告是指展现在抖音信息流内容中的广告，如图 7-2 所示。

图 7-1 抖音 App 开屏广告

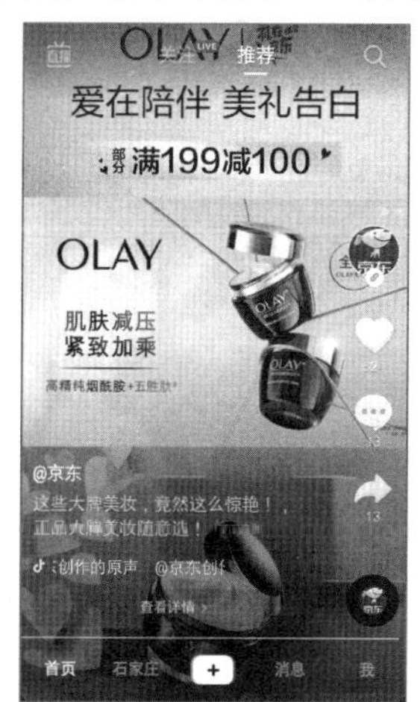

图 7-2 信息流广告

（3）挑战赛

挑战赛是指企业依托抖音挑战赛形式，在抖音平台上发起一项挑战活

动，吸引用户参与，以实现品牌曝光和推广的诉求。例如，六福珠宝发起了一次“#抖爱 fun 享”挑战赛，如图 7-3 所示，该挑战赛吸引了众多用户的积极参与，有效地提升了“六福珠宝”品牌的曝光率。图 7-4 所示为某用户发表的参与此次挑战赛的作品。

图 7-3 “#抖爱 fun 享”挑战赛

图 7-4 参赛作品

（4）认证企业“蓝 V”

企业可以在抖音平台进行官方账号认证，即认证企业“蓝 V”，然后在官方账号中发布展示产品或品牌信息的短视频。认证企业“蓝 V”后，企业可以享受抖音平台为其提供的身份认证、营销转化、用户管理、数据分析等多项专属权益。图 7-5 所示为华为技术有限公司抖音企业号账号主页，图 7-6 所示为华为抖音官方账号发布的一条短视频。

图 7-5 华为抖音官方账号

图 7-6 华为抖音官方账号发布的一条短视频

2．与抖音平台上的短视频达人进行合作

在抖音平台上有很多短视频达人，他们凭借极具创意的短视频获得了大批粉丝的关注，在抖音平台上形成了一定的影响力。因此，一些企业会邀请短视频达人将品牌和产品信息植入到他们的短视频中，从而实现品牌推广，同时，企业会向短视频达人支付一定的推广费用。

将品牌和产品信息植入到短视频达人的短视频中，是一种软性的品牌植入，这样的广告形式不易引起用户的反感，能够让用户在观看短视频的过程中接收广告信息。

7.1.4 互动性好，强化用户与品牌的黏性

在各大短视频平台上，用户可以对短视频进行点赞、评论与分享，还可以给短视频创作者发私信，短视频创作者也可以对用户的评论进行回复。短视频这种强大的社交属性有利于企业与用户进行互动，强化用户与品牌的黏性。

此外，企业在短视频平台上借助短视频发起挑战赛或话题活动，吸引用户参与，不仅能够加深用户与品牌的互动深度，还能加深用户对品牌的认知和理解。

7.1.5 制作成本低，降低营销推广成本

短视频具有制作成本低的特点，一部手机就可以完成短视频的拍摄、制作和上传分享的全部流程，这大大降低了企业拍摄短视频广告的成本。此外，主流的短视频制作软件通常具有特效、滤镜等功能，企业可以通过使用这些功能制作出画面精美的短视频，从而实现良好的宣传推广效果。

7.2 做好内容策划，品牌营销更顺畅

认识到短视频的诸多优势后，很多企业开始使用短视频来开展营销推广。而要想借助短视频达到良好的营销推广效果，企业就需要做好短视频的内容策划，因为只有做好短视频内容策划，企业才能确定营销类短视频的内容方向，然后以此为依据确定合适的短视频分发渠道。

7.2.1 营销类短视频内容策划的基本流程

对企业来说，营销类短视频连接的是品牌及其产品和用户两个方面，基于此，在策划营销类短视频内容时也需要从这两个方面出发。营销类短视频的内容策划包括两个步骤，如图 7-7 所示。

品牌营销短视频策划

分析自身产品差异化卖点

企业通过调研的方式了解竞争对手产品的特点及其营销方式，然后分析自身产品的差异化卖点，明确营销类短视频的主题方向

分析目标用户群体的需求

企业要了解目标用户群体的需求，从他们的需求出发去策划营销类短视频的内容。例如，如果某服装品牌的目标用户群体是商务白领人士，那么在短视频中一定要突出服装大方、得体、端庄等特质。此外，短视频中涉及的场景、故事情节等也要能真实反映商务白领人士的职场生活

图 7-7 营销类短视频内容策划的基本流程

7.2.2 从用户需求出发，深度挖掘品牌和产品价值

在各大电商平台上，营销类短视频的重点是展示产品的外观、功能、使用方法等，这样的短视频对那些进入电商平台想要详细了解产品并购买产品的用户来说无疑是非常有用的。但是在娱乐属性较强的短视频平台上，此类短视频未必能获得用户的欢迎。

这是因为进入电商平台的用户通常对某类产品有着迫切的购买需求，他们观看产品的短视频介绍是为了更好地评判这个产品是否符合自己的要求。电商平台上的营销类短视频应该全面、详细地展现产品的外观、功能、使用方法等，以让用户全方位地了解产品的特点和优势。而在短视频平台上，用户浏览短视频的主要目的是放松身心，对于一些产品他们并没有迫切的购买需求。因此，企业发布在各大短视频平台上的营销类短视频应该着重挖掘品牌和产品的价值，在短视频中强调品牌的价值理念、产品的使用价值等，从而吸引用户持续关注产品，并刺激用户产生购买欲望。

对于如何挖掘品牌和产品的价值，企业可以从图 7-8 所示的 4 个方面入手。

挖掘品牌和产品具有感染力的价值，即挖掘出的价值要能触动用户，能够引发用户的共鸣

挖掘品牌和产品具有差异性特点的价值，以体现“人无我有，人有我优”的优势

挖掘具有实用性的价值，让用户看到短视频后觉得短视频中展示的产品对自己有用

挖掘能提升品牌溢价能力的价值，这样即使品牌为产品制定了较高的价格，也能让用户觉得物有所值

图 7-8　挖掘品牌和产品价值的角度

7.3　广告“因竖而变”，短视频竖屏营销的创意法则

对于每种新的媒介的出现，企业都需要分析新的营销环境、探索新的媒介营销策略。在短视频竖屏媒介环境下，企业在短视频平台上投放广告也需要探索适合竖屏的广告创意方法。在短视频时代，广告营销要“因竖而变”，坚持“竖屏思维”成为做好短视频营销的关键点。企业在策划广告时，广告创意的每个环节都需要考虑与竖屏环境的适配性，并考虑如何让广告更好地融入用户场景中。

7.3.1　点燃用户激情法则：从热门内容中挖掘创意

短视频平台上的热点内容更容易引发用户产生共鸣，所以企业要寻找并研究短视频平台上的热点内容，并对热点内容进行二次创作，创作出符合短视频用户观看习惯的短视频广告。

1．广告要生活化、娱乐化

传统的电视广告片以一种“权威教育”的语气向用户传达品牌和产品信息，而短视频则更加注重用“平等对话”的语气与用户交流。因此，企业在短视频平台发布短视频广告要适应短视频平台的内容属性特征。

在抖音、快手等短视频平台上，与纯广告相比，音乐、舞蹈、反转剧、段子等形式的广告的有效播放率、转发率、评论率要更高。由此可见，生活化、娱乐化的内容更符合短视频平台的特性和用户偏好。

卫龙辣条在抖音上发布了一条广告，在广告中，手拿美食的男孩一脸可爱状地来找女孩玩，女孩却对男孩说：“你走吧，我妈不让我跟你玩儿。”男孩听了之后失落地转身离去，这时女孩看到了男孩背在身后的卫龙辣条大礼包，面对美食的诱惑，女孩连忙对男孩喊了句：“哎，你回来吧，我爸让我跟你玩儿。”

“你走吧，我妈不让我跟你玩儿”曾经是抖音上非常流行的一句话，很多人跟风拍摄同款短视频。卫龙辣条的这条广告不仅使用了这个热点，拉近了品牌与用户的心理距离，还在热点上发挥了自己的创意，设置了反转剧情，进一步提升了这条广告的趣味性。图 7-9 所示为卫龙辣条广告的短视频画面。

图 7-9　卫龙辣条广告的短视频画面

2. 广告简单、易模仿

品牌方创作短视频广告时，要善于利用短视频平台上的各类工具、特效、技术流玩法等，让广告内容更好地契合短视频平台的调性，让用户观看完广告后愿意去模仿，拍摄同款短视频。

在短视频平台上，简单易学的舞蹈、朗朗上口的歌曲、可被复制的表情、反转剧情等元素都是容易被模仿的，如果企业的短视频广告中包含这些元素，就很容易引发用户主动模仿与传播，从而实现广告的自发性裂变式传播。

7.3.2 黄金时间法则：快速抢夺用户注意力

所谓黄金时间，就是指一天中广播电视节目视听率最高的时段、最宝贵的一段时间，如春节联欢晚会开始前的十几分钟、天气预报开始前的几分钟等。对短视频来说，黄金时间就是短视频的前 5~7 秒。也就是说，短视频广告的前 5~7 秒是企业完成病毒式营销的“黄金时间”，这也是做好短视频广告的关键点。

要想在黄金时间内快速抢夺用户的注意力，企业在制作短视频广告时需要做好以下几点。

1. 制作抢眼的开头

短视频广告的开头一定要抢眼，要能在 5~7 秒内抢夺用户的注意力，吸引用户花费十几秒的时间把它看完，并对产品产生购买欲望。

2. 控制广告时长，情节紧凑

企业要控制短视频广告的时长，一般来说，时长在 15 秒内的广告的效果较好。如果广告中涉及的故事情节较多，那么可以将情节设计得紧凑一些，这样有利于控制广告的时长。

3. 尽早提出品牌名、产品名

由于短视频广告的前 5~7 秒是黄金时间，且广告的时长较短，所以企业要尽早在短视频广告中提出品牌名、产品名，以尽快地向用户传递品牌信息。

4. 广告卖点单一、深入

由于短视频广告的时长限制，广告无须展示产品的多个卖点，只需深入展示产品的一个核心卖点即可，这样便于用户对该卖点形成深刻的记忆。例如，销售冰箱的企业可以在短视频广告中强调冰箱的“保鲜”功能，销售手机的企业可以在短视频广告中强调手机的“防抖”功能等。

5. 使用场景单一化

在短视频广告中，企业通常会借助某个生活场景或使用场景来展示产品的卖点。在这个过程中需要注意的一点是，越单一、越具体、越细分的生活场景或使用场景，越有利于用户进行记忆。例如，快消品短视频广告可以通过母亲节、父亲节等具体的消费场景来强调产品的礼物属性；汽车品牌短视频广告可以通过“户外旅行”这个具体的使用场景来突出汽车空间大的优势。

例如，周黑鸭在抖音上发布的“STORY-如何优雅地吃”广告中，以后厨备餐为场景，展现了“周黑鸭”系列产品的高级吃法，如图 7-10 所示。该广告在一开始就借助产品包装植入“周黑鸭”的品牌形象，并在制作菜肴的过程中借助产品包装和产品反复强调“周黑鸭”的品牌形象。整个广告画面精致，BGM（背景音乐）富有节奏感，极具吸引力。

图 7-10　周黑鸭“STORY-如何优雅地吃”广告

7.3.3　打造原生化场景法则：在生活化场景中植入产品信息

打造原生化场景法则是指企业要在生活化的场景中巧妙地植入品牌和产品信息，增加广告的亲切感，这样才能让用户乐于接受广告。

用户对广告的鉴别和过滤能力不断增强，在竖屏时代，生硬而纯粹的广告无法更好地获得用户的关注。但是，从广告的营销属性上来讲，如果在短视频广告中不能将品牌或产品的信息很好地展示出来，就无法发挥短视频广告的营销效果。因此，短视频广告不能是传统广告片那样的硬广，也不能冗长拖沓，而要考虑品牌信息与广告内容的巧妙融合，在生活化的场景中与用户实现互动。

以抖音平台为例，企业遵循打造原生化场景的法则创作短视频广告时，可以从以下 3 个方面入手。

1. 外在形式原生：典型的短视频风格

在抖音平台上比较受欢迎的短视频都包含以下几个元素：竖屏、故事情节、BGM。因此，企业在创作在抖音平台上投放的短视频广告时，也应该让广告带有这些元素，让广告表现出强烈的“抖音风”，从而让短视频广告深度贴合抖音平台用户的观看习惯。

在抖音上有很多非常火爆的 BGM，只要音乐一响起，瞬间就能激发用户的亲切感。例如奥利奥发布的主题为“慢慢靠近”的广告，使用的 BGM 是《Creepin up on you》这首英文歌的前奏部分，熟悉的音乐节奏配上两个人争抢奥利奥的画面，展现了生活中的小美好，也呼应了奥利奥“玩在一起”品牌理念，如图 7-11 所示。

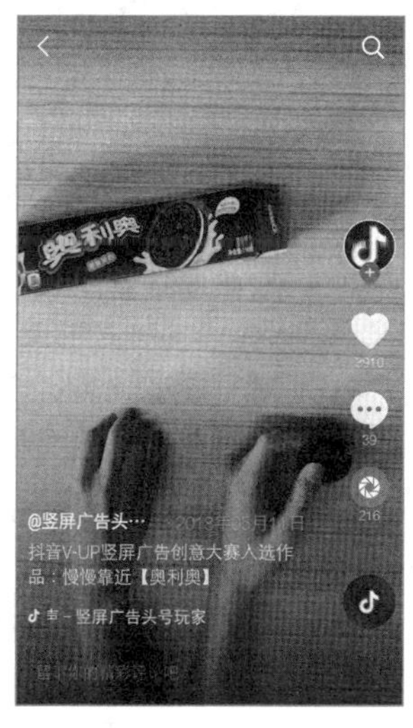

图 7-11　奥利奥“慢慢靠近”主题的广告

2．内容生产方式原生：符合短视频用户的需求

企业要以洞察用户的真实意图为基础，了解用户观看某类短视频的真实需求是什么。例如，用户观看短视频可能是为了欣赏短视频中炫酷的特效，也可能是为了体验短视频中带有反转情节的剧情。因此，品牌方要从用户的需求出发，创作能满足用户观看需求的广告内容。

京东 TOPLIFE 在抖音上发布了一条主题为“每日改变在这里”的广告，在 15 秒的广告中使用了抖音上最热门的短视频拍摄技巧，包括分镜头快速切换（见图 7-12）、虚实结合、同一个人合拍（见图 7-13），广告制作精良，画面精致，既体现了品牌调性，又满足了用户观看炫酷特效的需求。

3．情感原生：制造美好情感共鸣

抖音的 Slogan（口号）是“记录美好生活”，所以企业在抖音上发布的短视频广告要能够展现生活的美好，要能够借广告引发用户对美好生活的情感共鸣。

例如，创维电视教育平台发布的主题为“你忙完了，孩子也长大了”的公益广告，以孩子的视角为切入点，呼吁父母在工作之余多陪伴孩子，快速引起了用户的共鸣，该广告引发了用户的大量转发和评论，实现了品牌方与用户的深刻互动，如图 7-14 所示。

图 7-12　分镜头快速切换画面

图 7-13　同一个人合拍画面

图 7-14　“你忙完了，孩子也长大了”公益广告

7.4　企业号运营，打造品牌私域流量池

为了满足企业营销推广的需求，抖音、快手等短视频平台纷纷开通了企

业认证服务，通过企业号为各行各业的企业提供内容分发和商品营销等服务。企业号是企业在抖音、快手等短视频平台上向用户展示品牌与产品价值，与用户进行互动沟通的窗口。企业运营企业号，不仅是一种获取流量、与用户长期保持互动的有效方式，还能帮助企业避免出现在非宣传期内品牌热度降低的现象，让品牌在短视频平台上保持持久的存在感。

7.4.1 打造企业号专属形象

专属形象是基于企业号的运营体系而言的，企业号打造专属形象的目的是通过企业号输出的内容准确传达品牌理念，让用户对品牌形成认可。企业打造企业号专属形象可以从账号简介、短视频封面、短视频内容和互动行为4个方面入手。

1. 账号简介：简练、直白

很多进入企业号主页的用户是被企业号发布的某一条短视频吸引进来的，而他们进入企业号主页就是为了看看这个账号是否是自己喜欢的类型，是否值得自己点击关注。此时，企业号的账号简介就显得至关重要，它是企业号的自我介绍，发挥着为用户营造第一印象的作用。

一般来说，人们都不喜欢听冗长、把自己夸得天花乱坠的自我介绍，而短视频平台上的用户更是没有这样的耐心，他们只想简单、快速地了解这个账号是否符合自己的需求，是否值得自己去关注。因此，企业号主页的账号简介一定要简练、直白，能够非常直观地体现出账号的鲜明个性，让用户一看到账号简介就能了解该账号的特性。

图7-15所示为卫龙辣条抖音企业号主页，其简介为“就是你经常吃的辣条”，简练、直白，能够使用户陷入回忆中。图7-16所示为adidasneo抖音企业号主页，其简介为“据说生来好动的人都关注这个号”，用“据说体+生来好动”的形式既凸显了该账号的运动属性，又能引发热爱运动的用户的共鸣。

2. 短视频封面：风格统一，具有视觉张力

企业要保证企业号所发布的短视频封面风格的统一，且充满视觉张力，这样有利于增强用户对企业号专属形象的信任度。

3. 短视频内容：符合账号专属形象特征

企业号中发布的内容一定要与账号的专属形象相符。有些企业急功近利，在运营企业号时一味地跟风追热点，一旦有热点出现，企业号就发布与该热点相关的短视频。这样的做法很容易导致企业号所发布的短视频的内容

调性不统一，让用户无法了解企业号的特征。

在企业号的运营中，符合专属形象永远都是企业号短视频创作应该遵守的最基本的原则，在符合专属形象的基础上才能考虑短视频的创意和风格等其他元素。

图 7-15 卫龙辣条抖音企业号主页

图 7-16 adidasneo 抖音企业号主页

4. 互动行为：互动方式多样化

企业号与用户进行互动的方式主要有 4 种，即评论互动、私信互动、短视频内容互动和直播互动。与创作短视频相同，企业号无论采取哪种方式与用户进行互动，其所有的互动行为都应该符合企业号的专属形象，否则可能会让用户产生不适感。

（1）评论互动

对用户评论进行积极回复是一种彰显账号专属形象的做法。与用户进行评论互动，最重要的是要为用户营造一种轻松的聊天氛围，要多使用口语化的语言。当然，也可以使用一些具有幽默感的语言，或者使用一些有趣、活泼的表情符号，如图 7-17 所示。

（2）私信互动

一般来说，给企业号发私信的用户会在私信中提出一些与企业的品牌及其产品相关的问题，如某个优惠活动的详细规则、某款产品的性能等。因此，企业号在回复用户私信时，要注意解答的专业性和权威性。

（3）短视频内容互动

短视频内容互动是指企业从企业号评论区中的某条评论中获得启发，在符合账号专属形象的前提下，创作并发布回应该评论的短视频内容。

（4）直播互动

直播互动是指企业通过发起直播与用户进行互动。在直播中出镜的人物要符合企业号的专属形象，可以是企业的领导、吉祥物，也可以是企业号短视频中的主要演员。

图 7-17 带有表情符号的评论互动

7.4.2 创意内容，开启内容营销更多可能性

企业运营企业号不要为了流量而做流量，要从用户需求的角度出发来考虑短视频的内容，为用户提供好看的、与众不同的短视频内容。企业号策划创意内容时，可以采用以下形式。

1. 展示广告片

企业可以在企业号中配合关键的营销节点集中投放品牌或产品的广告片，帮助品牌在短期内实现声音份额的爆发式增长。所谓声音份额，就是指某一品牌广告在同媒体广告投放中所占的比例，声音份额越大，越能清晰地传递广告信息，有效地突出品牌形象。图 7-18 所示为 vivo 手机企业号发布的广告片。

2. 创意剧情

创意剧情是指在短视频中拍摄有趣的剧情，并在剧情中植入产品或品牌信息，让用户在愉悦中加深对品牌的印象。

例如哈弗 SUV 的抖音企业号发布的一条短视频，其剧情是，一对情侣吵架了，两个人上车之后想放首歌缓解一下情绪，男孩想听相声，女孩想听音乐，两个人互不相让地对着哈弗 F5 的中控显示屏说出自己的要求，于是中控显示屏中搭载的 Fun-Life 智能网联系统在相声和音乐之间不断地切换，最后 Fun-Life 智能网联系统机智地选择了一首《五环之歌》化解了这场矛盾，如图 7-19 所示。这条短视频通过有趣的剧情设计，展现了哈弗 F5 Fun-Life 智能网联系统强大的语音识别能力。

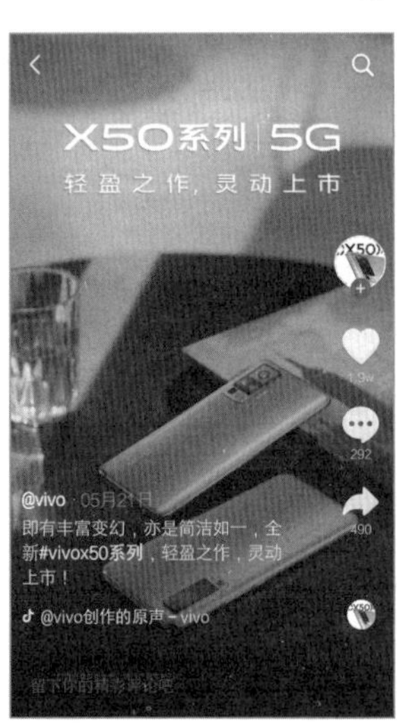

图 7-18 vivo 手机企业号发布的广告片

图 7-19 哈弗 SUV 创意剧情短视频

3. 展示产品，凸显功能

功能演绎是指利用短视频达人或品牌内部员工的表现力，充分演绎产品的特性和使用场景。例如，小米手机的抖音企业号中的短视频就是以展示小米手机的功能、特性为重点的，通过在短视频中向用户展示使用小米手机拍摄各种特效的方法，来体现小米手机的独特性能和优势。在该企业号发布的一条短视频中，展示了使用小米手机光焦分离功能在家拍摄“空间旅行”大片的方法，如图 7-20 所示。

图 7-20　使用小米手机光焦分离功能拍摄“空间旅行”大片

4. 创作趣味音乐

在抖音平台上，很多普通人创作的趣味音乐成为当下的流行指标，并成为抖音达人在拍摄短视频时争相使用的 BGM。企业号也可以通过“玩音乐”的方式创作一首自己的趣味音乐，并在音乐中植入品牌信息，让它在短视频平台上流行起来，借助音乐实现品牌信息的传播。

例如，宝骏汽车抖音企业号发布了一条主打“刚刚好”理念的短视频，短视频中的主角是由宝骏汽车的 Logo 演绎出来的一匹马，并且它随着音乐的节奏灵活地跳着舞蹈，如图 7-21 所示。这条短视频中使用的 BGM 是由宝骏汽车企业号原创的《宝骏 360 真的刚刚好》，创作者将产品卖点巧妙地植入歌词中，音乐节奏活泼，很有感染力。在抖音平台上有超过 25 万人使用了《宝骏 360 真的刚刚好》品牌 BGM 来拍同款短视频，如图 7-22 所示。

图 7-21 “真的刚刚好”短视频

图 7-22 拍同款

5．创作系列短视频

创作系列短视频是指在企业号中发布与某个主题相关的系列内容，为用户营造一种看电视剧的感觉，让用户看过其中一条短视频，就想再看同系列中的其他短视频。

例如，奥迪的抖音企业号就推出了男友系列短视频，将买车比作寻找男朋友，从“出身”“智商”“颜值”等不同角度展现了奥迪 A4L 的成长历程、车载操作系统、外观等卖点，加深了用户对奥迪 A4L 的认知，如图 7-23 所示。

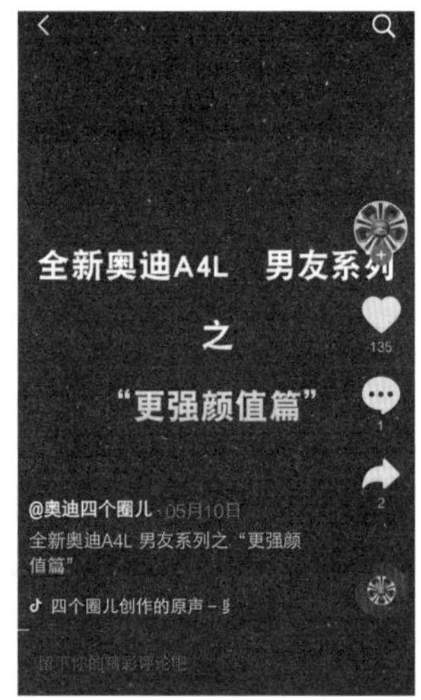

图 7-23 奥迪抖音企业号男友系列短视频

6. 展示企业工作日常

用户在选购产品时，不仅关心产品的质量、服务水平等，通常也会关注企业的文化。尤其是对一些知名企业来说，其领导和员工的工作日常会令人非常好奇。因此，对企业来说，可以拍摄一些展示企业日常工作环境、工作场景的短视频，这样在满足用户好奇心的同时，也能有效地宣传企业文化，向用户展示自身的软实力。

例如，支付宝就在企业号中发布了一条标题为“在支付宝上班是什么感觉”的短视频，向用户展现了支付宝公司的工作环境，引发了很多人的讨论，如图 7-24 所示。

图 7-24 “在支付宝上班是什么感觉”短视频

7. 借势热点

借势热点是做好内容营销的关键法则之一，如果企业号中的短视频能够与某个热点相结合，就更容易打造爆款短视频，提升企业号的人气。

企业号采取借势热点的方式创作短视频时，需要注意如下两点：一是要只借与自己品牌/产品理念、卖点相契合的热点的“势”；二是要懂得灵活变通，采取多种方法成功借势。例如，可以走娱乐路线，也可以走亲情路线、萌娃萌宠路线，还可以走分享知识技能路线，总之要丰富热点的表现形式，切莫总是采取一种方式去借势热点。

7.4.3 定制创意贴纸，促进品牌二次传播

抖音平台为企业提供了定制创意贴纸的服务，即企业在抖音平台定制带有自己品牌信息的专属贴纸，用户在拍摄抖音短视频时就可以在贴纸栏选择

使用企业的定制创意贴纸。

企业定制创意贴纸有利于让用户在使用定制贴纸制作短视频的过程中，加深对品牌的印象，提高对品牌的好感度。此外，用户将使用了定制创意贴纸的短视频上传至短视频平台，也可以让品牌信息获得二次传播的机会，从而提升品牌的影响力。

例如，必胜客企业号就在抖音上发起过一次以“新春抖五福”为话题的视频挑战赛，用户需要使用必胜客定制的带有必胜客品牌元素的“新春抖五福”贴纸拍摄短视频参与挑战赛。这样不仅增加了用户参与挑战活动的趣味性，又能让用户在使用定制贴纸拍摄短视频的过程中加深对必胜客品牌的印象。图 7-25 所示为用户使用“新春抖五福”贴纸拍摄的短视频。

图 7-25 用户使用“新春抖五福”贴纸拍摄的短视频

7.4.4 分段运营，搭建企业号阶段性运营模型

企业在运营企业号的过程中，需要搭建企业号阶段性运营模型，将企业号的运营分为若干个阶段，并合理制定各个阶段的运营目标，循序渐进地推进企业号的运营。下面以抖音企业号为例，介绍搭建企业号阶段性运营模型的方法。

1. 探索期：打造爆款，吸引粉丝

企业号刚刚建立之后需要经过 1~3 个月的运营探索期，在这个阶段，企业应该从抖音主流用户的需求出发，创作符合他们需求的短视频内容，通过

不断提高企业号中短视频的完播率、点赞量、评论量、转发量等指标，持续创作爆款短视频，为企业号迅速积累粉丝。

2. 成长期：筛选种子用户

企业号运营的第3~6个月是其成长期，在此阶段，企业需要做的工作主要有以下两项。

一是筛选种子用户。所谓种子用户，是指会持续关注企业号的内容、与企业号进行积极互动且与企业的目标用户画像相符的用户。企业要从企业号积累的沉淀用户中将这些有价值的种子用户筛选出来，形成种子用户群。

二是优化内容输出。企业要分析种子用户的内容偏好，然后根据种子用户的偏好优化企业号的内容输出，从而吸引更多的优质用户关注企业号。

3. 稳定期：构建企业号矩阵

由于企业号具有较强的营销性质，所以企业号运营一段时间后，难免会出现粉丝数量增长速度变慢，甚至粉丝取消关注、流失的问题。为了缓解这些情况给企业号运营造成的不利影响，企业可以构建企业号矩阵，实现不同账号之间的互相引流，以促进用户数量的增长。

构建企业号矩阵的方法主要有以下3种。

（1）在同一平台上构建账号矩阵

企业通过分析品牌价值、各产品线中产品的核心卖点等，在同一个短视频平台上创建具有不同运营目标、不同运营方向的企业号，并让不同账号间实现互相导流。

（2）多平台运营企业号

企业在多个短视频平台上创建企业号，并从短视频平台的特征出发，创作符合该平台特征的内容，以在不同平台积累用户，实现品牌和产品价值的多平台传播。

（3）对种子用户进行精细化运营

企业从企业号中筛选出种子用户后，对其实施精细化运营策略，为其创建专属的社群，通过社群运营来提升种子用户的参与感和获得感，让他们成为品牌和产品的忠诚用户和口碑宣传者。

小米科技有限公司在运营企业号时就采取了构建企业号矩阵的策略。在抖音平台上，其拥有“小米公司”（见图7-26）“小米手机”（见图7-27）“小米有品”（见图7-28）等企业号，并且不同的企业号输出不同的内容。“小米公司”企业号主要输出与小米公司日常运作相关的内容，“小米手机”企业号主要输出能体现小米手机各项功能、性能的内容，“小米有品”企业号则主要展示小米公司旗下各类精致的生活消费品。

图 7-26 “小米公司”企业号主页

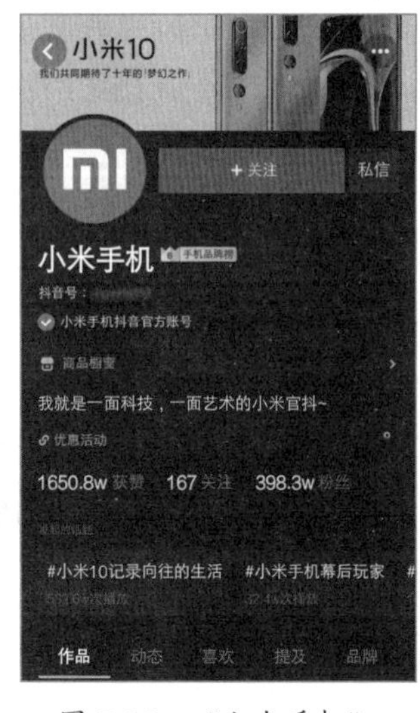

图 7-27 “小米手机”企业号主页

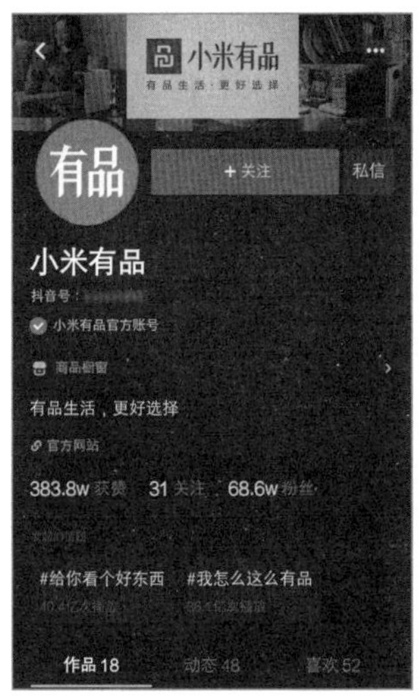

图 7-28 “小米有品”企业号主页

此外，小米科技有限公司在快手平台、西瓜视频、抖音火山版等平台上也拥有独立运营的企业号。在快手平台上，企业号“小米官网”还为粉丝创建了专属的粉丝群，如图 7-29 所示。

图 7-29 快手平台小米企业号粉丝群

第 8 章

引流推广：从零到千万粉丝的逆袭

如果短视频没有人观看，即便它的质量再高、内容再好也无法获得广泛的传播，更无法顺利实现流量转化。因此，短视频创作者要想打造爆款短视频，除了要保证短视频本身的质量，还需要为短视频做推广和引流，为短视频积累更多的人气，吸引更多的粉丝。

8.1 保持更新，培养忠诚用户

短视频创作者要想让用户成为自己的忠诚粉丝，首先要让用户养成良好的观看习惯。保持短视频的稳定更新，让用户对短视频形成一种期待感，这是培养用户观看习惯的有效方式之一。创作者保持短视频稳定更新，需要做好两方面的工作，一是保持稳定的更新频率，二是找准短视频发布的时间点。

8.1.1 稳定的更新频率，培养用户期待感

短视频账号的更新频率会对账号的曝光度产生一定的影响，短视频账号更新的频率越高，获得的曝光就会越多，被用户记住的概率就会越大。这就好比人与人之间的交流，交流的次数越多，彼此之间的关系就会越紧密、越稳定。因此，短视频创作者需要保持短视频账号稳定的更新频率，与用户保持稳定的“交流”次数，从而加深与用户之间的联系。

1. 每天更新

对有能力、有条件的短视频创作者来说，尽可能保证每天更新作品，并且每天都在固定的更新时间，这样有利于培养用户每天在固定的时间去追短视频的习惯，有利于提升短视频账号在用户心中的地位。例如，“陈翔六点半”的短视频账号通常会在每天下午六点半左右更新作品，这样就会让关注了该账号的用户每天都有期待，养成每天下午六点半准时去看更新的短视频的习惯。

2. 间隔固定的时间更新

如果短视频创作者无法做到每天更新，可以每隔一天更新一次，或者每隔两天、三天更新一次，这样也能让用户形成一定的期待感。需要注意的是，在这种更新频率下，短视频创作者一定要保证短视频的质量，力争将短视频打磨到最好，因为只有优质的内容才会让用户念念不忘，才会让用户愿意花费时间去等待。

8.1.2 找准发布时间点，取得事半功倍的效果

在短视频账号的运营过程中，短视频的发布时间点对短视频的播放量会有一定的影响。在一天 24 小时的时间里，每一个时间段内短视频用户的活跃度是不同的，有高峰期和低谷期之分，在用户活跃高峰期发布短视频，更容易让短视频获得较多的播放量。一般来说，一天之内，常见的短视频用户活

跃度高峰期有以下几个时间段。

- 7:00~9:00：有的人早晨起床后会习惯性地看会儿短视频，同时这个时间段通常上班族正在上班的路上，他们常常会在乘坐交通工具时浏览短视频。
- 12:00~14:00：很多人会利用中午吃饭、休息的时间浏览短视频。
- 17:00~19:00：下班时间段，人们结束了一天的工作，很可能会选择观看短视频放松一下。
- 21:00~22:00：一些人会在睡前这个时间段浏览短视频。

其实所谓的较好的发布时间点并没有统一的标准。关于短视频的发布时间点，没有最好，只有最适合自己，上述时间点只是用户可能比较闲暇的时间段，可以作为参考。

此外，短视频创作者在选择发布短视频的时间点时还应该考虑自己目标受众群的特点，因为每个细分属性人群的休闲的时间点是有所不同的，短视频创作者应该结合自己目标受众群的属性特点去选择短视频的发布时间。

8.2 装扮“门面”，提升短视频的吸引力

所谓“人靠衣装马靠鞍”，如果将短视频的内容比作人，那么短视频的标题、封面图就是这个“人”的衣服，是短视频的“门面”担当，穿上了“衣服”的内容，会更具吸引力，更易于传播。

8.2.1 拟定吸睛标题，提高短视频播放量

短视频的标题是让用户快速了解短视频内容，并对短视频产生记忆的重要渠道。标题的好坏会影响用户是否会点击短视频进行观看，影响短视频平台能否通过识别短视频标题为短视频投放推荐量，进而影响短视频的播放量。由此可见，一条短视频是否能爆红，标题起着举足轻重的作用。

1. 拟定短视频标题的 3 个原则

标题是短视频的播放量之源，有时候标题的一字之差就可能会给短视频带来不同的播放量。短视频创作者在拟定短视频标题时，需要遵守以下 3 个原则。

（1）精准概括短视频的主题

短视频的标题一定要精准，要能够准确概括短视频的主题，让用户一看

到标题就能知道短视频的核心内容是什么。

（2）标题简单易懂

短视频的标题要简单易懂，要能让用户一看就能知道标题想要表达什么意思。避免在标题中使用冷门词汇、生僻词汇、缩写词等不易理解的词汇，一是因为这些词汇会增加用户理解标题意思的难度，用户可能会因看不懂而放弃点击短视频；二是短视频平台可能无法识别这些词汇，这样就会导致短视频无法从平台方获得更多的推荐量。

（3）标题与短视频内容相符

在拟定短视频标题时一定要从事实出发，保证标题表达的意思与短视频的内容相符，切忌为了吸引眼球而为短视频拟一个骇人听闻或严重夸张的标题。这样做会让观看了短视频的用户产生文不对题的感觉，从而影响用户对短视频的评价。此外，这样的标题容易被短视频平台判定为“标题党”，从而让短视频无法获得更多的推荐量。

2. 撰写极具吸引力标题的实用方法

优质的标题不仅能为短视频增色不少，还能吸引更多的用户观看短视频。下面介绍几种撰写短视频标题的方法。

（1）使用数字

在标题中使用数字，不仅能让标题的内容更加直观，让用户看到标题就能知道短视频中的内容点会有几个，还能让标题更具冲击力，快速吸引用户的注意力。当然，这里所说的数字是指阿拉伯数字，而不是汉字数字。因为阿拉伯数字更直观、更容易吸引人的注意力，如图 8-1 所示。

图 8-1　带有阿拉伯数字的标题

（2）使用疑问句

疑问句往往能激起用户强烈的好奇心，让用户因好奇而点击观看短视频。例如，某账号发布了一条测评 5G 网速的短视频，其标题为“有多快？5G 在日常使用中的真实体验”。该短视频创作者使用疑问句提出疑问，用提问的方式激发用户的好奇心，刺激用户通过观看短视频来获得答案，使该短视频在哔哩哔哩平台上获得了超过 2000 万次的播放量，如图 8-2 所示。

有多快？5G在日常使用中的真实体验
数码 > 手机平板 2019-06-06 19:59:58 最高全站日排行1名
2053.2万播放 · 19.2万弹幕 未经作者授权，禁止转载

图 8-2 在哔哩哔哩平台上的播放量

（3）设置对比或冲突

短视频创作者可以在标题中提供两个完全不同甚至互相对立的观点和事实，用反常规的思路来刺激用户的好奇心。例如标题“多次被拒之门外，可我还是对它情有独钟”，通常来说，多次被拒之门外，很多人会选择放弃，可短视频创作者却说“还是对它情有独钟”，这就刺激了用户的好奇心，让用户想知道究竟是什么东西具有这么大的吸引力，让短视频创作者如此念念不忘，用户想要知道答案，自然会点击视频去观看。

（4）将标题场景化

将标题场景化是指在标题中给用户构建出一个完整的事件来，为用户制造代入感。例如“我使用了这个方法，手机运行速度真的变快了！”这个标题，就为用户构建了一个完整的事件：“我使用了这个方法”是事件的过程，“手机运行速度变快了”是事件的结果。言外之意就是“我用了这种方法让手机的运行速度变快了，你用了也可以让手机的运行速度变快，赶快观看视频中究竟使用的是什么方法吧”。

（5）将标题做成系列

将标题做成系列其实是为了给账号中其他的短视频带流量做准备。例如，在标题中加入“上”“下”（见图 8-3），“第一弹”“第二弹”“第三弹”“之一”“之二”“之三”这样的字眼，当用户观看了系列中的某一条短视频后，如“×××（上）”时，自然会考虑在账号中寻找“下”的短视频来观看，这样就能为其他短视频引流。

当然，要想让这种系列标题发挥引流作用，就要保证短视频的质量很高，内容足够吸引人。因为只有其中一个短视频让用户产生了兴趣，用户才会愿意花费时间和精力去寻找同系列的其他短视频。

图 8-3　带有“上”“下”字眼的系列式标题

（6）指明目标受众

短视频创作者可以在标题中指明目标受众，可以按目标受众的地域、身份、年龄等属性来取标题。例如“妈妈必看，适合 8 个月宝宝吃的 10 种辅食”“上班族必看！省时省力的 8 种早餐做法”，这样能够精准地吸引妈妈们、上班族来观看短视频。当然，这样的标题也有一定的局限性，因为在标题中表明了“妈妈必看”“上班族必看”，很有可能会让短视频失去这部分受众群体之外的用户群。

（7）使用自带流量的关键词

短视频创作者可以在标题中使用一些自带流量的关键词，以此吸引用户的关注。例如，正值毕业季，短视频创作者可以在标题中加入“毕业季”“校园”之类的关键词，如图 8-4 所示。

图 8-4　带有“毕业季”“校园”关键词的标题

8.2.2 封面图设置，为用户留下深刻的第一印象

封面图也叫头图，是用户浏览短视频时第一眼看到的内容。不同的封面图会给短视频用户带来不同的第一印象，因此短视频封面图的选择非常重要。

1. 短视频封面图的常见形式

每个短视频账号的封面图都有属于自己的风格和模式。具体来说，短视频封面图有以下 3 种形式。

（1）短视频内容截图

短视频内容截图是指直接从短视频中截取某个画面作为封面图，如图 8-5 所示。截取的画面一定要能体现短视频的主题，可以是短视频中经典场景的截图，也可以是彰显人物特点或产品特点的截图，这样有利于让用户快速了解短视频的主题。

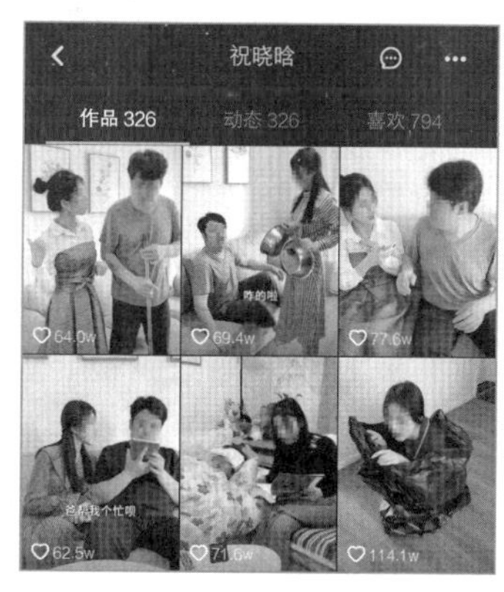

图 8-5 截取短视频画面作为封面图

（2）黑底+文字式

有的短视频的封面图非常简单，就是黑色的背景加上白色或其他颜色的文字，这样的封面图也颇具辨识度，能够让其在一众令人眼花缭乱的封面中脱颖而出，如图 8-6 所示。

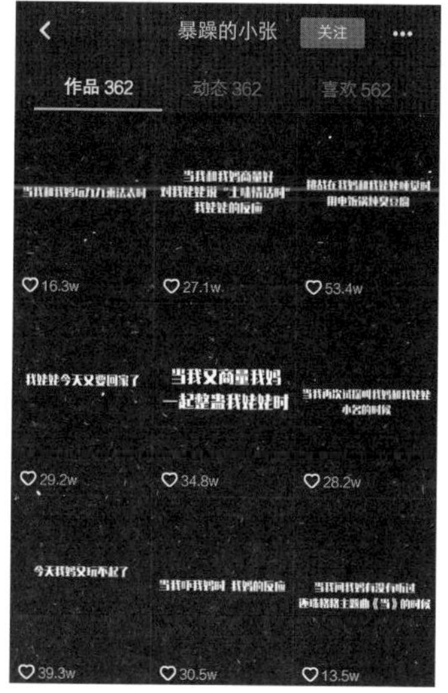

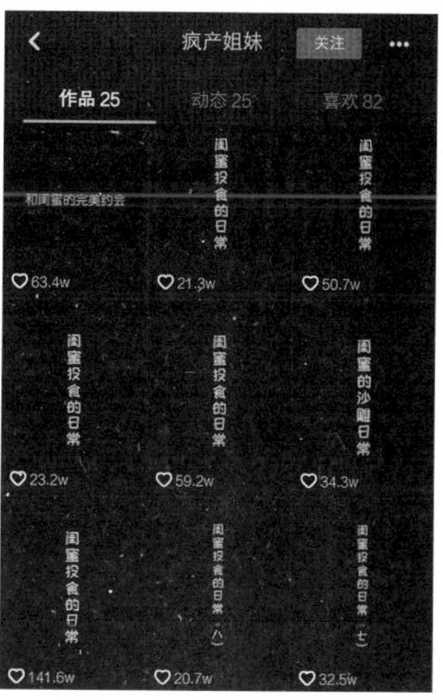

图 8-6 黑底+文字式封面图

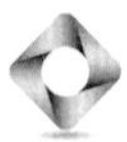

（3）模板化封面图

模板化封面图是指短视频账号中各条短视频中的封面图有一个固定的模板，使得每条短视频的封面图形成了统一的风格，如图 8-7 所示。对用户来说，这样风格统一的封面图，便于他们在众多短视频中寻找自己感兴趣的内容；对短视频创作者来说，固定的封面图模板有利于让封面图形成一种专业化的生产模式，有助于打造 IP 形象。

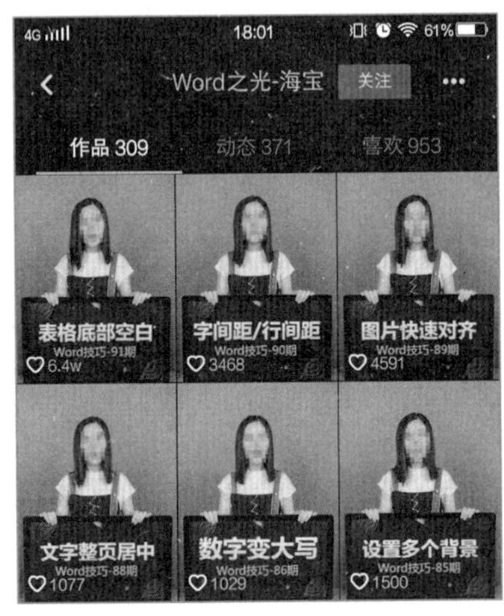

图 8-7　模板化封面图

2. 选择短视频封面图的原则

优质的封面图不仅能够精准地表达短视频的主要内容，还能吸引用户点击观看短视频。短视频创作者在选择短视频封面图时，应当遵循以下几个原则。

（1）封面图与短视频内容相关

短视频的封面图要与短视频的内容有较高的相关性，能够让用户通过封面图来了解短视频的主要内容是什么。例如，美食类短视频可以使用精致的菜肴图片作为封面图，美妆类短视频可以使用化妆品图片或演员拿着化妆品化妆的场景截图作为封面图。

短视频创作者不能为了博眼球或蹭热点而胡乱为短视频添加封面图，如果封面图与短视频的内容毫无关系，就会使用户对短视频产生模糊的认知，从而使用户流失。

（2）封面图要有原创性

短视频封面图尽量做到原创，这样再配合短视频的原创性内容，会给用户带来一种专业化、精细化的感觉，“粗制滥造”的封面图会大大降低用户的好感度。创作者可以将短视频中的某一帧画面作为封面图，也可以根据短视频的内容专门为其设计一个封面图。总之，无论短视频创作者选择哪种方法，都要遵循原创性原则。

（3）画面清晰

短视频的封面图与标题都是信息的载体，承担着向用户传递某种信息的作用。短视频创作者一定要保证封面图的清晰度，因为模糊的封面图是无法准确地传递信息的，所以也就失去了存在的价值。图 8-8 所示为某美食类账号在哔哩哔哩平台上发布的短视频作品，其封面图精致、清晰，让人很有点击观看的欲望。

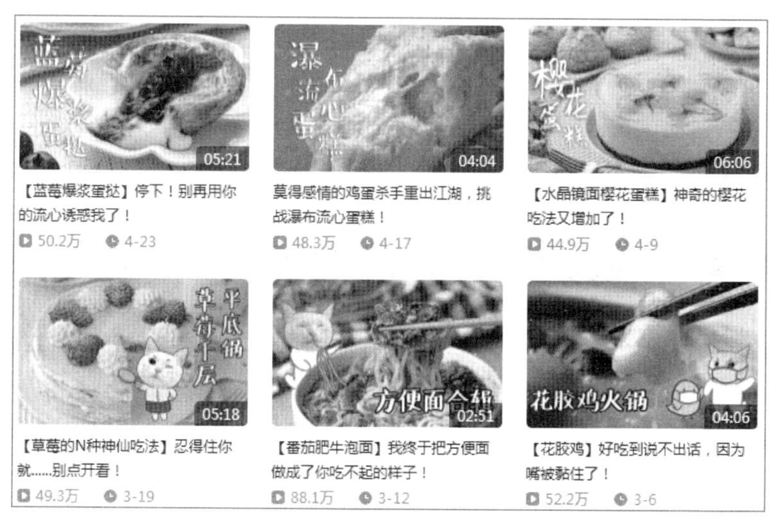

图 8-8　某美食类账号发布的短视频作品

8.3　构建短视频账号矩阵，多维运营互相导流

矩阵原本是数学术语，是一个按照长方阵列排列的复数或实数集合。随着自媒体的兴起，矩阵的概念被从业者引入进来。在短视频行业，构建短视频账号矩阵简单来说就是创建多个短视频账号，形成短视频账号集，并让账号之间实现互相导流。换句话说，构建短视频账号矩阵，其实就是建立多个账号，开拓更多的流量入口，让不同的账号之间实现资源导流，从而提升短视频创作者的总粉丝数。

8.3.1 多平台矩阵 VS 单平台矩阵

按照短视频账号所属平台是否相同，短视频账号矩阵分为多平台矩阵和单平台矩阵两种形式。

1. 多平台矩阵

多平台矩阵是指创作者在多个短视频平台上建立短视频账号，并输出内容。例如，“七舅脑爷”就分别在抖音、快手、西瓜视频、美拍等平台上建立了同名账号，每个平台上的账号都拥有可观的粉丝数。

不同的短视频平台具有不同的规则、特性、用户群等，因此短视频创作者采取多平台矩阵模式需要先对各个短视频平台进行充分的调研和分析。短视频创作者要分析目标短视频平台的特性，并了解目标短视频平台的规则，然后根据目标短视频平台的特性发布符合该平台要求的内容。

此外，短视频创作者还要分析目标短视频平台的用户群是否与自己短视频账号的目标用户重合，如果两者的重合度较低，那么在该短视频平台上运营账号很可能无法达到理想的引流效果。

采取多平台矩阵模式，需要创作者熟悉多个短视频平台的规则和特性，在不同的短视频平台投入资金和人力。如果短视频创作者有足够的资金和人力资源，那么可以选择多平台矩阵的模式。

2. 单平台矩阵

单平台矩阵是指在同一个短视频平台建立多个短视频账号。采取单平台矩阵模式，短视频创作者只需深度挖掘单个平台的特点和内容创作环境，专注深耕单个短视频平台即可，这种模式有利于短视频创作者更好地把控平台规则，提高运营效率。同时，单平台矩阵模式平台单一，对创作者人数的要求较低，可以帮助短视频创作者节约资金和人力资源。

采取单平台矩阵模式需要注意的一点是不同账号之间，发布的内容不能完全一样，否则账号所发布的内容无法得到短视频平台的推荐，账号之间也就无法实现很好的引流效果。

8.3.2 构建单平台中心化矩阵的 5 种方法

所谓单平台中心化矩阵，是指在同一个短视频平台上，以某个基本源为核心，延伸出的多个相互关联的账号组成的账号集。这里所说的“基本源”涉及的范围非常广泛，它可以是一个品牌、一个企业，可以是一种服务、一种产品，可以是一个红人或达人，还可以是一种关系或一种成功的模式。

下面将介绍 5 种搭建单平台中心化矩阵的方法。

1. 以品牌、企业为基本源

对品牌、企业来说，抖音、快手等短视频平台就是一块增粉引流的沃土，它们通过构建短视频账号矩阵实现了快速增粉。例如，支付宝以品牌为基本源在抖音上开设了“支付宝”（见图 8-9）“支付宝的朋友们”（见图 8-10）“支付宝那些事”（见图 8-11）“支付宝科技局”“支付宝技术”等多个账号，形成了涵盖支付宝产品、技术服务和员工日常生活的账号矩阵。

图 8-9 “支付宝”账号主页

图 8-10 “支付宝的朋友们”账号主页

图 8-11 “支付宝那些事”账号主页

2. 以服务为基本源

“丁香园”以服务为基本源，在抖音上构建了“丁香妈妈”（见图 8-12）“丁香医生”（见图 8-13）“来问丁香医生”（见图 8-14）账号矩阵。在这个账号矩阵中，“丁香妈妈”账号以“宝妈”为目标受众，主要输出育儿类内容；“丁香医生”“来问丁香医生”以普通大众为目标受众，主要输出健康科普类内容。不同的账号在目标受众、输出的内容上互有区别，不仅扩大了账号矩阵的受众范围，也利于各个账号之间的互相导流。

3. 以达人为基本源

以短视频达人为基本源构建账号矩阵是一种极为常见的方法。对很多短视频创作者来说，当短视频账号的粉丝数量积累到一定程度后，要想再吸引大规模的粉丝就会变得非常困难。此时，很多短视频创作者会选择在同一领域甚至其他领域开设新的账号，结合自己已有的成功经验和粉丝基础，快速构建起账号矩阵。

例如，抖音平台上有一个名为“彭十六 elf”的账号（见图 8-15），该账号积累了 2 500 多万名粉丝，后来又以“彭十六”这个人物为基本源创建了“彭十六的日常”（见图 8-16）“彭十六的小棉袄”（见图 8-17）两个账号，作为新的粉丝增长点。

图 8-12 “丁香妈妈”账号主页

图 8-13 “丁香医生”账号主页

图 8-14 “来问丁香医生”账号主页

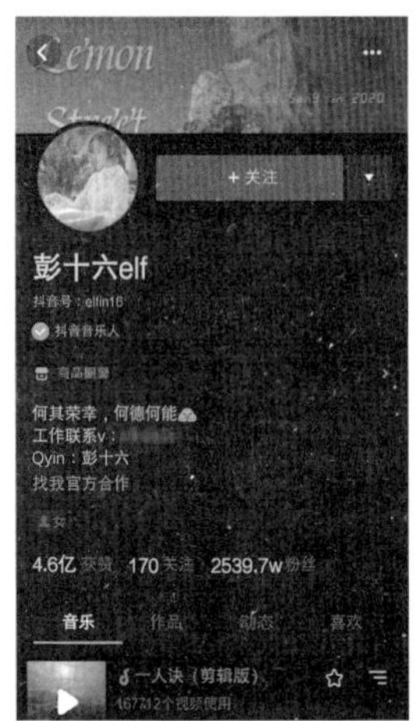

图 8-15 “彭十六 elf”账号主页

图 8-16 “彭十六的日常”账号主页

图 8-17 “彭十六的小棉袄”账号主页

4．以团队关系为基本源

在剧情类短视频中，通常会有多个演员出镜，这些演员不仅可以同时出现在同一个账号的短视频作品中，每个人还可以分别创建单独的短视频账号，并让各个账号之间互相引流。

例如，抖音平台上剧情类短视频账号“石榴红了”，早期以“石榴红了”这个团队为主打，收获了 860 多万名粉丝（见图 8-18），在“石榴红了”这个账号形成一定影响力之后，该账号短视频中的主要演员也创建了自己的特色账号，例如“白毛毛”（见图 8-19）“叨叨”（见图 8-20）“阿娜尔罕”“西木西木”“胖虎老师”，这些账号都收获了可观的粉丝量和点赞量。

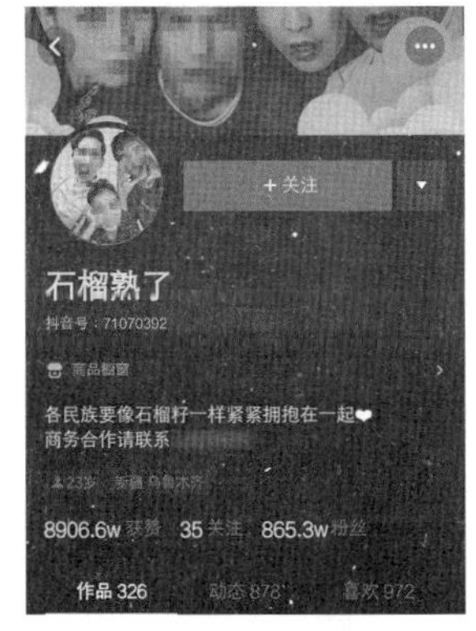

图 8-18 “石榴熟了”账号主页

图 8-19 “白毛毛”账号主页

图 8-20 “叨叨”账号主页

5. 以一种成功模式为基本源

以一种成功模式为基本源构建矩阵多是垂直领域的短视频账号采取的方法，其具体操作分为两个步骤，第一步是找到一种成功的模式，第二步是对这种模式进行批量化的复制。

例如，教育自媒体“向天歌”在抖音上运营“PPT 之光-冯注龙”账号成功之后（见图 8-21），又创建了“PS 之光”（见图 8-22）“Excel 之光-大毛”“Word 之光-海宝”等系列账号。

图 8-21 “PPT 之光-冯注龙”账号主页

图 8-22 “PS 之光”账号主页

8.3.3 账号互推，矩阵账号互相引流

账号互推，让矩阵账号互相引流，是公众号、微博常用的引流方法之一，而这种方法在短视频运营中同样适用。具体来说，短视频创作者可以采取以下 5 种方法来实现矩阵账号之间的互相引流。

1. 评论区互动

短视频的评论区是创作者与用户进行互动的地方，拥有不小的人气。而对短视频创作者来说，可以将评论区当成一个免费的广告位，矩阵中的短视频账号可以在其他账号的评论区里进行评论互动，从而实现互相引流。例如，抖音矩阵号“杜百万的成长日记”“一只小百万”，二者经常在对方账号的短视频评论区进行评论互动，如图 8-23 所示。

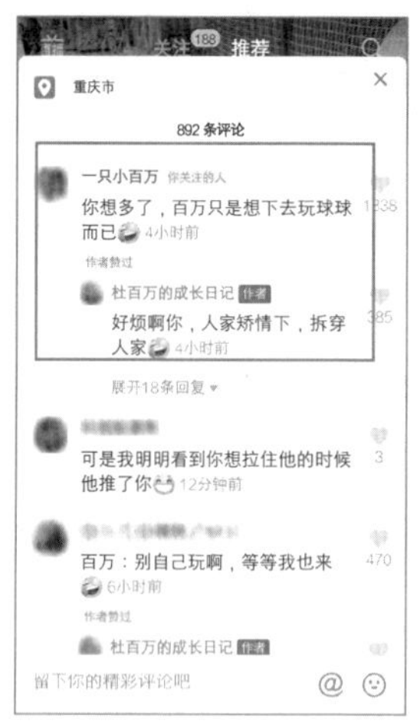

图 8-23　账号“杜百万的成长日记”“一只小百万”在评论区互动

2. 在短视频描述中互动

短视频创作者可以在某个短视频的描述中@其他账号，从而为其他账号进行引流。同时，在描述中@对方，带有自动跳转功能，当用户想要观看被@的账号中的短视频时，直接点击描述中的@即可跳转，大大缩短了用户转化路径。例如，在抖音上，账号“韩饭饭”“王小弦”“小弦欧爸欧妈”形成了账号矩阵，各个账号会在自己的短视频的描述中@其他账号，如图 8-24 所示。

3. 关注矩阵中的账号

短视频创作者对矩阵中的账号互相关注，从而实现相互引流。例如，文弘音乐工作室在抖音上构建了账号矩阵，主账号“文弘音乐”在“关注”页

面关注了矩阵中的其他账号，如图 8-25 所示。

图 8-24　在短视频描述中互动

图 8-25　在“关注”页面关注矩阵中的其他账号

4．利用简介展示其他账号

在短视频账号主页中的“简介”板块，除了可以写本账号的自我介绍，还可以写上矩阵中其他账号的名字，从而为其他账号进行引流，如图 8-26 所示。

5．利用点赞

短视频创作者可以利用短视频的点赞功能来进行账号之间的引流，即使用 A 账号为 B 账号中的短视频点赞，让 B 账号中被点赞的短视频出现在 A 账号主页中的“喜欢”板块中。这样当用户观看 A 账号“喜欢”板块中的短视频时就可以看到 B 账号中的短视频，从而实现为 B 账号引流。

图 8-26　利用简介展示其他账号

8.3.4　PRAC 法则，管理账号矩阵的必备思维

完成短视频账号矩阵的搭建后，短视频创作者还必须做好账号矩阵的管理和维护，这样才能保证短视频账号矩阵的正常运转，实现引流增粉的目的。短视频创作者可以参考整合营销理论——PRAC 法则来实施短视频账号矩阵的管理工作。所谓 PRAC 法则，即平台管理（Platform）、关系管理（Relationship）、行为管理（Action）和风险管理（Crisis）。

1．平台管理（Platform）

由于短视频账号矩阵中有多个账号，为了避免不同的账号发生角色混乱，或者各个账号之间缺乏联系，自说自话，短视频创作者要在矩阵中确定一个主账号，由主账号在矩阵中扮演“领导”的角色，负责管理其他账号，而其他账号则作为主账号的推广或“客服”账号，服务于主账号。

2．关系管理（Relationship）

关系管理是指矩阵中的各个账号之间要进行良性的互动，避免自娱自乐，这样才能充分发挥矩阵中账号互相引流的作用，实现总体粉丝数量的增长。

3．行为管理（Action）

短视频创作者可以借助短视频进行引流增粉、商品营销、品牌推广等活动，而行为管理就是指短视频创作者在借助短视频开展这些活动时要有科学的规划和运营策略，要创作高质量的短视频作品，并与用户进行积极互动，维护好短视频账号的运作。

此外，短视频创作者不能只重视主账号的运营而忽视其他账号的运营。不仅要在主账号中保质保量地输出短视频作品，积极与用户进行互动，对其他账号的运营也应该如此，这样才能保证矩阵中各个账号都能正常运作，并保持活跃度，实现账号矩阵的健康发展。

4. 风险管理（Crisis）

短视频账号运营也存在一定的风险，其风险主要来自短视频内容是否符合平台规则，以及用户在短视频评论区发表的评论。若某个账号中的短视频内容出现违规，或短视频内容引发了用户的反感情绪，导致用户在评论区发表了表达自己不满情绪的评论，则短视频账号就容易出现危机。一旦某个账号出现危机，矩阵中的其他账号就可能被牵连。

因此，短视频创作者要做好短视频的内容审核，就要确保发布的短视频符合平台规则。此外，创作者还要做好舆论引导，及时处理用户发表的不满言论，疏导用户的不良情绪，避免危机进一步扩大。

8.3.5 构建短视频账号矩阵的操作原则

短视频创作者在构建短视频账号矩阵时，需要遵守一定的原则，具体来说包括以下 3 个方面。

1. 参考成功经验

很多新入局的短视频创作者，听说采取矩阵模式能快速增粉，在自己还没有成功做出一个账号时就盲目地开始批量运营账号，这样做的结果往往是每做一个账号其结果都是失败，最终一个账号也没有做起来。成功经验是构建短视频账号矩阵的基础。短视频创作者在构建短视频账号矩阵之前，要至少成功地做出一个账号，为其他账号的运营提供经验参考。

2. 差异化定位

对矩阵中的账号要实行差异化定位，即每个账号要有不同的内容定位，这样才可以避免不同账号下短视频主题和内容的重复。例如，前文提到的教育自媒体“向天歌”在抖音上构建的账号矩阵，“PPT 之光—冯注龙”账号输出与 PPT 相关的知识，“PS 之光”账号输出与 PS 相关的操作技巧，“Excel 之光—大毛”账号输出与 Excel 相关的使用技巧，“Word 之光—海宝”账号输出与 Word 相关的使用技巧，各个账号输出的内容各不相同，能够满足不同用户的需求。

3. 矩阵账号之间具有相关性

虽然说每个账号的内容定位要不同，但这里所谓的不同并不是完全不同，而是在某种趋势下的不同，是广义角度上的不同。在保持广义角度上不同的前提下，每个账号之间还要有一定的相关性，各个账号要能够因为某个点有所关联，这样才能让各个账号通过这个联结点相互引流。

在教育自媒体“向天歌”构建的账号矩阵中，各个短视频账号输出的内容虽然各有不同，但是各个账号之间也存在一定的联系。首先，矩阵中每个账号的名字都是“××之光”的格式，这就很容易让人知道这些账号属于同一个系列。其次，矩阵中的短视频账号输出的 PPT、PS、Excel、Word 等使用技巧是办公室白领需要掌握的技能，不同的账号在目标受众群上有一定的重合，账号之间容易形成互相引流。

8.4 付费推广，强力聚粉，高效提升短视频热度

为了帮助短视频创作者更好地推广自己的作品，很多短视频平台推出了付费推广服务。下面主要介绍抖音平台和快手平台的付费推广方式。

8.4.1 抖音 DOU+推广，提升短视频热度和人气

DOU+是抖音平台为创作者提供的短视频加热工具，能够有效地帮助短视频创作者提升短视频的播放量和互动量，提升内容的曝光效果，从而提高短视频的热度和人气。

1. DOU+对短视频的要求

抖音平台对投放 DOU+的短视频有着严格的要求，并非所有短视频都可以投放 DOU+，只有符合 DOU+投放规范，通过抖音平台审核的短视频才可以投放 DOU+。如果短视频存在表 8-1 所示的几种情况，那么是无法通过 DOU+审核的，也就无法投放 DOU+。

表 8-1　无法通过 DOU+审核的短视频

问题类型	问题描述
短视频质量差	短视频内容不完整、画面模糊，视频存在拉伸现象，短视频画面中没有内容等
非原创短视频	短视频不是原创作品，例如，短视频中含有其他平台的水印，短视频是录屏视频等
内容低俗	短视频的内容低俗、不健康，含有令人不适的内容，短视频倡导的是非正向价值观
含有明显的营销、广告类信息	短视频内容中含有明显的品牌定帧、品牌词字幕、品牌水印、口播等元素；短视频背景中含有明显的品牌词或其他商业元素

续表

问题类型	问题描述
短视频标题和短视频描述不合规	短视频标题和短视频描述中存在以下信息。 （1）联系方式，如电话、微信号、QQ 号、二维码、微信公众号、联系地址等； （2）短视频中含有明显的招揽信息，例如： ①标题招揽："解决孩子课后辅导问题，就找×××"； ②口播招揽/在短视频标题中说明品牌功效："××驱蚊水，有效防止蚊虫叮咬，孕妇、小孩均可使用"； ③价格招揽："××面膜，原价 100 元，现在只需 49 元，全国包邮"； （3）短视频中含有明显的品牌信息： ①在短视频中出现某品牌 Logo 的定帧画面； ②短视频的右上角出现品牌水印
短视频涉及侵权	短视频中存在未获得授权的名人肖像画面，或者短视频是剪辑的影视、赛事类视频

2．投放 DOU+的基本流程

短视频创作者可以为自己的短视频投放 DOU+，也可以为别人的短视频投放 DOU+，也就是说，人人都可以参与投放 DOU+。投放 DOU+的基本操作方法如下。

Step 01 登录抖音账号，进入账号主页，选择想要投放的短视频，如图 8-27 所示。

Step 02 点击作品页面右侧的···按钮，如图 8-28 所示。

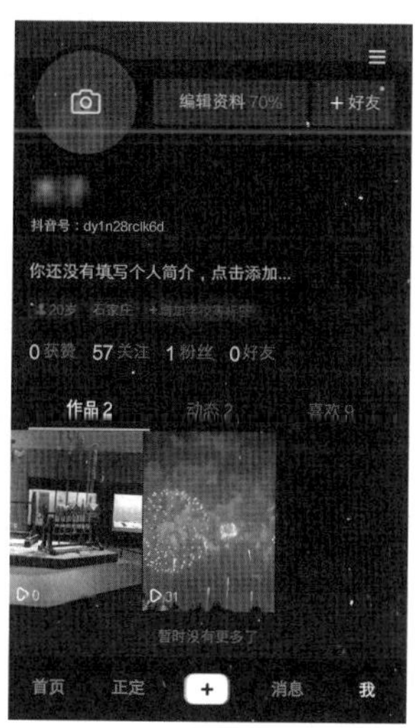

图 8-27 选择短视频

图 8-28 点击···按钮

Step03 点击“DOU+上热门”按钮，如图 8-29 所示。

Step04 进入 DOU+推广页面，DOU+投放分为“速推版”和“定向版”两种，“速推版”只需设置推荐人数、投放目标、投放金额即可。点击“速推版”选项卡，设置推荐人数为 2 500 人，选择提升“粉丝量”选项，如图 8-30 所示，然后点击“支付”按钮进行支付。

图 8-29 点击“DOU+上热门”按钮

图 8-30 “速推版”相关设置

Step05 点击“定向版”选项卡，如图 8-31 所示。

Step06 点击“期望提升”后面的超链接设置投放目标，选择“粉丝量”选项，然后点击“完成”，如图 8-32 所示。

图 8-31 点击“定向版”选项卡

图 8-32 设置投放目标

Step 07 点击“投放时长”后面的超链接，选择投放时长为“6 小时”，然后点击“完成”，如图 8-33 所示。

Step 08 设置投放目标人群，并选中“系统智能推荐”单选按钮，如图 8-34 所示。

图 8-33 设置投放时长

图 8-34 设置投放目标人群

Step 09 设置投放金额，点击“支付”按钮，如图 8-35 所示，随后完成支付即可。

图 8-35 设置投放金额

3. DOU+投放技巧

投放 DOU+是一门技术活，如果不讲究方法和技巧盲目地投放，那么即使投入再多的钱也无法达到理想的效果。那么，如何投放 DOU+才能达到高性价比呢？下面介绍几种投放 DOU+的技巧。

（1）选择合适的投放时间点

DOU+投放时间点的选择非常重要。一般情况下，短视频创作者发布了一条短视频后，要去账号后台观察该短视频的数据，如果短时间内该短视频的完播率、点赞量、评论量、转发量等数据提升较快，就说明该短视频是比较受欢迎的，有成为爆款的潜力。此时，短视频创作者及时地为该短视频投放 DOU+，这样可以使其获得更多的流量。

抖音采取的是流量叠加推荐机制，当一条短视频通过审核获得发布后，抖音会先将其分配到一个较小的流量池内，测试该短视频的潜力。如果该短视频的完播率、点赞量、评论量、转发量等数据表现良好，那么抖音会将其分配到一个更大的流量池内。如果在第二个流量池内该短视频的相关数据表现依旧良好，那么抖音会将其再分配到下一个更大的流量池内……如此层层递推，不断增加对该短视频的流量支持。

由此可见，短视频发布初期是投放 DOU+的黄金时期，在这个阶段，短视频创作者投入较少的资金就能帮短视频冲击到更大的流量池内，让短视频获得更大流量支持。而随着短视频发布时长的不断增加，投放 DOU+的效果将会越来越不明显。

（2）精准选择投放目标人群

抖音提供了系统智能推荐、自定义定向推荐和达人相似粉丝推荐 3 种投放人群选择方式，DOU+会根据短视频创作者选择的投放方式，将短视频推送给潜在的兴趣用户。

- 系统智能推荐：系统根据短视频的内容，将短视频推送给对此类内容感兴趣的用户。例如，短视频是教授人们制作美食的，系统就会将该短视频推送给经常浏览美食类短视频的用户。如果短视频创作者投放 DOU+是为了提高短视频的点赞量、评论量和粉丝量，就可以选择系统智能投放。
- 自定义定向推荐：短视频创作者可以按照目标人群的性别、年龄、地域、兴趣等标签对投放人群进行精准设置，如图 8-36 所示。如果有清晰的目标用户画像，就可以选择自定义定向投放，这样可以让 DOU+投放更加精准，用较低的成本让更多的精准潜在用户看到自己的短视频。

- 达人相似粉丝推荐：短视频创作者选择一些抖音达人，系统会将短视频推荐给这些达人的粉丝，或与这些达人的粉丝兴趣相近的人群，这样能够让 DOU+投放的用户更加精准。图 8-37 所示为达人相似粉丝推荐的选择达人页面。例如，短视频是美食类的，就可以选择美食栏目的达人账号。

达人相似粉丝推荐有音乐、婚纱、测评、运动、舞蹈、美食、美妆、服装、搞笑、教育等 25 个分类，创作者最多可选择 20 个达人进行投放。

图 8-36 自定义定向推荐标签设置

图 8-37 达人相似粉丝推荐的选择达人页面

（3）遵循“少量多次”“小额多投”的原则

创作者投放 DOU+，建议遵循“少量多次”“小额多投”的原则。假如短视频创作者有 2 000 元的 DOU+投放预算，那么可以选择为某条短视频投 10 次，每次投 200 元，而不要一次将 2 000 元都投完。建议将每条短视频的投放金额控制在 300 元左右，每条短视频可以投 2~3 次。

（4）根据数据反馈及时调整方案

在投放 DOU+期间，短视频创作者要注意及时查看短视频的数据表现，并根据短视频的数据变化及时调整和优化投放方案，这样有利于提升投放效果。

4．DOU+投放常见误区

投放 DOU+确实能帮助创作者增加短视频的曝光量，提高短视频的播放量，但这并不意味着只要投放了 DOU+，短视频就一定会成为爆款。归根结底，DOU+只是一个短视频助推工具，其主要作用是将创作者的短视频推荐给更多的人，至于短视频是否能成为爆款，还是取决于短视频的质量，优质的内容才是打造爆款短视频的关键。

8.4.2 快手作品推广，快速提高短视频的曝光量

作品推广（原粉丝头条）是快手官方推出的付费推广服务，创作者购买此服务后，可以将自己的短视频作品快速曝光给更多用户，从而提升作品的播放量、互动量、粉丝量和商品销量。

1. 作品推广对短视频的要求

短视频创作者想要购买作品推广服务，必须要保证自己的短视频作品符合相关要求，以下几类短视频作品是不能购买作品推广服务的。

- 发布时间已经超过 30 天的作品。
- 非原创、带水印作品，已被其他人先发布在快手平台的作品，或作品包含其他平台水印。
- 作品存在违规内容。
- 作品被设置为“仅自己可见”。
- 作品已被作品推广审核拒绝或使用作品推广次数达到上限。
- 快接单作品不可购买作品推广服务。
- 作品中含有商品价格或优惠信息，或者含有二维码、联系方式、抽奖、红包、口令等导流到第三方平台的信息。

2. 投放作品推广的基本流程

快手作品推广分为“精准推广”和“作品快推”两种模式，“精准推广”是一种定向推广模式，短视频创作者可以根据自己的需求设置投放条件。此外，短视频创作者还可以按照推广目标或推广效果来选择推广方式。“作品快推”是一种便捷的推广模式，只需设置投放金额即可。

（1）在“精准投放”模式下按照推广目标投放

在“精准投放”模式下按照推广目标投放作品推广的方法如下。

Step 01 进入快手平台，点击左上角的☰按钮，如图 8-38 所示。

Step 02 点击下方的“设置”按钮⚙，如图 8-39 所示。

Step 03 进入“设置”页面，选择“作品推广”选项，如图 8-40 所示。

Step 04 进入“作品推广”页面，点击“精准推广”选项卡，根据推广目标选择“推广给更多人”或“推广给粉丝”，在此选择“推广给更多人”，点击“推广给更多人”选项卡，如图 8-41 所示。

图 8-38 点击按钮

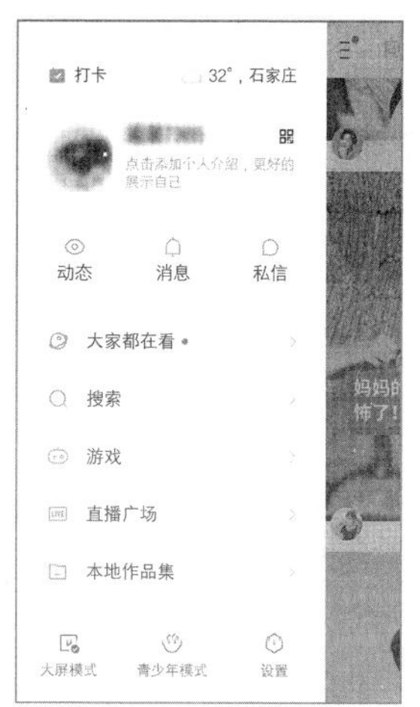

图 8-39 点击“设置”按钮

图 8-40 选择“作品推广”选项

图 8-41 点击“推广给更多人”选项卡

Step 05 进入“选择作品”页面，选择要推广的作品，点击“推广此作品”按钮，如图 8-42 所示。

Step 06 进入投放设置页面，点击“期望增加”“投放页面”，分别设置推广目标、投放页面，如图 8-43 所示。

Step 07 设置投放人群，投放人群设置分为“系统智能投放”“自定义用户特征”“指定账号相似粉丝”3 种方式，在此选择“自定义用户特征”，选中“自定义用户特征”单选按钮，根据页面提示完成自定义用户特征设置，如图 8-44 所示。

Step 08 点击“投放时长”，选择投放的时间长度，然后选择投放金额，如图 8-45 所示。所有设置完成后，点击“去支付”按钮，随后完成支付即可。

图 8-42　选择要推广的作品

图 8-43　设置推广目标、投放页面

图 8-44　设置自定义用户特征

图 8-45　设置投放时长和投放金额

（2）在“精准推广”模式下按照效果计费方式推广

在“精准推广”下，短视频创作者也可以采取按照效果计费的方式来推广，方法如下。

Step 01 在“作品推广”页面中选择“精准推广”选项卡，点击“更多推广方式”选项卡，如图 8-46 所示。

Step 02 进入“其他推广”页面，点击“展现量增长”选项卡，如图 8-47 所示。

Step 03 选择推广的作品，然后点击“推广此作品”按钮，如图 8-48 所示。

Step 04 选择投放金额，如图 8-49 所示。点击“去支付”按钮，随后完成支付即可。

图 8-46 点击“更多推广方式”选项卡

图 8-47 点击“展现量增长”选项卡

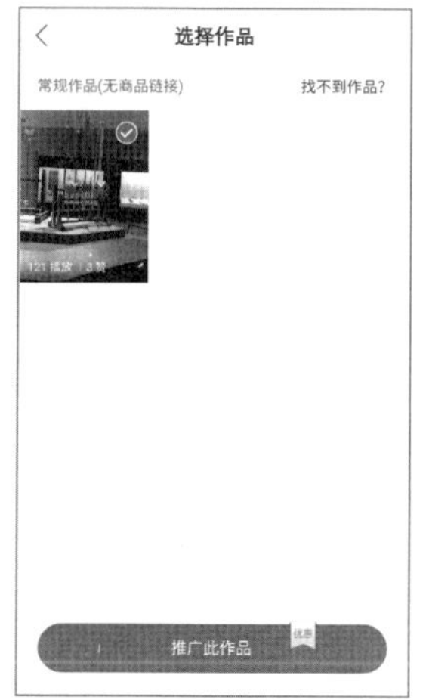

图 8-48 选择要推广的作品

图 8-49 选择投放金额

（3）作品快推模式投放

如果短视频创作者想快捷、简单地投放作品推广，那么可以选择“作品快推”模式，方法如下。

Step 01 在“作品推广”页面中点击“作品快推”选项卡，进入“作品快推”页面，选择要推广的短视频作品后，点击“去快推”按钮，如图 8-50 所示。

Step 02 选择投放金额，如图 8-51 所示。点击“去支付”按钮，随后完成支付即可。

图 8-50　选择要推广的作品

图 8-51　选择投放金额

3. 作品推广的投放技巧

短视频创作者要想让投放了作品推广的作品获得较好的投放效果，需要注意以下几点。

（1）投放的作品

首先，选择的短视频作品一定要符合“作品推广”服务的相关要求，否则作品无法通过系统审核。其次，短视频必须是高质量的作品，短视频的封面要清晰、抓眼球；短视频的标题要有吸引力；短视频的内容风格要与账号的风格保持一致。

如果短视频账号是新账号，那么可以先多发一些作品，然后在这些作品中选择自然流量较高的作品进行优先推广，这样做可以有效降低涨粉的成本。

（2）投放时长

短视频创作者第一次尝试为账号中的短视频作品投放作品推广时，可以先为作品设置较短的投放时长，观察作品的推广效果。如果作品的数据表现较好，那么可以继续延长投放时长。

（3）投放曝光量

短视频创作者在刚开始为账号中的某个短视频作品投放作品推广时，可以先选择购买一定金额的“发现页”曝光，如果作品的播放量较高，获粉成本较低，那么可以再加大投放。也可以选择为账号中的多个短视频作品购买少量曝光，观察作品的数据表现，然后从中选择表现较好的作品追加投放。

（4）投放目标

在“精准投放”模式中的按照推广目标投放方式中，“期望增加”一栏有播放量、点赞评论、粉丝量、个人主页访问量和直播引流人数 5 个推广目标，如图 8-52 所示，短视频创作者可以根据自己的需求合理选择推广目标。

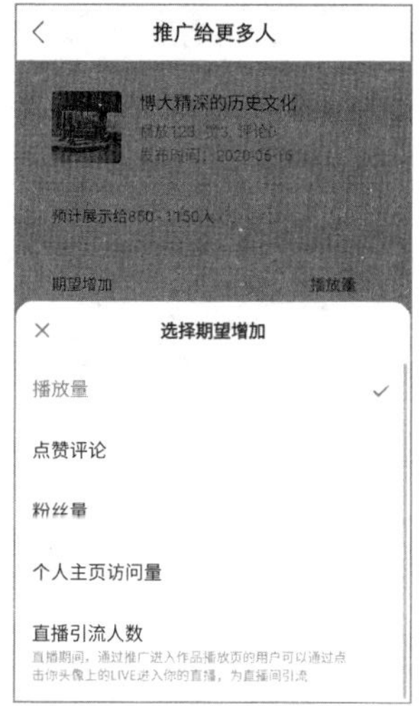

图 8-52 “期望增加”设置

如果短视频创作者想通过短视频增加商品销量，或者纯粹想推广本条短视频内容，那么可以选择期望提高“播放量”选项；如果短视频创作者想和粉丝增加互动，提高粉丝黏性，那么可以选择期望增加“点赞评论”选项；如果短视频创作者想增加账号的粉丝量，为账号凝聚人气，那么可以选择期望增加“粉丝量”选项；如果短视频创作者的账号主页装修得非常精美，那么可以尝试选择“个人主页访问量”选项，从而为账号吸引更多的粉丝，并提高粉丝留存率；如果短视频创作者开通了直播功能，那么可以选择增加“直播引流人数”选项，为自己的直播间吸引流量。

8.5 善用分享功能，实现多平台引流

如果想要让自己的短视频获得尽可能多的流量，短视频创作者就要善于利用短视频平台的分享功能，扩大自己的短视频的传播范围，从而提升短视频的人气。

8.5.1 巧发私信，向站内好友做分享

在短视频平台上，短视频创作者可以利用“私信给”功能，将自己的短视频分享给自己在该短视频平台上的好友，如图 8-53 所示，这样就可以让好

友帮助自己进行宣传。

图 8-53　抖音平台“私信给”页面

短视频创作者在选择“私信”的好友时，可以采用以下技巧。

1. 选择人气较高的好友

短视频创作者在向好友发私信之前，可以先考察一下好友的粉丝量、点赞量等数据，从中选择数据表现较好的好友，然后向他们发送私信。因为好友的粉丝量、点赞量越多，代表其人气越高，短视频被他们再次转发或分享后所产生的影响力就越大，短视频获得流量的机会就越大。

2. 选择与自己关系较好的好友

短视频创作者可以将自己的短视频私信给平台上与自己关系较好的、互动较频繁的好友。因为这样的好友通常愿意将短视频继续推荐或分享给其他人，从而帮助短视频创作者获得更多的流量。

8.5.2　同步分享，一键实现多平台分发

短视频平台设置有短视频同步分享功能，短视频创作者在该平台上传短视频后，可以将上传的短视频同步分享到朋友圈、QQ 空间、多闪、今日头条、微博等其他平台，还可以将其分享给自己的微信好友、QQ 好友。

以抖音为例，将短视频同步分享到今日头条的方法如下。

Step 01 登录抖音账号后台，点击要同步分享的短视频，如图 8-54 所示。

Step 02 点击短视频页面中的···按钮，如图 8-55 所示。

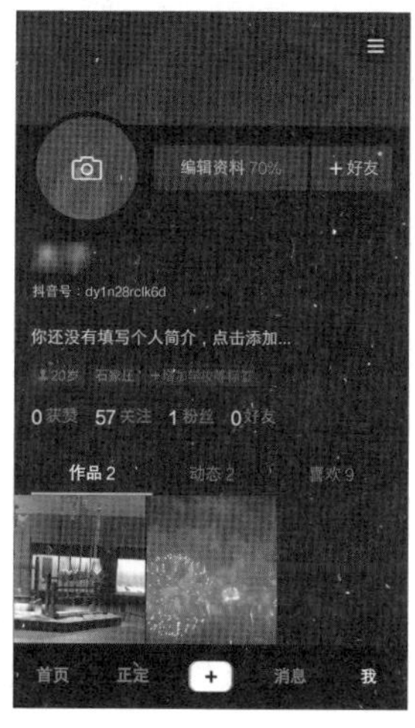

图 8-54 点击要同步分享的短视频

图 8-55 点击•••按钮

Step 03 在“分享到”页面中点击“今日头条”，如图 8-56 所示。

Step 04 在发布页面右上角点击“发布”，如图 8-57 所示。

图 8-56 点击“今日头条”

图 8-57 点击“发布”

8.6 积极互动，用归属感提高用户黏性

吸引到用户后并不意味着万事大吉，短视频创作者还要积极采取措施留住用户，吸引他们关注自己的账号，并将其转化为自己的忠诚粉丝。互动性

强是短视频的特点之一，短视频创作者要想吸引用户关注自己并留住用户，与用户进行互动是必不可少的。创作者与用户进行积极的互动，有利于为用户营造归属感，从而提高用户的黏性。

8.6.1 引导互动，激发用户讨论欲

引导互动是指短视频创作者在短视频中设置一些带有引导性的环节，吸引用户积极参与讨论和互动，从而更好地留住用户。短视频创作者可以采用以下方法设置引导互动的环节。

1. 故意设置穿帮镜头

对电视剧或电影来说，穿帮镜头属于低级错误，但是在短视频中，偶尔的一些穿帮镜头可能会成为短视频的亮点，激起用户的讨论欲。在短视频中出现穿帮镜头相当于给用户提供了一个“吐槽”的切入口，这样自然会引发用户的讨论。

例如，在短视频账号“祝晓晗”发布的一条短视频中出现了一个穿帮镜头，女儿祝晓晗拿的那个碗里出现了父亲的倒影，如图 8-58 所示，于是引发了很多用户纷纷在评论区留言，如图 8-59 所示，有效地提高了该条短视频的评论量和人气。

图 8-58 穿帮镜头

图 8-59 评论区留言

2. 在评论区或短视频简介中设置引导

短视频创作者可以自己在评论区留言，发表一些互动性的话语，引导用户参与互动，如图 8-60 所示。此外，也可以在短视频的简介中设置一些互动

性话语，提升用户互动的积极性，如图 8-61 所示。

图 8-60　发表互动性话语

图 8-61　设置互动性话语

3. 在解说词或台词中设置矛盾点或笑点

解说词或台词是短视频的重要组成部分，为短视频设计具有创意的解说词或台词，也能帮助创作者提高用户的互动率。例如，“皮皮教做菜”是抖音上的一个美食类账号，在短视频中，“皮皮”经常会使用“切成厚厚的薄片”“四四方方的三角形”“加入 88 粒盐”之类带有矛盾点或让人感觉很好笑的解说词，从而引起了很多用户的热烈评论，如图 8-62 所示。

图 8-62　有趣的解说词引发用户互动

8.6.2 评论互动，彰显真诚态度

针对用户在短视频评论区的留言，短视频创作者要积极予以回复，这样做既让留言的用户感觉自己是被重视的，还能为用户营造一种活跃的氛围，提高短视频对用户的吸引力，如图 8-63 所示。

图 8-63 评论互动

短视频创作者在与用户进行评论互动时，需要注意以下两点。

1. 评论回复要“快”

短视频创作者要尽量在看到用户留言的第一时间就对其作出回复，以“快”字提升用户的好感度。从用户的角度来说，短视频创作者回复评论的速度越快，意味着短视频创作者对其越重视，用户对短视频创作者的好感度自然而然就会提高。

2. 态度真诚

短视频创作者要以一种真诚的态度去回复用户的留言，不要敷衍了事。针对用户发表的一些过激的留言，不要针锋相对地去回击，可以采用委婉的语气来表达自己的态度。

第 9 章

流量转化：深度挖掘短视频的商业价值

在互联网时代，流量本身就有着巨大的盈利潜力，而当前短视频已经成为一种积累流量的重要渠道，在短视频运营中，实现流量转化既是短视频价值的终极体现，也是推动短视频创作者持续输出优质内容的动力。短视频转化的方式有多种，短视频创作者要做的是根据自己创作的短视频内容的特点，找到最适合自己的转化方式。

9.1 广告转化，高效直接的获利模式

对短视频创作者来说，广告转化是诸多转化模式中比较高效的转化模式。高流量、高人气的短视频创作者很容易受到广告主的青睐，而短视频创作者也可以凭借为广告主做广告实现转化获利。

9.1.1 广告转化的常见模式

对一些头部短视频创作者来说，广告转化是一种比较普遍的转化方式。目前，比较常见的广告转化模式有植入广告、贴片广告和定制广告 3 种。

1. 植入广告

植入广告是指将广告信息自然地融入短视频内容之中，最终实现向用户传递商品或品牌信息的诉求。在短视频中植入广告信息的方式有很多种，比较常见的有以下几种。

（1）剧情植入

剧情植入是指将广告信息与短视频的剧情融合在一起，通过剧情中情节的发展自然地展现广告信息。例如，在抖音平台上美妆励志类短视频账号“叶公子”发布的一条短视频中，随着剧情的发展，自然而然地植入了一款香水。

该短视频的故事情节是，“叶子”在商场遇到了前男友和他的现任女友，前男友介绍“叶子”和他的现任女友认识，然后发现自己忘了带手机，于是走开去拿手机，留下“叶子”和现任女友两个人相处。“叶子”和现任女友暗暗地打量对方，并在心里将自己与对方做了一下对比，最终两个人都发现自己输给了对方。此时，“叶子”想到自己还有一个秘密武器，于是她从包里拿出了一款香水，并将香水涂在了手腕上，对面的现任女友看到了惊喜地说：“这不是‘极地之光’吗？我可以试一下吗？”“叶子”大方地将香水递给了她。现任女友试过之后表示香水的味道非常好闻，“叶子”也非常认同她的观点，两个人迅速成为知己。图 9-1 所示为在此条短视频的剧情中植入“极地之光”香水。

（2）台词植入

台词植入是指将广告信息融入台词中，演员在念台词时直接传递出广告信息。创作者采取这种植入方式需要注意的是，广告台词与剧情台词要衔接自然，不能生硬地在剧情台词中插入广告信息，否则很容易引起用户的反感。

图 9-1 在剧情中植入“极地之光”香水

在抖音账号“青岛大姨张大霞”发布的一条短视频中，“图图”又考了零分，妈妈非常生气，并告诉“图图”自己年轻时可是门门满分，“图图”不相信，对妈妈说要考她几道题，妈妈表示接受考验。于是“图图”就给妈妈出了几道题，妈妈歪打正着都答对了。“图图”非常吃惊，又拿出了一道数学高考题给妈妈做。妈妈看到题后借助某款解题 App 迅速地写出了答案，“图图”看到答案后非常震惊，对妈妈说：“那我以后不会的题，是不是可以问你了？”妈妈说：“我才懒得教你。”然后告诉“图图”可以问自己手机上的这款学习 App，随后介绍了此款 App 的优势。

在该短视频中，广告台词切入自然，完美地融入了短视频的剧情中。图 9-2 所示为在该条短视频的台词中植入广告的场景。

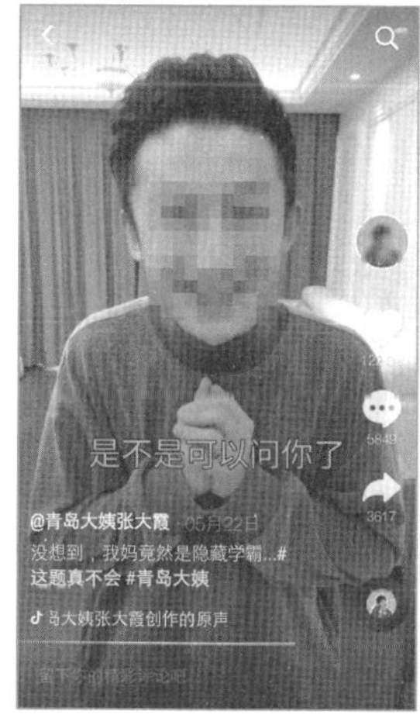

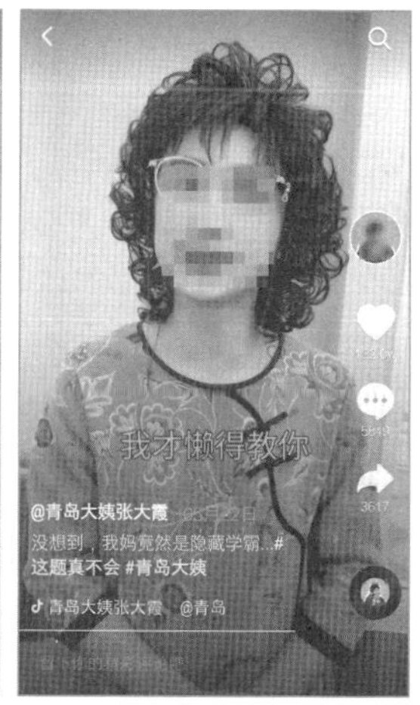

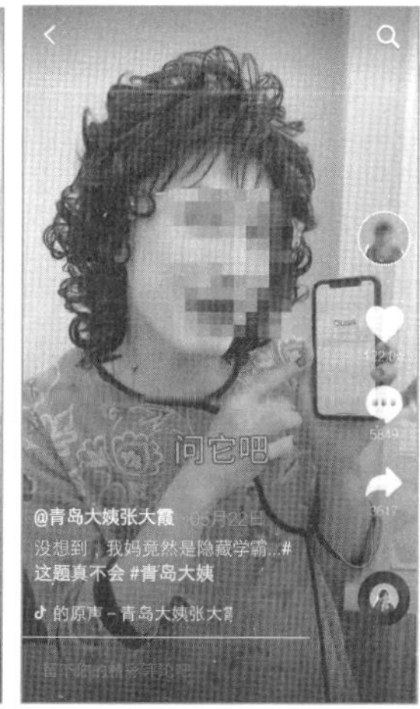

图 9-2 在台词中植入广告

（3）道具植入

道具植入是指将商品或品牌作为短视频场景中的道具，让其在故事场景的切换中自然而然地出现在用户面前。短视频创作者采取道具植入的方式，要避免对“道具”商品或品牌进行过于频繁的特写，以免引起用户的反感。

例如，“陈翔六点半”发布了这样一条短视频，短视频中故事发生的背景是几个同学在一家餐厅里聚餐，在这条短视频中就将某品牌的气泡水作为道具植入了故事的场景中，如图 9-3 所示。

图 9-3　在道具中植入广告信息

（4）音效植入

音效植入是指在短视频中用一些具有识别度的音效来传递商品或品牌信息，从而实现广告宣传的目的。例如，一些品牌的手机都有自己特有的铃声，在短视频中一旦响起手机铃声，就会让用户联想到手机的品牌。

2．贴片广告

贴片广告是一种非常明显的广告形式，属于硬广告。贴片广告一般出现在短视频的片头或片尾，因此又称随片广告。

出现在短视频片头的贴片广告以独立广告的形式出现，它通常是由短视频平台联合广告主制作的，在播放短视频之前会先播放广告，且广告一般不能被跳过（通常是视频平台会员可以选择跳过广告），如图 9-4 所示。

出现在短视频片尾的贴片广告一般是创作者在短视频内容结束后追加的一定时长的广告内容。图 9-5 所示为短视频账号“日食记”在某条短视频片尾插入的贴片广告。

3．定制广告

定制广告是指短视频创作者按照广告主的要求，为其量身打造专属的短视频，整条短视频其实就是一则广告。例如，在“老丈人说车”为哈弗 H9 定制的短视频中，爸爸为女儿安排了一场相亲，女儿和相亲对象见面后，对象向她展示了自己新买的越野车，随后在女儿和相亲对象聊天的过程中，向用户展示了哈弗 H9 的外观、智能化操作系统等优势，帮助用户详细了解哈弗 H9 的特色性能，如图 9-6 所示。

图 9-4　出现在短视频片头的贴片广告

图 9-5　出现在短视频片尾的贴片广告

图 9-6　“老丈人说车”为哈弗 H9 定制的短视频

9.1.2 做好广告类短视频的三大关键点

为了让广告类短视频实现良好的效果，提高短视频创作者的广告价值，短视频创作者在创作广告类短视频时，需要注意以下几点。

1. 广告主品牌特性与短视频账号特性相契合

短视频创作者要从自身的特性出发，选择与自己的短视频账号的特性相契合的广告品牌，这样才不会让广告信息与短视频的内容风格格格不入。例如，“老丈人说车”是一个汽车类短视频账号，该账号通常是为汽车品牌做广告；“青岛大姨张大霞”是一个家庭生活类短视频账号，该账号中发布的广告类短视频涉及零食、学习类 App、保险等与人们日常生活息息相关的商品。

2. 广告植入要“软”

如果短视频中的广告植入太多或者过于生硬，会让观看短视频的用户产生厌烦的情绪，这样不仅不能实现推广品牌的目的，还有可能引起用户对短视频账号的反感，进而让用户放弃关注该短视频账号。因此，短视频创作者要充分发挥自己的创新能力，要能将广告信息自然地植入短视频中，避免在短视频中生硬地插播广告。

3. 保证短视频的质量

对短视频创作者来说，创作高质量的短视频内容是实现自身商业价值的根本立足点。广告主寻找短视频创作者做广告看中的往往就是创作者打造高品质短视频的能力，以及其在用户中的影响力。

如果短视频创作者为了在短视频中植入广告而忽视短视频本身的质量，制作出了一些粗制滥造、与自身短视频账号的定位和风格完全不同的广告类短视频，那么这既是对用户的不尊重，也是对自身的不负责任，最终不仅会导致广告资源流失，还会让自己辛苦运营的短视频账号的形象崩塌。

9.1.3 寻找广告主，开启广告接单

短视频创作者要想通过广告实现转化获利，就需要寻找广告主，并与广告主达成订单交易。

1. 广告接单

抖音、快手平台分别为广告主和短视频创作者推出了任务接单功能，帮助广告主与短视频创作者简单、方便地达成广告订单交易。

（1）快接单

快接单平台是快手官方推出的广告主推广需求与短视频创作者转化诉求撮合平台。在快接单平台上，广告主可以根据推广需求选择短视频创作者并发布视频或直播推广订单，短视频创作者接单后定制商业短视频，或者通过直播的形式帮助广告主实现电商下单、App下载或品牌营销等目标。

短视频创作者加入快接单需要满足一定条件：个人短视频创作者粉丝量需超过30万人，机构短视频创作者粉丝量需超过10万人。

（2）巨量星图

巨量星图是抖音官方推出的推广接单平台，为广告主和短视频创作者提供广告交易服务。短视频创作者入驻巨量星图，并申请开通接单任务后，即可在巨量星图平台接单，按照广告主的要求制作并发布任务短视频，实现商业转化获利。

短视频创作者在巨量星图平台接收并上传任务短视频的基本流程如下。

第一步：选择任务并接单。短视频创作者登录巨量星图账号，查看账号中的任务详情，选择自己可以接受的任务并接单。

第二步：制作任务短视频脚本。按照任务要求，制作并上传短视频脚本，等待系统审核。

第三步：查看脚本审核结果。在审核结果处查看短视频脚本审核结果，并对审核结果进行确认（如果脚本审核不通过，那么短视频创作者可以对结果进行确认，审核不通过会告知原因，短视频创作者可以在拍摄短视频中规避掉风险），确认后才可以进行下一步。

第四步：上传视频。短视频创作者确认脚本后，在巨量星图平台上传任务短视频，并等待平台对短视频的审核结果。短视频创作者需要使用抖音PC端上传任务短视频，且上传的任务短视频的时长要超过1分钟。

第五步：查看任务短视频审核结果。在短视频审核结果处查看任务短视频是否通过，如果任务短视频未通过巨量星图平台的审核，那么系统会显示“审核未通过”，并在“审核未通过”红字下方写出原因，短视频创作者可以按照要求对任务短视频进行修改后重新上传。

第六步：发布任务短视频。任务短视频通过巨量星图平台的审核后，广告主可以选择驳回/确认该任务短视频。任务短视频被广告主确认后，短视频创作者即可发布任务短视频。

第七步：任务完成。短视频创作者发布任务短视频后，等待广告主确认验收即可。

2. 与广告主洽谈前做好准备

为了展现自身的商业价值，短视频创作者在与广告主洽谈广告业务之前，最好准备一份“账号说明书”，向广告主展示自己的短视频账号运营成绩。一般来说，“账号说明书”需要包含以下几项内容：账号的名称、定位、运营平台、上线时间、作品更新周期、作品更新时间，账号的用户人群画像，以及账号的数据表现等。

此外，短视频创作者还可以再准备 1~2 条短视频样片，以向广告主展示自己的拍摄和剪辑能力。如果短视频创作者以前有过制作广告类短视频的成功案例，那么可以将成功案例展示给广告主，以提升自身的说服力。

9.2 短视频 + 电商，高流量助力商品销售

短视频 + 电商的变现模式有着很大的空间。借助短视频，短视频创作者可以生动、全面地展示商品，给用户创造更加直接的感官刺激，从而让用户产生购买欲。此外，借助短视频巨大的流量，短视频创作者可以开展商品的推广引流，挖掘更多的潜在消费者。由此可见，短视频 + 电商的转化模式有着得天独厚的优势。

9.2.1 短视频＋电商转化的常见模式

短视频创作者要想做好短视频 + 电商转化，需要结合自身特点，选择最适合自己的电商转化模式。短视频 + 电商转化的模式分为两类：一类是自营电商平台，另一类是短视频带货。

1. 自营电商平台

自营电商平台是指短视频创作者的自营电商平台，通过优质的短视频作品为平台导流，吸引用户购买平台内的商品，从而实现流量转化。

优质生活媒体“一条”是短视频 + 电商转化模式的先行者和成功者。2014 年 9 月，“一条”上线了第一条短视频，随后每天通过微博、微信向用户推送原创的展现精致生活的短视频内容，展现最美的设计、图书、建筑、民宿、艺术……收获了大量粉丝。图 9-7 所示为“一条”在微博上发布的原创短视频。

图 9-7 “一条”在微博上发布的原创短视频

2016 年 5 月，“一条”的生活美学电商平台“一条生活馆”上线，以追求生活品质的高知人群为目标用户群，向用户推送精致的商品，如图 9-8 所示。凭借对目标用户需求的精准挖掘和短视频流量的支持，“一条生活馆”上线一个月就收获了非常好的销售额，积累了数百万名用户。

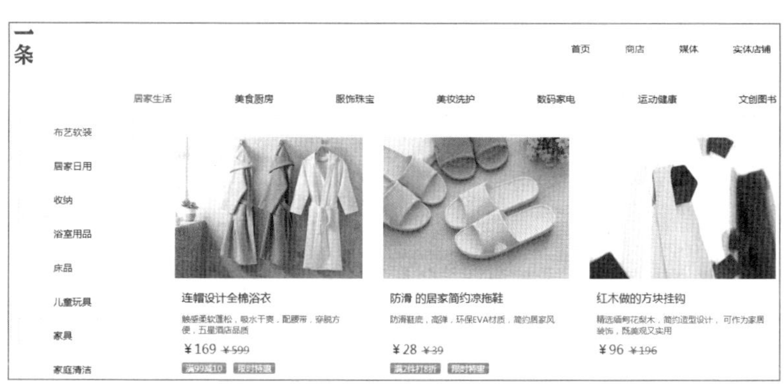

图 9-8 “一条生活馆”内的商品

2. 短视频带货

短视频带货是指短视频创作者在自己的短视频作品中推广网店中的商品，最终促成商品成交。目前，很多短视频平台都设置了商品分享功能，短视频创作者开通此功能后，可以在短视频中添加商品链接，用户在观看短视频的过程中如果对其中的商品感兴趣，就可以点击链接进行购买。

短视频带货包括两种形式，一种是短视频创作者推广自己网店中的商品，例如，李子柒通过短视频形成了个人 IP，创建了自己的品牌，并在天猫上开设了“李子柒旗舰店”，她会在自己的短视频中添加旗舰店中的商品链接，如图 9-9 所示，用户在观看短视频的过程中可以点击商品链接查看商品介绍，如图 9-10 所示，然后点击“去购买”按钮，即可进入“李子柒旗舰店”进行购买。

图 9-9　带有商品链接的短视频

图 9-10　商品介绍

另一种是短视频创作者推广其他网店中的商品，从中获取佣金。例如，抖音账号“闹闹又饿了”发布了一条使用某款多功能电蒸锅制作花样早餐的短视频，并在短视频中添加了商品分享，吸引用户点击购买，如图 9-11 所示。

图 9-11　“闹闹又饿了”在短视频中推广多功能电蒸锅

9.2.2　选品，做好短视频带货获利的关键

如今，短视频已经成为电商的带货利器，短视频为电商提供流量支持，电商为短视频提供获利渠道，两者互为补充，相互支持。短视频创作者要想提高带货短视频的转化率，除了要创作高质量的短视频，还要做好选品

工作。

短视频创作者在选品时，可以从以下 4 个方面入手。

1. 优先考虑日常消耗品

短视频创作者在选择商品时，可以优先考虑日常消耗品，如衣服鞋帽、零食、化妆品、婴幼儿商品等。日常消耗品在生活中使用的频率较高，所以其复购率较高，如果用户觉得某款商品对自己有用，或者非常适合自己，那么通常会很痛快地进行购买。而对于非日常消耗品，很多用户在购买时可能会犹豫一下，而正是这“犹豫一下”，可能就会导致其放弃购买该款商品。

2. 分析好商品的客单价

短视频平台适合推广客单价不太高的商品，一般来说，客单价在 50~100 元的商品的转化率较高，超出这个客单价范围的商品，用户在购买时通常不会太随意，这样就会影响短视频创作者带货的销售额。因为用户通过短视频购买商品，大多属于冲动型消费，较低的客单价可以促使用户更快地做出购买决策，如果客单价太高，用户就可能因某些顾虑而放弃购买。

3. 商品要有卖点

短视频创作者在选品时，一定要选择有卖点的商品。卖点可以是商品的内在质量、商品的外在包装、商品的功能、商品的价格、商品的使用寿命、商品的新奇性等，有卖点的商品才更容易吸引用户的关注和购买。

4. 商品要具有良好的使用体验

商品具有良好的使用体验才能得到用户的认可，形成良好的口碑。因此，短视频创作者在选择商品时，最好提前体验一下商品，分析此款商品是否符合用户的需求。此外，这样做还能让短视频创作者充分了解商品的优缺点，以便在短视频中能更好地向用户展示商品的使用方法和体验，更好地与用户进行交流。

9.2.3 提高带货短视频转化率的必知高招

短视频带货不仅为短视频创作者提供了一种获利方式，也为短视频用户提供了一种全新的购物体验。要想提高带货短视频的转化率，在拍摄短视频时可以采用以下方法。

1. 展示商品的使用场景

如果商品的某种功能在某个场景中具有一定的优势，又容易引起人们的讨论，短视频创作者就可以在短视频中直接展示商品的使用方法或使用场景，让用户直观、清楚地看到商品的使用全过程，从而刺激用户的购买欲。

例如，抖音账号“阿青美食”发布的一条带货短视频中，展示了一款自动升降火锅的用法，如图 9-12 所示。火锅适合 1~2 个人使用，非常符合在外独自生活的年轻人和情侣的需求。此外，这款火锅具有一键升降的功能，这样不仅解决了人们用餐时在锅里寻找食材的问题，还能防止食材在锅中煮得时间过长。于是，这款火锅引发了很多独自在外打拼、想在家吃火锅，又担心一个人煮一大锅吃不完的人的共鸣，从而获得了大范围的传播。

图 9-12 “阿青美食”发布的展示自动升降火锅用法的短视频

2. 展示商品的制作过程

短视频创作者可以在短视频中展示商品的制作过程，这样不仅有利于勾起用户对商品的兴趣，还能让用户清楚地了解商品的制作过程、制作工艺等，提高用户对商品的信任度。

例如，在抖音账号“李子柒”发布的一条短视频中，向用户展示了制作红油麻辣火锅汤底和清汤火锅汤底的过程，让用户直观地看到了两种汤底的制作方式和所使用的材料，如图 9-13 所示，从而提升了用户对“李子柒”品牌下这两款火锅汤底的认可度。

3. 直接展示商品的卖点

短视频创作者可以在短视频中直接展示商品的卖点，用一种简单、直白的方式向用户介绍商品的特点，以此来吸引那些存在需求的用户来购买商品。例如，在抖音账号“斯坦福妈妈”发布的一条推广儿童图书的短视频中，“斯坦福妈妈”详细介绍了此款图书的特点，包括图书的作者是日本著名的图画书大师木村裕一，图书可以整页双面推拉，图书采用的是环保印刷材料等，如图 9-14 所示。

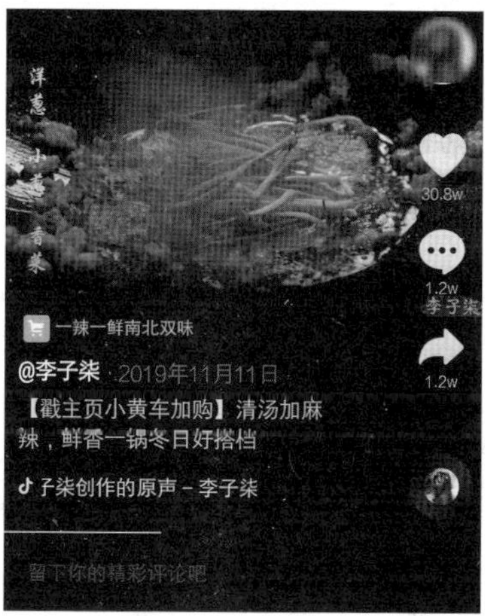

图 9-13　展示商品的制作过程

图 9-14　直接展示商品的卖点

4．对商品进行测评

短视频创作者可以将同种类型、不同品牌的几个商品做横向比较，然后分析各个商品的优缺点、性价比等，或者单独对某个商品进行测评，向用户介绍商品的功能、性价比等。

例如，“老爸评测”是一个商品评测类短视频账号，其短视频的内容主要是对各种商品进行检测和评价。该账号发布了一条测评驱蚊液的短视频，通过“魏老爸”的亲身检测，最终向用户推荐了 8 款比较好用的驱蚊液。在短视频的结尾处，“魏老爸”向用户推荐了一款自己商品橱窗里的驱蚊液，并表示这款驱蚊液是经过自己团队检测的，性价比较高的一款商品，如图 9-15 所示。

图 9-15　对商品进行测评

5. 在短视频中加入剧情

在带货类短视频中加入剧情，不但能够提高短视频的调性，而且这样的内容与人们的生活场景更加贴近，更容易被用户接受，从而实现较高的转化。例如，在抖音账号“51 美术”发布的一条带货短视频（货品为某品牌的麦片）中，就设置了下面这样有趣的剧情。

女老师的一位追求者给她寄送了一箱麦片，快递员给女老师送快递时，女老师却拒绝签收，并关上了自己班级的门将快递员拒之门外。男老师看到了，就代替女老师签收了快递，并将快递拿进了课堂。

这时快递员又告诉男老师快递还附有一封信，于是男老师随手将快递递给了班里的一位男同学，自己去取信。在男老师取信时，男同学打开了快递箱并取出了里面的麦片吃了起来。男老师将信取回来后，边走边欣赏信里的内容。此时，女老师发现男老师帮自己签收了快递，抱怨男老师多管闲事，并要求男老师将快递退回去。

男老师表示这个追求者很真心，并对女老师说：“有人追你还不乐意？给我找个媳妇我就给你退啊！”女老师听了，微笑地喊了男老师一句：“老公。”

男老师反应过来后，马上要求学生将女老师的快递退了，而学生边吃麦片，边对男老师说：“退不了了，已经吃上了，太好吃了，而且里面坚果超级多。”此时镜头对麦片的包装和里面的麦片进行了特写，如图 9-16 所示。

随后这位同学又对男老师说了一句：“不如你们俩人在一起吧。”男老师听了之后露出了非常无奈的表情。

图 9-16　特写镜头展示商品

这条带货短视频将商品推广信息完美地融入剧情中，借助有趣的剧情，用一种非常自然的方式向用户展示了商品，获得了不少用户的点赞。

9.3　内容付费，让用户为“有用”买单

随着视频网站会员制度的推出，用户为优质互联网内容付费的习惯正在逐渐形成，内容付费市场具有较大的潜力，而短视频以内容付费的形式进行转化获利也大有可为。

9.3.1　短视频内容付费的 3 种模式

在内容付费流行的趋势下，已经有很多图文形式、音频形式的内容通过付费实现转化获利的成功案例。与图文形式、语音形式的内容相比，短视频的表现形式更加生动，信息承载量更加丰富，是内容付费的重要组成部分。目前，短视频内容付费主要有 3 种模式，即用户打赏、购买特定内容和会员制付费。

1. 用户打赏

打赏在直播行业中比较常见，目前在短视频行业中也有一些平台推出了打赏功能，用户可以为自己喜欢的短视频付费打赏，如哔哩哔哩的“充电计划”。“充电计划”是哔哩哔哩为用户提供的在线打赏功能，粉丝可以为自己喜欢的创作者“充电”，创作者通过粉丝“充电”获得的“电池”可以转化为现金收益。图 9-17 所示为粉丝为创作者“充电”的入口。

图 9-17　粉丝为创作者“充电”的入口

“电池”是粉丝对参与“充电计划”的创作者进行打赏的结算道具，创作者每月的“电池”收入，将会在下个月 5 日转化为“贝壳”，然后创作者对“贝壳”进行转出操作，从而将其转化为现金收益。

创作者可以自愿选择加入“充电计划”，无论创作者是否参与“充电计划”，都不会影响作品的观看和投稿。创作者提交申请，待哔哩哔哩平台审核通过后，即可加入“充电计划”。创作者加入“充电计划”后，在自己的个人空间页会出现一个充电面板，以供粉丝赠送“电池”。

2. 购买特定内容

购买特定内容是指用户为某些特定的内容付费，从而获得观看这些内容的权限。这种付费模式在长视频平台和音频平台上比较常见。例如，在爱奇艺、腾讯视频等视频平台上，某些电视剧、电影或综艺节目需要用户单独付费才可观看。

在短视频领域，很多人也在积极探索这种内容付费模式。例如，快手账号“水果医生”就设置了付费内容，对于某些内容，用户需要付费购买才可观看，如图 9-18 所示。

图 9-18　“水果医生”发布的付费内容

3. 会员制付费

会员制付费模式是指用户通过购买会员的方式享受某种会员特权。在这种转化获利模式下，看鉴是先行者。

看鉴主打知识短视频，其短视频主要关注历史人文、自然地理、文化风俗等领域，每期节目用 2~5 分钟时间，向用户普及历史、文化知识。

2015 年 10 月看鉴正式在今日头条、腾讯视频和微信公众号等平台上上线，保持每日更新，11 月看鉴同名 App 同步上线应用市场。

在看鉴 App 上，一些视频只有用户购买了会员后才可以观看，如图 9-19 所示。此外，看鉴 App 为用户设置了年会员、季会员和月会员 3 种付费会员类型，用户可以根据自己的需求选择购买，如图 9-20 所示。

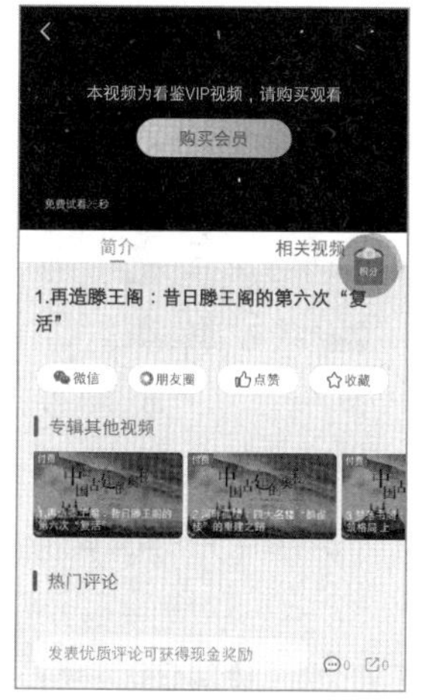

图 9-19　需要付费观看的短视频

图 9-20　看鉴 App 付费会员类型

9.3.2　有用、排他，付费内容的必备特点

短视频内容付费的本质就是让用户花钱买内容，既然内容需要花钱，就要让用户有花钱的理由。短视频付费内容需要具备两大特点，即有用、排他。

所谓有用，就是指用户认为短视频的内容对自己来说有价值。例如，通过观看短视频的内容，用户可以获得某些知识、提升某方面的技能、补充社交货币等。

除了用户在认为短视频内容对自己有用时，他们愿意为短视频付费，排他也是一个用户愿意付费的理由。所谓排他，就是指短视频的内容具有独家性，用户只能在某一个地方才可以获得这些内容，而在其他地方则无法获得，换句话来说，就是短视频的内容是有版权的。

例如，看鉴创作的短视频向用户分享历史文化、自然地理、民俗民风等有价值的知识，具备“有用”的特性。图 9-21 所示为看鉴 App 推出的趣味科普短视频。

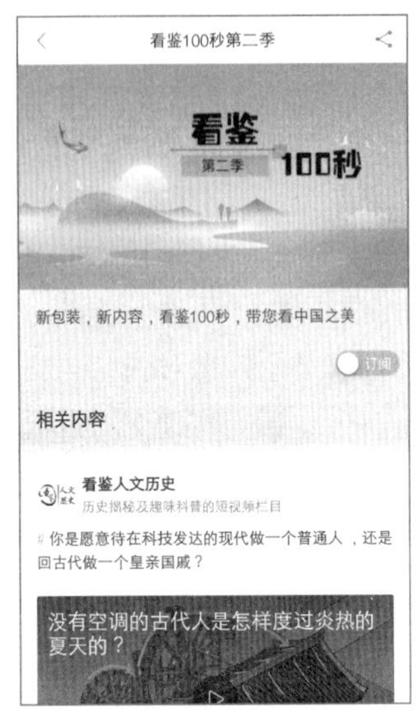

图 9-21　看鉴 App 推出的趣味科普短视频

此外，看鉴团队不认可轻资产的模式，于是团队花费了大笔资金购买了大量具有版权的优质历史地理文化纪录片，其中不乏《河西走廊》《国家宝藏》《航拍中国》这样级别的作品，这就让看鉴的短视频具备了“人无我有”的排他性。短视频的有用性和排他性构成了看鉴实施内容付费的强大支撑。

9.3.3　专注垂直领域，吸引小众用户付费

与新闻资讯类内容相比，用户更愿意为更垂直、更偏向知识分享的内容付费。因此，短视频创作者可以专注于某一领域，从而吸引相对小众的、对该领域的内容感兴趣的用户去购买内容。

创作垂直领域的，且具备有用和排他两个特点的短视频内容，创作者可以将以下两个角度作为切入口。

1. 从目标受众的需求角度切入

短视频创作者可以以目标受众的现实需求为切入口，为他们提供相应的内容。例如，短视频以中小学生为目标受众，创作者可以主打教育类的短视频内容；短视频以“宝妈”为目标受众，创作者可以聚焦育儿知识；短视频以健身、减肥的人群为目标受众，创作者可以主打运动、塑形相关知识等。

2. 从某类主题切入

短视频创作者从某类主题切入，深入挖掘某类主题知识，专注创作与该主题相关的短视频内容。例如，创作者可以创作足球主题、Word 应用主题、旅游主题、急救知识主题、恋爱技巧主题等各类主题的短视频。只要内容足够优秀，就可以吸引愿意付费的用户观看。

9.4 挖掘 IP 价值，实现 IP 价值衍生转化盈利

知识产权（Intellectual Property，IP）是一个法治概念，是指权利人对其智力劳动所创作的成果和经营活动中的标记、信誉所依法享有的专有权利。随着网络文化的发展，IP 的概念在互联网领域有所引申。

在互联网领域，IP 可以理解为所有成名文创（文学、影视、动漫、游戏等）作品的统称。也就是说，互联网领域的 IP 更多的只是代表由智力创造的比如发明、文学和艺术作品这些著作的版权。进一步引申来说，能够仅凭自身的影响力，挣脱单一平台的束缚，在多个平台上进行分发，获得流量，引发传播的内容，就是一个 IP。短视频创作者可以尝试挖掘 IP 的衍生价值，从而获得更多的转化盈利机会。

一般来说，常见的短视频 IP 价值衍生转化盈利的方式有以下两种。

1. 版权输出

创作者形成自己的短视频 IP 后，可以将自己的 IP 形象或有版权的内容授权或转让给他人使用，从而获得转化盈利。例如，短视频账号“僵小鱼”的创作者就将自己的 IP 形象授权给了一些其他品牌，与它们开发了联名款商品，如图 9-22 所示。

除了授权或转让版权，创作者也可以使用 IP 版权出书，或者借助 IP 形成的影响力打造影视化的节目，从而实现版权转化盈利。例如，“陈翔六点半”以爆笑迷你情景喜剧短视频的形式风靡网络，成为短视频领域的知名 IP。“陈翔六点半”团队通过短视频积累了一定数量的粉丝之后，先后推出了《陈翔六点半之废话少说》《陈翔六点半之铁头无敌》《陈翔六点半之重楼别》3 部网络电影在爱奇艺平台独家上映，如图 9-23 所示，每一部电影都收获不错的票房成绩，印证了短视频 IP 通过网络电影进行版权转化盈利的可操作性。

图 9-22 “僵小鱼”联名款商品

图 9-23 “陈翔六点半”团队在爱奇艺平台推出的网络电影

2. 销售衍生商品

创作者可以通过独特的 IP 衍生出一些自有商品，然后通过销售衍生商品进行转化盈利。例如，动漫类短视频 IP“萌芽熊”的创作者开发了萌芽熊公仔、萌芽熊发泡回弹解压玩具、萌芽熊钥匙扣、萌芽熊手办等商品，并在天猫开设了“萌芽熊旗舰店”销售这些商品，如图 9-24 所示。

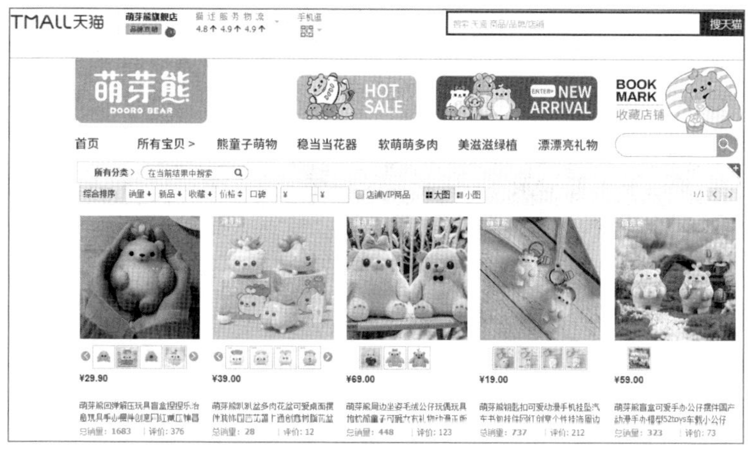

图 9-24 “萌芽熊旗舰店”销售的部分 IP 衍生商品

9.5 签约平台或 MCN 机构，获得合作分成

对短视频创作者来说，可以与短视频平台或 MCN 机构签约，为平台或 MCN 机构提供优质内容创作，并从中获得分成。

1. 与平台签约

为了吸引更多的优质内容创作者，一些视频平台为短视频创作者提供了一系列签约机会。通常来说，短视频创作者与平台签约后，平台会要求短视频创作者只在该平台发布作品，但平台会为短视频创作者提供更多的流量支持，让短视频创作者享受平台上更多的头衔认证，并从平台上获得更多的收益分成。

2. 与 MCN 机构签约

在短视频行业，如果短视频的内容策划、拍摄剪辑、商务对接等工作全部由创作者来完成，那么将会是庞大的工作量。在这种庞大工作量的压力下，短视频创作者很难保证短视频的质量与输出效率。虽然有些短视频创作者具备了一定的影响力后会选择自建运营团队，由专职人员负责内容策划、拍摄剪辑、商务对接等工作，但并非每个短视频创作者都有自建运营团队的条件。因此，对短视频创作者来说，出于自身发展的需求，可以选择签约 MCN 机构。

MCN 机构是一种能够为短视频创作者提供一系列短视频运营服务的中

介公司。例如，在内容上，为短视频创作者提供创意上的建议，帮助他们进行粉丝运营和账号运营；在短视频制作上，帮助短视频创作者拍摄、剪辑短视频；在商业上，帮助短视频创作者洽谈商业合作业务等，有效地提高短视频创作的质量和效率。

目前，市场上各家 MCN 机构的实力各不一样，短视频创作者在选择 MCN 机构时需要注意以下事项。

（1）分成问题

短视频创作者签约 MCN 机构后，短视频的商业转化盈利所得需要与 MCN 机构分成，也就是短视频创作者获得收益后需要分给 MCN 机构一部分，作为 MCN 机构的服务费。因此，在与 MCN 机构签约时，短视频创作者需要注意与分成相关的问题，包括分成的比例分配、分成结算的方式、结算标准等。

（2）权利和义务

权利和义务主要是规定 MCN 机构和短视频创作者双方享受的权利和应该履行的义务，这部分的规定与短视频创作者的违约责任密切相关。在签约时，短视频创作者要认真审核相关内容，了解其中存在的风险，认真评估自身的承受能力。

（3）违约责任

如果短视频创作者未完成自身应该履行的义务，就要承担相应的违约责任。在与 MCN 机构签订合约时，短视频创作者要关注何种情况属于违约，以及违约赔偿金额等问题。

9.6 平台盈利，从平台方获得奖励和分成

短视频平台与短视频创作者是互利共赢的关系，各大短视频平台为了增加自身的流量，都会推出一系列的平台活动和分成政策，吸引优质的创作者入驻和输出优质内容，从而反哺平台的内容生态。而对短视频创作者来说，通过参加平台活动和分成，不仅能够吸引流量，提升短视频账号的影响，还能获得相应的奖励，赢得更多的商业转化机会。

9.6.1 参与平台活动，从平台获得官方奖励

各大短视频平台为了吸引优质创作者入驻，激发创作者持续生产优质内容，会推出各类平台活动，以支持短视频创作者开展创作，如抖音的“创作

者成长计划”，西瓜视频的“金秒奖”，快手的“创作者激励计划”“光合计划”，哔哩哔哩的“知识分享官”等活动。

短视频创作者申请参与这些活动后，就要根据活动要求进行短视频创作，一旦参与活动的短视频作品获得平台方的认可，就可以得到平台方承诺的流量扶持与现金奖励，以及各种平台认证的优先权。对处于运营初期的短视频创作者来说，这也是一种非常直接的转化盈利方式。图 9-25 所示为哔哩哔哩发布的第四期“知识分享官”活动奖励说明。

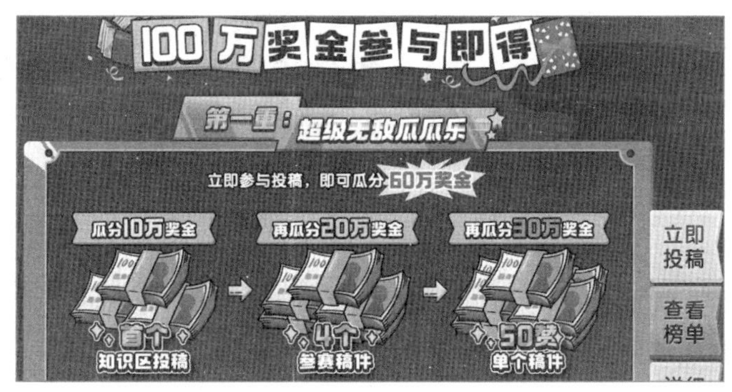

图 9-25 哔哩哔哩“知识分享官”活动奖励说明

虽然各个短视频平台会不定期推出各类活动支持短视频创作者的发展，但这并不意味着只要参加了相关活动就可以获得官方补贴。短视频创作者要想通过参与短视频平台举办的活动获得奖励，需要注意以下问题。

1. 了解活动规则

各大短视频平台的活动都是有相应的规则和参与门槛的，短视频创作者在报名参与活动之前，要详细了解活动规则，并按照规则进行内容创作。

2. 选择适合自己的活动

各个短视频平台的活动不同，短视频创作者可以获得的奖励也不同。对短视频创作者来说，并非一定要选择去参加给予的奖励多的活动，而是要选择适合自己的活动。因为适合自己的活动更容易激起自己的创作热情，更有利于短视频创作者把握自己的创作方向，最终获得良好的效果。

9.6.2 从平台获得渠道分成

为了激励短视频创作者的创作热情，各大短视频平台推出了一系列平台扶持计划，帮助短视频创作者通过渠道分成获得转化盈利。对于参与短视频平台渠道分成的创作者，平台会在其部分作品后添加广告，短视频创作者与平台进行广告分成，从而获得收益。对处于运营初期的短视频创作者来说，获得渠道分成是一种较为省时、省力的转化方式。

1. 了解获得渠道分成的条件

短视频创作者要想通过渠道分成获得收益，首先要了解哪些渠道可以获得分成，以及参与渠道分成的条件。表 9-1 列举了几个常见渠道的短视频创作者参与分成的条件。

表 9-1 常见渠道的短视频创作者参与分成的条件

渠道名称	参与分成的条件
今日头条	新手期过后，被推荐视频超过 10 条，即可申请分成
爱奇艺	爱奇艺号指数达到 V3，即有资格申请视频广告分成
腾讯视频	新手期过后，成为正式运营的企业号，平台将在 24 小时内自动开通分成收益功能
快手	账号粉丝量超过 1 万，即可申请加入"快手广告共享计划"，与平台进行广告分成

2. 选择优质的渠道获得分成

各大视频平台的分成参与条件不同，创作所能获得的分成也不一样。对短视频创作者来说，当然是选择的分成平台越多，所能获得的分成收益越多。但是，对人力、物力等资源有限的短视频创作者来说，在选择分成平台时，可以根据自身情况通过对比的方式有侧重地去选择。

例如，今日头条、快手平台是算法机制，并没有太多人为的因素在里面，只要创作的短视频符合平台要求，质量足够好，就能获得较好的推荐量，从而让创作者获得较高的分成收益。而爱奇艺、腾讯视频等渠道大多采用人工推荐机制，在这些渠道中视频的播放量主要是通过用户搜索和平台编辑推荐来获得的，好的推荐位通常会被各大影视剧、综艺节目所占据，所以对处于运营初期、影响力较弱的短视频创作者来说，在这些平台上获得较好的分成可能会有一定的难度。

第 10 章

数据分析：用数据驱动短视频运营

数据化运营是一种非常科学、有效的运营方法，正所谓“知己知彼，百战不殆”，通过专业的数据分析，短视频创作者不仅可以了解自身账号的运营状况，以及时调整和优化运营策略，还可以精准掌握短视频行业的发展状况，了解竞争对手的运营策略，为自身优化运营提供指导。

10.1 巧用数据分析工具，让数据分析事半功倍

目前有很多与短视频相关的数据分析工具，对短视频创作者来说，充分利用这些数据分析工具，对提高短视频运营效率和优化运营策略是非常重要的。下面分享几款短视频创作者有必要了解的数据分析工具。

1. 飞瓜数据

飞瓜数据涵盖抖音、快手、哔哩哔哩、小红书、微视、秒拍等短视频平台数据，为用户提供热门视频、音乐、爆款商品及优质短视频账号等数据分析服务，帮助短视频创作者完成账号内容定位、粉丝增长、粉丝画像及流量转化等现实需求。

以飞瓜数据抖音版为例，它能为用户提供热门素材、播主查找、数据监测、电商分析、品牌推广等服务。图 10-1 所示为飞瓜数据抖音版账号后台。

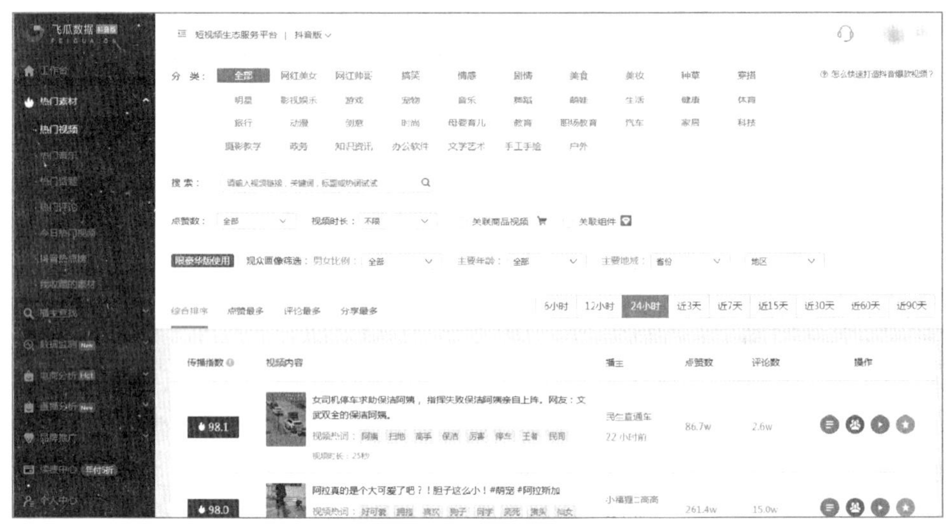

图 10-1 飞瓜数据抖音版账号后台

- 热门素材：提供当前热门视频、热门音乐、热门话题、热门评论等数据分析，帮助短视频创作者搜集更多的有效素材进行创作。
- 播主查找：提供播主搜索、播主排行榜、巨量星图热榜、MCN 机构资料等数据分析，有助于短视频创作者研究竞品和对标账号的运营效果。
- 数据监测：提供抖音号管理、账号视频监控、直播监控、视频带货力诊断等服务，帮助短视频创作者实时追踪播主短视频传播指数变化，更好地把控短视频运营的时机，提升多号运营的效率。

- 电商分析：提供商品搜索、热门带货视频、抖音商品排行、实时爆款商品榜、电商视频排行、商品热评视频、电商达人销量榜等数据分析服务，帮助短视频创作者精准定位到热门爆品，提高抖音带货转化盈利能力。
- 直播分析：提供实时直播带货达人、直播带货排行、直播分享热榜、直播品牌排行、音浪收入榜、连播涨粉榜、直播号搜索、直播间搜索等服务，帮助短视频创作者快速发现热门直播间，还原播主历史直播热度和销售数据，提升直播表现能力。
- 品牌推广：提供电商品牌排行、品牌搜索、品牌对比等服务，帮助短视频创作者了解各个品牌在抖音平台上的运营表现，发现具有带货潜力的品牌。

飞瓜数据分为免费版和付费版，免费版的功能有限，付费版能够为用户提供更强大、更丰富的服务内容。

2．卡思数据

卡思数据是一个专业的视频数据分析平台，数据监测范围涵盖抖音、快手、哔哩哔哩、美拍、秒拍、西瓜视频、抖音火山版等平台。卡思数据平台能够为用户提供全方位的数据查询、趋势分析、舆情分析、用户画像、视频监测、数据研究等服务，为内容创作团队在内容创作和用户运营方面提供数据支持，为广告主的广告投放提供数据参考，以及为内容投资提供全面、客观的价值评估。

卡思数据会员分为免费版、基础版、高级版和超级版，每个级别对应的功能都不一样。毋庸置疑，级别越高的版本，其功能越强大。

（1）卡思数据免费版

卡思数据免费版可以为用户提供创意洞察（包括热门视频、实时热点、热门音乐、热门话题等）、达人榜单、电商带货分析（包括好物榜、销量榜、访客榜、潜力榜、带货达人榜、直播达人榜、带货视频榜）等服务，且用户可以查看的数据量有限，若需要更高级的功能，则需要付费。

图 10-2 所示为卡思数据免费版提供的电商带货销量榜（仅可查看排行榜前 5 位的数据），单击页面右侧“操作”下的按钮，可以分别查看某款商品的带货数据分析、带货达人分析和带货视频分析。

图 10-3 所示为某款酸奶产品的带货数据分析。

（2）卡思数据商业版

卡思数据付费版主要有 MCN 管理、创意洞察、红人智选、监测分析、榜单专业版、品牌追踪等功能板块，如图 10-4 所示，能够为用户提供更加详细、全面的数据分析服务。

图 10-2　电商带货销量榜（榜单前 5 位）

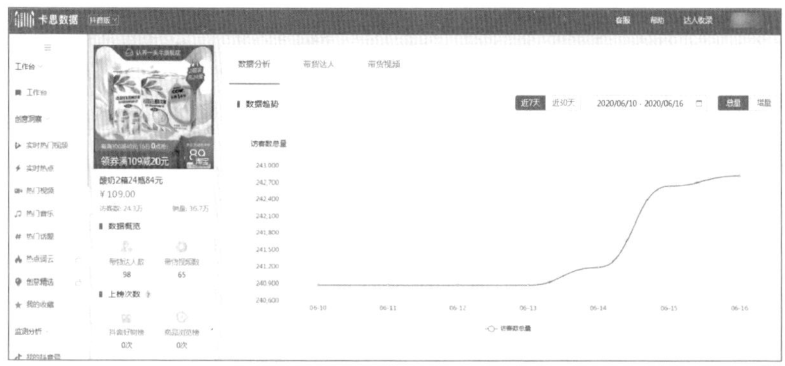

图 10-3　某款酸奶产品的带货数据分析

图 10-4　卡思数据商业版主要功能板块

3．新榜

新榜是一个自媒体内容服务平台，早期以为用户提供公众号数据分析服务为主，现在逐步加入抖音、快手等数据分析服务。

（1）新抖

新抖是新榜旗下抖音短视频、直播数据分析平台，能够为用户提供创意素材、抖音号排行查找、种草带货、打卡探店、品牌声量查询、直播电商分析、运营数据下载、DOU+投放实时监测等全面的在线数据服务，帮助短视频创作者全方位洞察抖音生态，发掘热门短视频、直播间、爆款商品及优质账号，有效提升账号运营转化获利能力。图 10-5 所示为新抖提供的抖音号搜索的相关数据。

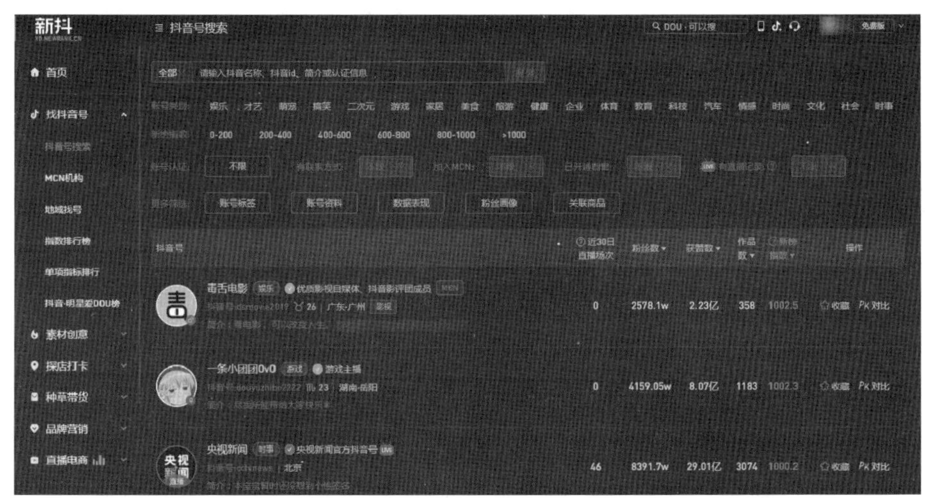

图 10-5　新抖抖音号搜索相关数据

（2）新快

新快是新榜旗下的快手直播电商数据分析平台，能够为用户提供直播数据大屏、秒级销量变化分析、多维交叉选号比号等服务，助力创作者实现快手账号运营能力及直播销量的提升。图 10-6 所示为新快直播看板数据分析。

4．蝉妈妈

蝉妈妈是一款专注于短视频和直播全网大数据开发的平台，它涵盖了各类短视频达人榜、视频播放排行榜、热门素材、爆款商品等数据分析，帮助用户利用大数据来科学、高效地运营短视频流量并实现转化。

为了给用户提供更好的使用体验，最大限度地满足用户不同使用场景的需求，蝉妈妈为用户提供了电脑版和 App 两个版本，以供用户选择使用。

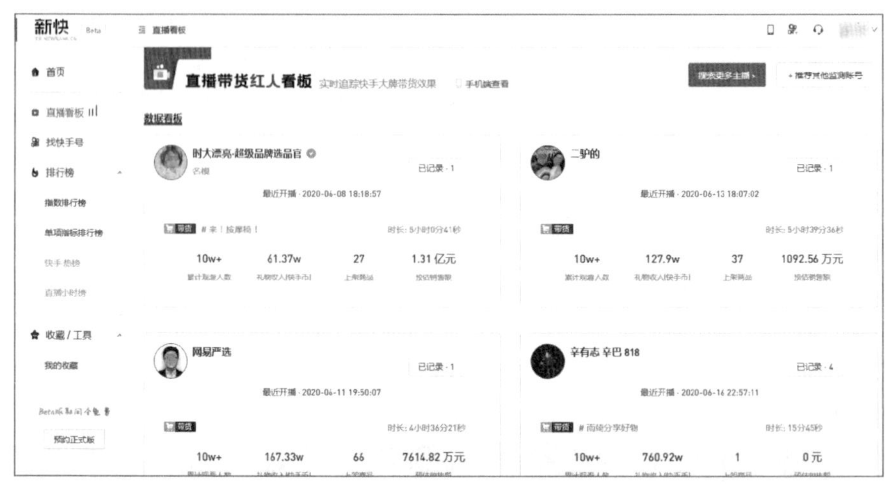

图 10-6　新快直播看板数据分析

以电脑版为例，蝉妈妈主要有直播榜、商品榜、达人榜、视频&素材库等数据分析功能板块。

（1）直播榜

直播榜为用户提供精准的直播间详情数据，包括直播间人数和人气趋势、送礼人数、商品销售额与销量等数据，支持直播实时榜、达人带货榜、直播商品榜、礼物收入榜和土豪送礼榜五大榜单。

- 直播实时榜：每小时实时的直播数据。
- 达人带货榜：昨日达人直播带货销量排行榜。
- 直播商品榜：昨日直播商品的排行榜，如图 10-7 所示。

图 10-7　直播商品榜榜单

- 礼物收入榜：昨日礼物收入较高的达人排行榜。
- 土豪送礼榜：送出礼物最多的用户的排行榜。

此外，直播榜还能为用户提供达人直播间数据分析，包括达人的直播分析、电商分析、视频分析、粉丝分析等数据分析，如图 10-8 所示。

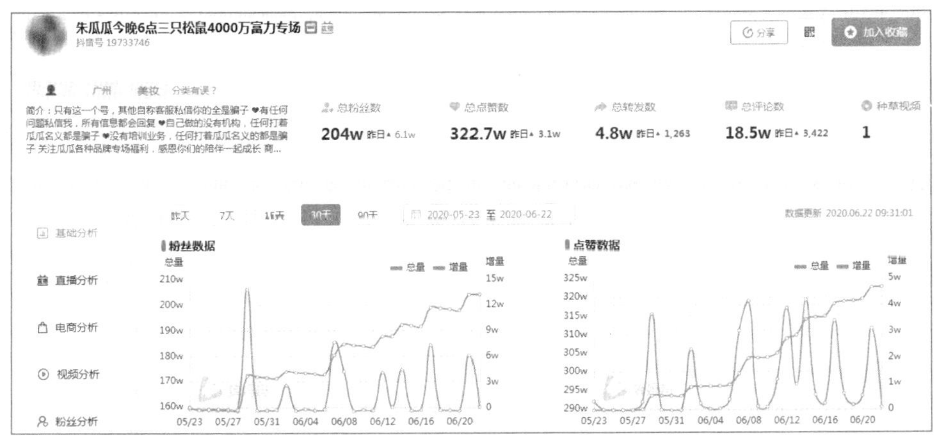

图 10-8　达人直播间数据分析

（2）商品榜

商品榜能够为用户提供直播商品榜数据，支持选品库、商品排行榜、抖音小店榜等功能。

- 选品库：提供百万级电商商品，用户可以按照商品分类、商品平台来源、佣金比例、商品销量、商品浏览量、价格等多个维度对商品进行筛选，如图 10-9 所示。

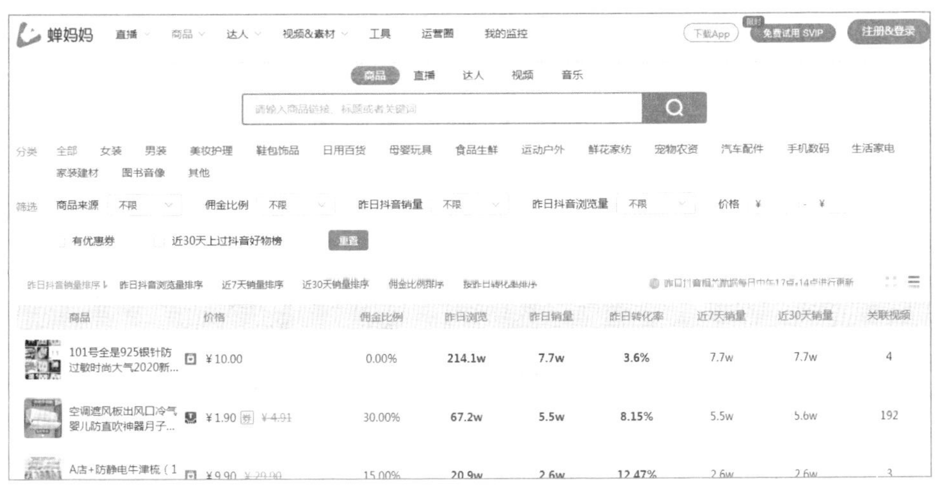

图 10-9　选品库

- 商品排行榜：为用户提供抖音销量榜、抖音热推榜、抖音好物榜，以及淘宝实时销量榜和淘宝全天销量榜等榜单。
- 抖音小店排行榜：提供各个抖音小店数据分析，用户可以按照销售额、销量和平均转化率 3 个维度查看数据。

（3）达人榜

达人榜提供电商达人库相关数据，为用户提供达人库和多种类型的达人榜榜单。

- 达人库：提供千万级的达人数据分析，如图 10-10 所示。品牌主可以通过达人库寻找适合给自己带货的达人。

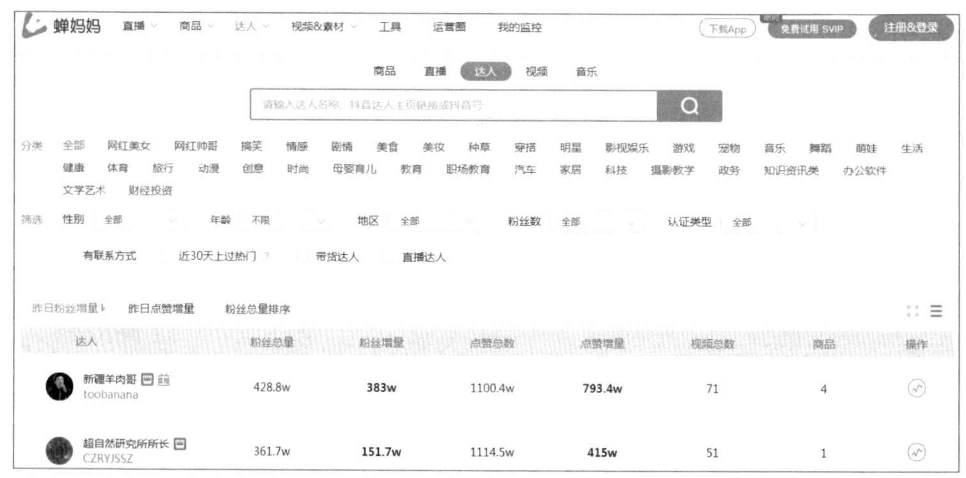

图 10-10　达人库

- 达人榜榜单：支持涨粉达人榜、小店达人榜、行业达人榜、成长达人榜、地区达人榜、蓝 V 达人榜等多个榜单，帮助品牌主多维分析带货达人数据。

（4）视频&素材库

视频&素材库为用户提供电商短视频相关数据，支持视频库、电商视频榜和音乐库三大功能，达人可以通过分析近期热门的视频创意进行创作。

- 视频库：提供上亿级的实时视频数据，用户可以按照视频所属分类、观众属性、视频数据表现等多种条件筛选，按照 6 小时、12 小时、24 小时、近 3 天等多种时间维度对视频数据进行对比查看，如图 10-11 所示。
- 电商视频榜：提供带货视频排行榜，如图 10-12 所示。单击某条视频右侧的按钮，可以通过查看该条视频的详情页分析数据，包括视频的点赞、评论、转发数据，以及粉丝画像、评论分析、同款带货视频等数据，如图 10-13 所示。

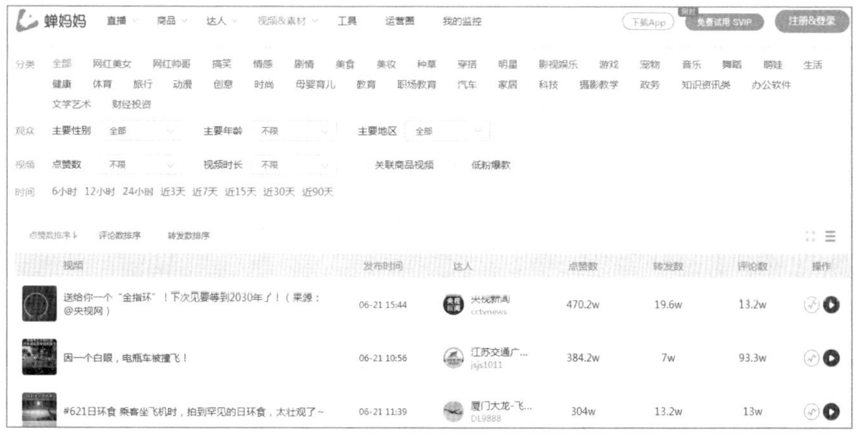

图 10-11　视频库

图 10-12　电商视频榜

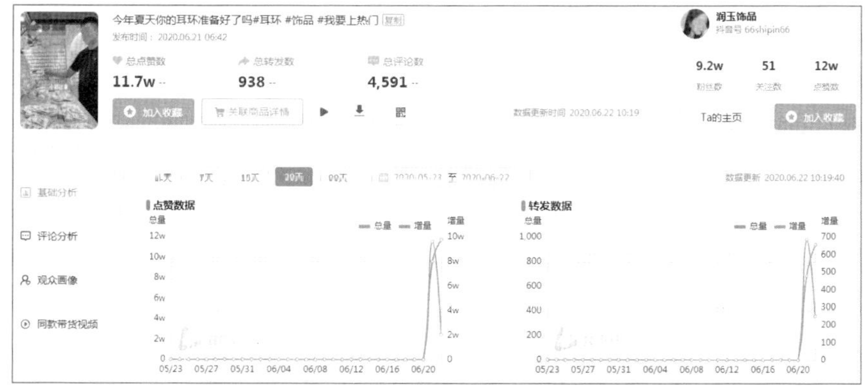

图 10-13　视频详情页分析

- 音乐库：提供热门音乐的相关数据，达人可以通过分析近期热门音乐进行音乐创作。

10.2　掌握数据分析的维度，不怕分析没思路

做数据分析首先要有正确的思维方法，短视频创作者对短视频进行数据分析，可以从以下两个维度入手。

1. 同 IP 下视频分析

同 IP 下视频分析是指对同一个 IP 下的短视频进行对比分析，包括单视频分析、横向对比分析和纵向对比分析。

（1）单视频分析

单视频分析是指对某条短视频的自有数据进行分析，了解该条短视频的表现，从而发现其是否存在问题。

（2）横向对比分析

在短视频运营中，很多短视频创作者为了提升自己的粉丝总量，会在不同的短视频平台创建短视频账号，而横向对比主要针对的就是这种情况。横向对比是指短视频创作者要将自己同时在多个平台上发布的所有短视频都整合起来，并对其数据表现进行统计分析。短视频创作者创作的短视频在哪个短视频平台上的数据表现较好，就说明其短视频比较适合哪一平台上的用户的观看需求，短视频创作者可以据此找到最适合自己的短视频平台。

（3）纵向对比分析

纵向对比是指短视频创作者对自己账号中不同风格或不同题材的短视频进行分类归总，然后对各种风格、各种题材的短视频数据表现进行分析，从而调整和优化短视频风格定位、内容选题等。

2. 竞品分析

竞品分析是指分析竞争对手的短视频数据，并将其与自己的短视频数据进行对比，这样才能了解竞争对手的短视频在哪些方面存在优势，自己的短视频在哪些方面存在短板，才能有针对性地对自己的短视频进行调整和优化，从而提升自身短视频的品质和竞争力。

对于竞品的选择，短视频创作者可以在短视频平台提供的热搜榜、热播榜中选择与自己的短视频风格、题材相同或相近的短视频，也可以借助飞瓜数据、卡思数据、新榜、新快等数据分析工具来搜集竞品和竞品的数据表现。

10.3 短视频运营不可不知的数据分析指标

通过对短视频的各项数据进行统计分析，能让短视频创作者不断优化选题，提升短视频的质量，增强自身竞争力。在开展数据分析之前，短视频创作者首先需要了解几个短视频数据分析指标，这样才有利于获得科学的数据结果。

10.3.1 短视频运营数据分析基础指标

通常来说，短视频运营数据分析的基础数据指标包括播放量、点赞量、评论量、转发量和收藏量。下面分别介绍这 5 个基础数据分析指标的价值和意义。

1. 播放量

播放量代表短视频的曝光量，也就是说短视频在某个时间段内被用户观看的次数，它是衡量用户观看行为的重要指标。播放量越高，说明短视频被用户观看的次数越多。

2. 点赞量

点赞量是指短视频获得的点赞数。短视频平台会利用大数据技术，根据用户的点赞行为、留言行为、收藏行为对用户的喜好进行分析，并向用户推荐符合他们喜好的短视频。因此，很多短视频创作者会在短视频中引导用户为自己的短视频点赞、留言，就是因为系统会认为用户为某条短视频点赞、留言，代表用户喜欢这种类型的短视频，于是系统就会向用户多推荐此种类型的短视频。

从这个角度来说，用户的点赞量会对短视频的播放量产生影响。以抖音平台推荐机制为例，某条短视频的点赞量越高，意味着用户喜欢这个短视频的程度越高，那么抖音平台的推荐系统将会给该条短视频更多的推荐量。

3. 评论量

评论量是指短视频获得的评论的数量。创作者与用户之间的双向互动是新媒体的一大特点，短视频也不例外。在短视频播放的过程中，用户可以在短视频的评论区直接发表自己的观点或表达自己的态度，从中获得参与感。从短视频创作者的角度来说，用户对某条短视频发表评论，说明其关注短视频中所展示的内容。因此，分析短视频的评论量，有利于帮助创作者优化短视频的选题，提高用户的参与感，提升用户的黏性。

4. 转发量

新媒体还有一个特点，即分享，也就是转发。有些用户在看到一条非常好的短视频之后会情不自禁地去转发，将其分享给自己身边的朋友，而如果其朋友在观看了这条短视频后也认为它很好，也去转发和分享，这样短视频就会形成一个裂变式的传播效果，让短视频获得更多的曝光机会。由此可见，转发量对提升短视频的播放量有着非常重要的影响。

此外，转发量还可以为短视频创作者吸引更多精准的粉丝。愿意转发短视频的用户，通常是非常喜欢这条短视频的用户，他们往往是短视频创作者的精准粉丝。对想要借助短视频进行商品推广和销售的创作者来说，短视频的高转发量可以为创作者带来更多精准的粉丝，从而提升创作者的粉丝量和营销的精准性。

5. 收藏量

收藏量是指短视频被用户收藏的次数。用户收藏某些短视频，说明这些短视频对他来说有一定的价值和意义，收藏起来方便自己可以随时再次观看。此外，短视频的收藏量也反映了用户对这些短视频内容的喜爱程度，因此分析收藏量可以帮助创作者优化短视频选题规划。

10.3.2 短视频运营数据分析关联指标

关联指标是指由两个数据相互作用形成的指标，包括完播率、评论率、点赞率、转发率、收藏率 5 个比率性指标。

在进行数据分析时，会存在几条短视频的播放量、点赞量、评论量、转发量、收藏量相差几倍甚至十几倍的情况。在这种情况下，如果对数据量相差许多倍的短视频进行比较，那么得出的结果往往是不科学的。此时，就需要使用比率性的指标。因为数据量是可以变化的，但比率基本是稳定的，这样就使播放量、点赞量、评论量、转发量、收藏量相差许多倍的短视频也具有了可比性。

1. 完播率

完播率是指短视频的播放完成率，其计算公式如下：

$$完播率 = 完整播放次数 \div 播放量 \times 100\%$$

换句话来说，完播率就是在看到这条短视频的所有用户中，有多少人是完整地看完这条视频的。假如有 100 个人观看了某条短视频，其中有 30 个人看完了这条视频，那么这条短视频的播放量就是 100，完整播放次数就是 30，其完播率就是 30%。

短视频的完播率越高，其获得系统推荐的概率就越高。因此，对刚开始创作短视频的创作者来说，可以先创作 10 秒左右的短视频，保证短视频的完播率，从而提升短视频的推荐量。

2. 点赞率

点赞率的计算公式如下：

点赞率 = 点赞量 ÷ 播放量 × 100%

在抖音平台上，点赞率是影响短视频所能获得的推荐量的重要指标之一。短视频的点赞率越高，所能获得的推荐量就越多，短视频的播放量就会越高。

3. 评论率

评论率的计算公式如下：

评论率 = 评论量 ÷ 播放量 × 100%

评论率反映了用户在观看短视频后进行互动的意愿。短视频的评论率高，说明这条短视频让用户产生了强烈的互动意愿，他们愿意参与到短视频的讨论中。

4. 转发率

转发率的计算公式如下：

转发率 = 转发量 ÷ 播放量 × 100%

转发的行为反映了用户在观看短视频后向外推荐、分享短视频的欲望。短视频的转发率越高，说明用户越愿意将短视频推荐给他的朋友，短视频的传播性就会较强。

5. 收藏率

收藏率的计算公式如下：

收藏率 = 收藏量 ÷ 播放量 × 100%

收藏率反映了用户观看短视频后收藏短视频的意愿，也反映了用户对短视频内容的肯定程度。

10.4 借助数据，优化短视频运营

短视频创作者开展数据分析，并不只是为了简单地看某个数据，而是为了通过对相关数据进行分析，寻找优化短视频的方法和规律，用数据指导短

视频的运营工作，从而提升自己短视频的表现力和竞争力。

那么，如何通过数据来指导短视频的运营工作呢？下面就来分享如何运用数据分析指导短视频内容策划，确定运营重心。

10.4.1 用数据指导短视频内容策划

用数据指导短视频内容策划是一种非常科学的做法，短视频创作者要学会利用数据去总结和分析用户喜欢的内容，不断优化短视频的内容，从而创作出受用户喜爱的作品。

短视频创作者可以以一周或一个月为一个周期，将自己短视频账号中所有短视频的数据整理出来，然后进行仔细的分析。例如，以一周为一个周期，整理并统计一周之内账号中每条短视频的评论量，并将其按从高到低的顺序进行排列，然后选取评论量前 50 位的短视频进行分析，分析这些短视频的特点，包括短视频的选题方向、标题设计、拍摄方法、台词或解说词设计等，发现哪些选题比较受用户的欢迎，哪种拍摄方法比较容易吸引用户的关注，哪种台词或解说词设计比较容易激起用户讨论的欲望等。最后根据分析结果对后续的短视频创作进行调整和优化，以提升自身的竞争力。

10.4.2 分析各平台数据，确定运营重心

为了扩大短视频的传播范围，提升短视频账号的粉丝总量，很多短视频运营团队会选择多平台运营的方式。虽然多平台运营有利于提升短视频账号的影响力和粉丝总量，但对短视频运营团队来说，尤其是人力、物力、财力不是很充足的运营团队，一定要清楚应该将自己有限的时间和资源重点投入到哪个平台上，只有弄清楚了运营重心，才能把好钢用在刀刃上，达到事半功倍的效果。

在运营初期，短视频运营团队可以广撒网，实施多平台运营策略，然后通过分析各平台的反馈数据来判断将哪些平台作为重点运营平台，哪些平台作为辅助运营平台，哪些平台放弃运营。

对于重点运营平台，短视频运营团队要利用数据分析充分了解该平台的创作环境、用户画像等特征，对该平台进行精细化运营，不断探索和研究在该平台上获得高流量的方法。

读者意见反馈表

亲爱的读者：

感谢您对中国铁道出版社的支持，您的建议是我们不断改进工作的信息来源，您的需求是我们不断开拓创新的基础。为了更好地服务读者，出版更多的精品图书，希望您能在百忙之中抽出时间填写这份意见反馈表发给我们。随书纸制表格请在填好后剪下寄到：**北京市西城区右安门西街8号中国铁道出版社综合编辑部 张亚慧 收（邮编：100054）**。或者采用**传真（010-63549458）**方式发送。此外，读者也可以直接通过电子邮件把意见反馈给我们，E-mail地址是：**lampard@vip.163.com**。我们将选出意见中肯的热心读者，赠送本社的其他图书作为奖励。同时，我们将充分考虑您的意见和建议，并尽可能地给您满意的答复。谢谢！

所购书名： ______________________

个人资料：

姓名：__________ 性别：__________ 年龄：__________ 文化程度：__________

职业：__________ 电话：__________ E-mail：__________

通信地址：______________________ 邮编：__________

您是如何得知本书的：

□书店宣传 □网络宣传 □展会促销 □出版社图书目录 □老师指定 □杂志、报纸等的介绍 □别人推荐

□其他（请指明）______________________

您从何处得到本书的：

□书店 □邮购 □商场、超市等卖场 □图书销售的网站 □培训学校 □其他

影响您购买本书的因素（可多选）：

□内容实用 □价格合理 □装帧设计精美 □带多媒体教学光盘 □优惠促销 □书评广告 □出版社知名度

□作者名气 □工作、生活和学习的需要 □其他

您对本书封面设计的满意程度：

□很满意 □比较满意 □一般 □不满意 □改进建议

您对本书的总体满意程度：

从文字的角度 □很满意 □比较满意 □一般 □不满意

从技术的角度 □很满意 □比较满意 □一般 □不满意

您希望书中图的比例是多少：

□少量的图片辅以大量的文字 □图文比例相当 □大量的图片辅以少量的文字

您希望本书的定价是多少：

本书最令您满意的是：

1.

2.

您在使用本书时遇到哪些困难：

1.

2.

您希望本书在哪些方面进行改进：

1.

2.

您需要购买哪些方面的图书？对我社现有图书有什么好的建议？

您更喜欢阅读哪些类型和层次的计算机书籍（可多选）？

□入门类 □精通类 □综合类 □问答类 □图解类 □查询手册类 □实例教程类

您在学习计算机的过程中有什么困难？

您的其他要求：